« **LES ÉNIGMES DE L'UNIVERS** »
Collection dirigée par Francis Mazière

DES MÊMES AUTEURS

chez le même éditeur

LA FLANDRE INSOLITE
CHÂTEAUX FORTS MAGIQUES DE FRANCE
VERCINGÉTORIX ET LES MYSTÈRES GAULOIS

ROGER FACON
JEAN-MARIE PARENT

GILLES DE RAIS ET JACQUES CŒUR

La conspiration des innocents

ÉDITIONS ROBERT LAFFONT
PARIS

© Éditions Robert Laffont, S.A., Paris, 1984
ISBN 2-221-04300-6

« L'Histoire est toujours injuste, essentiellement parce qu'elle n'est pas une science exacte et qu'il se mêle aux récits des historiens trop d'affectivité pour atteindre une saine objectivité. »

Jean Markale.

AVANT-PROPOS

C'est dans la première moitié du XVe siècle qu'interviennent Gilles de Rais et Jacques Cœur.

Depuis 1340, la France et l'Angleterre s'affrontent et s'épuisent dans un conflit qui ne paraît pas devoir finir : la guerre de Cent Ans. A l'origine, une rivalité entre Philippe VI de Valois et Édouard III d'Angleterre — tous deux revendiquent la couronne de France. Depuis, une longue guerre, entrecoupée de trêves, marquée aussi par des raids brutaux, la guérilla, les massacres, les destructions et les épidémies. Mais ces temps noirs forment aussi la transition entre le Moyen Age et la Renaissance. Le cavalier et l'archer font place à l'artilleur, le système féodal s'effrite et le pouvoir royal s'affermit...

Retraçons brièvement l'histoire de cette guerre peu commune. La France essuie d'abord une série de défaites (1340 L'Écluse ; 1346 Crécy ; 1356 Poitiers) et si — au traité de Brétigny (1360) — Édouard III renonce au trône de France, il n'en conserve pas moins Calais, la Picardie, le Poitou, le Limousin, le Périgord et la Guyenne. Jean le Bon, roi de France, donne la Bourgogne à Philippe le Hardi.

Charles V, le Roi Sage, aidé par Du Guesclin, réussit — en usant d'une politique de grignotement — à reconquérir la plupart des provinces perdues. Mais après sa mort (1384), les Anglais écrasent les troupes de Charles VI à Azincourt (1415) alors que la France est déchirée par les luttes intestines opposant Armagnacs et Bourguignons alliés des rois d'Angleterre.

Gilles de Rais et Jacques Cœur

Au traité de Troyes (1420), la reine Isabeau de Bavière, profitant de la folie de son époux, renie son fils, le dauphin et futur Charles VII, et reconnaît Henri V d'Angleterre comme roi de France !

Réfugié dans le Berry, Charles VII vit au jour le jour. Il faut l'intervention de Jeanne d'Arc pour qu'il reprenne confiance et se fasse légitimer par le sacre de Reims (1429). Néanmoins, la lutte est encore bien incertaine. Elle ne s'achèvera qu'en 1453.

La situation politique, en ce début du XVe siècle, est donc des plus confuses. Les villes souffrent de la disette et des épidémies. Les campagnes sont la proie des routiers et des écorcheurs. C'est dans ce contexte tumultueux qu'apparaissent Gilles de Rais et Jacques Cœur. Deux hommes que rien n'unit de prime abord : le premier est noble, le second bourgeois. Mais tous deux ont subi l'influence de Jeanne d'Arc et seront victimes d'étranges procès. Fidèles serviteurs de Charles VII, ils n'auront droit qu'à l'ingratitude ou à la haine royale. L'histoire officielle ira encore plus loin : de Jacques Cœur elle fera un parvenu et de Gilles de Rais un mage sadique et criminel.

LIVRE I

« Lorsque nous mentons, nous donnons ce qui est nôtre... »

Méphistophélès à Faust.

I

LE PROCÈS DE BARBE-BLEUE

Rumeur

Le vingt-neuf juillet 1440 moult hommes de confiance quittent le palais épiscopal de Nantes. Ils sont porteurs de plis confidentiels que l'évêque Jean de Malestroit destine aux prêtres de son diocèse :

« A tous ceux qui ces présentes lettres verront, nous, Jean, par la permission divine et la grâce du Saint-Siège apostolique, évêque de Nantes, donnons le salut en Notre-Seigneur (...).

« Savoir faisons (...) que, visitant la paroisse de Sainte-Marie, de Nantes, en laquelle Gilles de Rais, ci-dessous désigné, souvent réside, (...) et visitant d'autres églises paroissiales (...), nous sont parvenues d'abord la rumeur publique et fréquente, puis les plaintes et les déclarations de bonnes et discrètes personnes : Agathe, femme de Denis de Lemion ; la veuve de feu Regnaud Donete, de ladite paroisse de Notre-Dame ; Jeanne, veuve de Guibelet Delit, de Saint-Denis ; Jean Hubert et sa femme, de Saint-Vincent ; Marthe, veuve de feu Eonnet Kerguen, de Sainte-Croix-de-Nantes ; Jeanne, femme de Jean Darel de Saint-Similien, près de Nantes et Tiphaine, femme d'Eonnet Le Charpentier, de Saint-Clément-hors-les-murs, de Nantes, tous paroissiens desdites églises, qu'ont appuyées les témoins synodaux desdites églises et d'autres personnes prudentes, discrètes et non suspectes.

« Nous (...) les avons fait diligemment examiner et par leurs dépositions avons appris que noble homme, messire Gilles de Rais, chevalier, (...) avec certains de ses complices, avait égorgé, tué et massacré de façon odieuse, plusieurs jeunes garçons innocents, qu'il avait pratiqué avec ces enfants la luxure contre nature et le vice de sodomie, souvent fait et fait faire l'horrible évocation des démons, avait sacrifié à ceux-ci et fait des pactes avec eux, et perpétré d'autres crimes énormes dans les limites de notre juridiction ; et nous avons appris par les enquêtes de nos commissaires et procureurs que ledit Gilles avait commis et perpétré les crimes mentionnés ci-dessus et d'autres débauches dans notre diocèse comme en plusieurs autres lieux qui en dépendent.

« Au sujet desquels délits, ledit Gilles de Rais était et se trouve être encore en diffamation auprès de graves et honorables personnes. Et afin que nul ne puisse avoir de doute à ce sujet, nous avons prescrit les présentes lettres et leur avons fait apposer notre sceau.

« Donné à Nantes, le 29 juillet 1440.

« Du mandement dudit seigneur évêque de Nantes (signé : J. Petit). »

Le piège se referme. Lentement mais sûrement. Tandis que s'apprête à s'ouvrir l'un des plus grands procès truqués de l'histoire.

Arrestation

Le 13 septembre 1440, l'évêque de Nantes adresse aux recteurs des églises paroissiales, aux vicaires, aux chapelains, aux curés, aux notaires et tabellions officiant dans sa juridiction une lettre les invitant à citer péremptoirement — par édit — le noble seigneur Gilles de Rais, chevalier, à comparaître devant l'official de Nantes le lundi suivant l'Exaltation de la Sainte-Croix, à savoir le 19 septembre 1440, pour les motifs déjà soulignés. Jean de Malestroit ne veut pas que de tels crimes et qu'une telle maladie d'hérésie (qui « s'étend comme un chancre » si on ne l'extirpe sur-le-champ) puissent être passés sous silence par dissimulation ou par incurie.

Le procès de Barbe-Bleue

Dès le lendemain, Robin Guillaumet, clerc, notaire public du diocèse de Nantes, fait savoir au seigneur évêque, avec la saveur qui sied tant aux hommes de loi, qu'il a pris soin « de rendre exécutoires comme il se devait, ces lettres préinsérées contre ledit Gilles, chevalier, baron de Rais, en ces mêmes lettres principalement nommé, et par moi saisi en propre, en l'an susdit, le 14 septembre, en la forme et la manière dans lesquelles il était mandé de le faire par ces mêmes lettres ».

Le 15 septembre, le capitaine Jean Labbé (au service du duc de Bretagne), accompagné du notaire Robin Guillaumet, se présente à la tête d'une troupe solidement armée au château de Machecoul.

Le seigneur de Rais dispose, de son côté, d'une garnison efficiente. Il peut donc résister à un siège en règle. Il a les moyens de gagner du temps, de battre le rappel de ses amis, d'en appeler au roi. Ce n'est pas un modeste capitaine d'armes comme Jean Labbé qui peut espérer inquiéter, par sa simple apparition, un grand seigneur et maréchal de France comme le baron de Rais...

Pourtant le châtelain de Machecoul décide de n'opposer aucune résistance. Il fait relever la herse. Les cavaliers pénètrent dans la cour du château.

Me Guillaumet se fait-il tout petit sur sa mule ? Est-il impressionné par tous ces hommes en armes qui garnissent les remparts et paraissent disposés, sur un geste de leur maître, à intervenir ? Jean de Malestroit, évêque de Nantes par la grâce de Dieu et du Saint-Siège apostolique, ne risque rien, lui, bien à l'abri des épaisses murailles de son palais ! Il s'est bien gardé d'accompagner à Machecoul le capitaine d'armes du duc de Bretagne ! Les corvées ne sont pas pour l'évêque de Nantes mais pour le notaire Guillaumet...

Laissons donc Me Guillaumet soupirer. Tandis que Jean Labbé met pied à terre.

Le capitaine d'armes lit le décret d'arrestation portant le sceau ducal. Le baron de Rais ne dit rien. Un sourire méprisant éclaire probablement son visage. Il n'est pas homme à se tromper d'adversaires. Il sait bien que le capitaine d'armes Jean Labbé n'est pour rien dans cette triste affaire, qu'il ne fait qu'exécuter les ordres reçus. Ses adversaires sont ailleurs.

Gilles ne discute pas. Il se laisse arrêter. Comme se laissent

Gilles de Rais et Jacques Cœur

arrêter les hommes qui l'entourent : François Prelati, Eustache Blanchet, Henriet et Poitou...

On franchit le pont-levis pour s'engouffrer sur la route de Nantes. Les prisonniers sont solidement encadrés. Ce qui n'empêche pas, chemin faisant, le sieur Henriet de tenter de se suicider. Comme il le déclarera plus tard aux juges ecclésiastiques : « Il me vint à l'esprit (...) de me couper la gorge, par tentation diabolique, afin de ne pas dire ce que je savais. »

Aucune tentation de ce genre chez son maître : le baron de Rais se laisse tranquillement emmener jusqu'à Nantes puis incarcérer au château du Bouffray.

18 septembre

Le baron de Rais ignore tout des chefs d'accusation dont il fait l'objet. Ses adversaires ont choisi d'avancer masqués.

La cour séculière, quant à elle, ne reste pas inactive. Jean de Touscheronde, commissaire du duc de Bretagne, interroge les premiers témoins. Il entend la dame Péronne Loessart, demeurant à La Roche-Bernard.

Après avoir prêté serment, Péronne Loessart déclare qu'en septembre 1438, au retour d'un voyage à Vannes, le sire de Rais a séjourné dans son village. Il a passé la nuit chez l'aubergiste Jean Colin (lequel demeure en face de chez elle). Le sire de Rais était accompagné d'un serviteur nommé Poitou...

Au cours de ce bref séjour à La Roche-Bernard, Poitou a fait la connaissance d'un fils de Péronne âgé de dix ans. Cet enfant allait à l'école. Poitou, après avoir remarqué l'enfant, est venu trouver Péronne pour lui demander d'accepter que celui-ci demeure avec lui. Poitou s'est engagé à ce que l'enfant soit très bien habillé et obtienne de grands avantages. Péronne a d'abord refusé cette proposition, prétextant qu'elle avait le temps d'attendre. D'autant que l'enfant allait à l'école. Mais Poitou a insisté. Il lui a promis de veiller sur la scolarité de son fils et de lui offrir, en échange, cent sous pour l'achat d'une robe. Péronne a accepté.

Elle a reçu, peu après, quatre livres. Soit vingt sous de moins que la somme promise ! Elle en a fait la remarque à Poitou qui a nié lui avoir promis davantage. Puis a laissé entendre à la paysanne qu'il ne manquerait pas de lui faire d'autres dons ainsi qu'à sa progéniture...

Enfin Poitou a emmené l'enfant chez Jean Colin. Le lendemain, comme le sire de Rais quittait l'auberge, Péronne Loessart l'a interpellé. Pour lui recommander « sondit enfant, qui était présent. Mais le sire de Rais ne répondit rien. (...) Et peu après cet enfant s'en alla avec ledit Poitou en compagnie dudit sire. » Sur un petit cheval acheté par Poitou à l'aubergiste Jean Colin.

Péronne, à compter de ce jour, n'a plus revu son fils. Le baron de Rais est revenu ultérieurement à La Roche-Bernard. Mais sans Poitou. Péronne Loessart a alors interrogé les gens du sire de Rais pour avoir des nouvelles de son fils et ceux-ci lui ont répondu que l'enfant se trouvait à Tiffauges ou à Pouzauges...

Fort des déclarations de Péronne, le commissaire Jean de Touscheronde procède alors aux auditions des époux Jean Colin et de dame Olive (belle-mère de l'aubergiste). Les trois témoins, sous la foi du serment, confirment les dires de la plaignante. Ils précisent que le petit cheval a été vendu à Poitou soixante sous. Leur version diffère toutefois de celle de Péronne en ce qui concerne les serviteurs du sire de Rais ; interrogés sur la situation du fils Loessart, « les uns répondaient qu'il était à Tiffauges, d'autres qu'il était mort : qu'en passant sur les ponts de Nantes, le vent l'avait fait tomber dans le fleuve ».

Aidé de Jean Thomas, le commissaire de Touscheronde interroge d'autres personnes : Jean Lemeignen et sa femme, Alain Dulis, Perrot Dupouez, Guillaume Genton, Guillaume Portuys, Jean Lefèvre (clerc), de Saint-Etienne-de-Mer-Morte. Ces sept témoins font état de la disparition, vers la Saint-Jean dernière, du fils de Guillaume Brice, un pauvre hère originaire du bourg de Saint-Etienne-de-Montluc et mort un an auparavant, vers le temps de carême-prenant. Le malheureux enfant, âgé d'environ huit à neuf ans, prénommé Jamet, était très beau et vivait de mendicité.

Selon Perrot Dupouez, la disparition de Jamet est probablement liée aux agissements d'une vieille femme au visage vermeil, aperçue à hauteur du presbytère de Saint-Etienne —

lorsqu'on vient de Coueron — alors que Jamet traînait dans les parages. D'ailleurs Dupouez avait déjà eu l'occasion, la veille de la disparition de l'enfant, d'apercevoir la bougresse — âgée de cinquante à soixante ans et porteuse, par-dessus sa robe, d'une cotte de toile — près du bois de Saint-Etienne-de-Montluc. La créature venait de Savenay et se dirigeait vers Coueron. Ou vers Nantes.

Depuis ce jour fatidique, personne n'a revu l'enfant. Si sa disparition n'a guère soulevé d'inquiétude dans la région, c'est parce que le malheureux « n'avait pas un ami, et sa mère, de son côté, était mendiante, allant à l'aumône de jour en jour ».

Ainsi, trois jours après l'arrestation de Gilles de Rais, les résultats de l'enquête diligentée par la cour séculière sont plutôt minces : sept témoins qui n'ont constaté aucun enlèvement. L'affaire Jamet n'est qu'une banale « fugue » de jeune mendiant. Et la mère du disparu, vivante, n'a pas jugé utile de venir déposer (si elle a jamais été contactée en ce sens) ! Parmi les témoins : un seul a remarqué la présence d'une vieille femme au visage vermeil...

Pour ce qui est de Péronne Loessart, si elle n'oublie pas de préciser que Poitou lui a donné quatre livres au lieu des cent sous promis, elle ne juge pas utile de mentionner le prénom de son fils. Un « sien fils » dira la famille Colin. Combien Péronne avait-elle d'enfants ? Nous l'ignorons. Le commissaire Jean de Touscheronde n'a pas jugé utile de le lui demander. C'est fou ce qu'il a l'air convaincu de l'utilité de son enquête, le commissaire Jean de Touscheronde.

19 septembre

Le lundi suivant l'Exaltation de la Sainte-Croix, Gilles de Rais comparaît — brièvement — devant son accusateur, Jean de Malestroit. La scène se passe dans la grande salle du château de la tour Neuve. C'est l'aboutissement logique de la citation péremptoire délivrée le mardi précédent.

L'honorable « homme maître Guillaume Chapeillon, promoteur aux causes de ladite cour », ne se montre guère incisif. Il prononce un discours mesuré. Pour l'instant, messire Gilles, chevalier et baron, ne se voit reprocher que des griefs relevant de l'hérésie doctrinale. La machine est en marche ; ses rouages fonctionnent merveilleusement.

Le sire de Rais reprend confiance. Il déclare vouloir comparaître personnellement devant le révérend père, seigneur évêque de Nantes, flanqué des juges ecclésiastiques de son choix et de n'importe quel inquisiteur de l'hérésie pour se purger de pareilles accusations. L'évêque de Nantes ne peut que prendre acte des bonnes dispositions manifestées par l'accusé...

Et le sire de Rais s'entend annoncer que le 28 dudit mois, il lui faudra répondre des crimes et délits qui lui sont reprochés par comparution devant le révérend père évêque, le promoteur ici présent, et le frère Jean Blouyn, vicaire de l'inquisiteur de l'hérésie au royaume de France.

Nous sommes entre gens de bonne compagnie.

27 septembre

Assisté de Nicolas Chatau, notaire de la cour de Nantes, le commissaire Jean de Touscheronde poursuit son enquête. Il procède à de nombreuses auditions. Parmi lesquelles celles de Guillaume Fouraige et sa femme, de Jeanne, femme de Jean Leflou, Richarde, femme de Jean Gaudeau, demeurant à Port-Launay (près Coueron)...

Les témoins déposent sous la foi du serment. Ils révèlent qu'en 1438 un jeune garçon de douze ans, fils de feu Jean Bernard, leur voisin, originaire de Port-Launay, a disparu en allant mendier à Machecoul. Personne ne l'a revu depuis. Sa mère — actuellement en vendanges — n'a pas manqué de se plaindre grandement de sa disparition. En outre, il est arrivé à la femme de Guillaume Fouraige de rencontrer une vieille dont elle ignore tout, portant une robe de gris et un chaperon noir. Au moins à une reprise, la petite vieille était flanquée d'un jeune garçon ; elle reconnut se rendre à Machecoul « et depuis, peu après, sans doute deux ou trois jours, le témoin la vit revenir sans l'enfant ; elle lui demanda donc ce qu'il était devenu, et cette femme lui répondit qu'elle l'avait placé chez un bon maître ».

Une fois de plus, les enquêteurs ne jugent pas utile de se faire préciser le prénom de la victime. Le père du petit disparu est mort et sa mère, absente pour cause de vendanges, ne vient pas témoigner.

28, 29 et 30 septembre

Aidé de Michel Estrillart et Jean Coppegorge le jeune (commis par le duc de Bretagne) et en la présence constante du notaire Chatau, notre ami Jean de Toucheronde multiplie les auditions. Cette fois, l'enquête prend tournure.

André Barbe, cordonnier demeurant à Machecoul, reconnaît avoir entendu dire que, depuis Pâques, le fils de Georges Le Barbier a disparu alors qu'il se trouvait derrière la maison Rondeau. Lors d'un séjour à Saint-Jean-d'Angély, Barbe a noué conversation avec des gens du pays. Que lui ont-ils révélé ? Qu'à Machecoul on mangeait les petits enfants !

Une rumeur d'autant plus sérieuse que des disparitions inexpliquées se sont produites chez Guillaume Jeudon, Jeannot Roussin et Alexandre Chastelier. Barbe fait état du climat de peur régnant dans le pays. Il accuse ouvertement les « gens de la chapelle du sire de Rais, ou d'autres de ses gens ». Se plaindre, selon lui, c'était risquer de voir ses propos rapportés au château et se retrouver emprisonné ou maltraité...

Barbe achève sa déposition en mentionnant avoir rencontré un inconnu (huit mois auparavant, en l'église de la Trinité de Machecoul) qui se plaignait de la disparition d'un « sien enfant » âgé de sept ans...

C'est au tour de Jeannette, femme de Guillaume Sergent, du hameau de La Boucardière [1], d'être entendue par les enquêteurs. Elle déclare qu'à la Pentecôte 1439, elle s'est rendue, avec son mari, bêcher un champ pour y semer du chanvre ; leur fils âgé de huit ans, resté à la maison pour garder une petite fille d'un an et demi, a disparu en leur absence. Depuis, l'enfant (dont nous ignorons le prénom) n'est pas reparu au

---

1. Paroisse de Sainte-Croix de Machecoul.

Le procès de Barbe-Bleue

hameau. Les malheureux « allèrent s'en informer dans les paroisses de Machecoul et d'autres lieux, mais depuis lors ils n'en eurent plus de nouvelles et jamais ils n'ont entendu dire qu'il eût été vu de qui que ce soit ».

La déposition de Jeannette Sergent mérite un examen attentif. Elle confirme le caractère superficiel des investigations ordonnées par la cour séculière : les commissaires de Toucheronde et Coppegorge ne jugent pas utile de mentionner le prénom du jeune disparu (pour faciliter d'éventuelles vérifications). Ensuite, cette déposition émane de la mère de l'enfant. Mme Sergent n'est ni mendiante ni en vendanges. Elle ne fait pas état de *rumeur*. Elle n'a rien *entendu dire*. Et ce n'est pas faute d'avoir cherché à savoir ! Les époux Sergent se sont rendus dans les paroisses de Machecoul « et en d'autres lieux » pour s'informer auprès des populations locales. Ils n'ont néanmoins obtenu aucune information susceptible d'orienter leurs recherches...

Le cordonnier André Barbe n'a pas rencontré semblables difficultés ! Il est au courant de moult disparitions, lui. Il n'ignore rien des drames survenus dans les familles Jeudon, Roussin et Chastelier. Comme le noteront de Toucheronde, Coppegorge et Chatau : « Le témoin avait même été à Saint-Jean-d'Angély, et on lui avait demandé d'où il était, et il avait répondu qu'il était de Machecoul, et là-dessus on lui avait dit en s'étonnant fort qu'on y mangeait les petits enfants. »

Mais la déposition de Barbe renferme une autre indication significative : le fils de Georges Le Barbier, de Machecoul, a disparu et, avant sa disparition, on a vu l'enfant « *cueillir des pommes* derrière la maison Rondeau ».

Précision infirmée par la déclaration du père de la victime.

Interrogé, par de Toucheronde et Coppegorge, Georget précise qu'il avait placé son fils Guillaume chez Jean Peletier (tailleur de la dame de Rais et des gens du sire de Rais) pour apprendre le métier de tailleur. L'enfant résidait chez son patron. Aux environs de la Saint-Barnabé dernière, il a disparu après avoir été vu « en train de *jouer à la pelote* »...

Georget ajoute qu'à pareille époque le sire de Rais et ses gens résidaient au château de Machecoul. Pourquoi fait-il un tel rapprochement ? Parce qu'il a « entendu murmurer qu'on tuait des enfants dans ledit château ».

Gilles de Rais et Jacques Cœur

De leur côté, Guillaume et Jeanne Hilairet confirment la disparition des fils de G. Le Barbier, Jeannot Roussin et Alexandre Chastelier. Guillaume Hilairet admet avoir perdu (sept ou huit ans auparavant) l'un de ses apprentis en la personne du fils de Jean Jeudon, un enfant de douze ans auquel il apprenait le métier de pelletier. En présence de Roger de Briqueville, Gilles de Sillé pria notre témoin de lui prêter son jeune valet pour porter un message au château de Machecoul. Guillaume accepta et ne revit plus jamais l'enfant. Interrogés ultérieurement par les époux Hilairet, Sillé et Briqueville[1] furent incapables de donner des nouvelles de l'apprenti pelletier. D'après eux, l'enfant s'était probablement rendu à Tiffauges et avait été, en cours de route, enlevé par des voleurs désireux d'en faire un page.

Interrogé par les commissaires du duc de Bretagne, Jean Jeudon confirme la disparition de son fils. Tandis que Guillaume Hilairet déclare « qu'il y a environ cinq ans, il a *entendu dire* par un nommé Jean du Jardin, qui demeurait alors chez messire Roger de Briqueville, que l'on avait trouvé au château de Champtocé un conduit tout plein de petits enfants morts ».

Gilles de Sillé est également mis en cause par un certain Jean Roussin, de Machecoul. Selon Roussin, en 1431, « un sien enfant » âgé de neuf ans disparut alors qu'il était occupé à garder les bêtes. A la suite des plaintes et des cris de sa femme, deux voisines, *aujourd'hui décédées*, ont confié à Roussin qu'elles avaient vu Gilles de Sillé, vêtu d'un tabard et portant sur le visage un voile d'étamine, en train de parler à l'enfant et que suite à cette conversation, « ledit enfant s'en alla au château passant par la poterne ».

Curieux déguisement de la part de Sillé ! Démarche inopinée si l'on considère que le fils de Jean Roussin connaissait bien Gilles de Sillé et portait parfois « du lait au château à ceux qui voulaient en avoir »...

Mais nous ne sommes pas au bout de nos surprises. Ysabeau, femme de Guillaume Hamelin, demeurant au bourg de Fresnay, déclare avoir perdu, à la fin de l'année 1439, deux de ses enfants, l'un âgé de quinze ans, l'autre de sept ans « ou envi-

---

1. Au service du sire de Rais.

ron », après qu'ils se soient rendus à Machecoul pour acheter du pain.

Le lendemain de leur disparition, elle a reçu une surprenante visite : « Me François et le marquis, qui demeuraient avec le sire de Rais (...) se rendirent chez elle et le marquis lui demanda si elle était guérie de sa mamelle ; sur quoi lui répondant elle lui demanda comment il savait qu'elle y avait eu mal, car, en fait, *elle n'y avait pas eu mal.* (...). Là-dessus, (...) il aperçut deux petits enfants dans la maison, à savoir une fille et un garçon, il lui demanda s'ils étaient siens ; elle répondit que oui, après quoi il lui demanda si elle n'avait que deux enfants ; à quoi elle répondit qu'elle en avait encore deux autres, sans lui mentionner leur disparition, dont elle n'osait pas parler. Alors ils s'en allèrent, et quand ils partirent, elle a entendu ledit marquis dire audit Me François qu'*il en était sorti deux de cette maison.* »

Pourquoi venir se jeter aussi stupidement dans la gueule du loup ? Nous remarquerons que selon la déclaration de la dame Ysabeau Hamelin, Me François et le marquis se rendirent *chez elle,* visitèrent sa maison (où ils découvrirent deux enfants), lui posèrent des questions, puis partirent. Le témoignage de Perrot Soudan, voisin d'Ysabeau, diffère sensiblement. Sous la foi du serment, Soudan déclare aux enquêteurs avoir vu « Me François et ledit marquis parler avec ladite Ysabeau *devant la maison* où elle demeure, mais il n'entendit pas ce qu'ils lui disaient parce qu'il était si loin que la chose était simplement impossible ».

Ysabeau affirme, en outre, « bien connaître » le marquis et Me François et les avoir vus « plusieurs fois »...

Quant à Perrot Pasquetau, Jean Soreau, Catherine Degrepie, Guillaume Garnier, Perrine, femme de Jean Veillart, Marguerite, femme de Perrot Redinet, Marie, femme de Jean Caeffin, Jeanne, femme d'Étienne Landais, tous originaires du bourg de Fresnay, ils déclarent unanimement, sous la foi du serment, qu'un jour, « *après Pâques dernières,* ils ont entendu Guillaume Hamelin et Ysabeau, sa femme, se plaindre douloureusement de la disparition de deux de leurs enfants, dont ils ne savaient pas ce qu'ils étaient devenus ». Depuis lors, nos témoins n'ont pas entendu dire que les enfants Hamelin « aient été vus ou rencontrés » par quiconque.

Intéressant. D'autant que la déposition d'Ysabeau situe la disparition des deux enfants sept jours avant « *la fin de l'année passée* » (soit le 25 décembre 1439!).

Qui dit vrai ? Ysabeau ou les huit témoins ?

Pourquoi le malicieux Jean de Touscheronde ne se mêle-t-il pas de rectifier le tir ? Pourquoi enregistre-t-il les deux versions contradictoires sans chercher à savoir quelle est la bonne ? Entre Noël 1439 et Pâques 1440, peut-on encore parler de simple erreur ?

Les commissaires du duc de Bretagne ont une conception toute « diplomatique » de leur profession. Ils enquêtent parce qu'ils ne peuvent faire autrement. Ils enregistrent les dépositions des témoins en se gardant de provoquer la moindre confrontation. Ils écoutent mais ne vérifient pas. Ils semblent surtout soucieux d'*accumuler les témoignages* à défaut de pouvoir accumuler les preuves. Des témoignages qui se ressemblent tous, à quelques détails près.

L'audition d'André Bréchet n'étant jamais que l'exception qui confirme la règle !

Citons intégralement cette audition rapportée par de Touscheronde, Coppegorge et Chatau : « André Bréchet, de la paroisse de Sainte-Croix de Machecoul, déclare sous la foi du serment qu'il y a environ six mois, il était à faire le guet au château de Machecoul et qu'après minuit, il s'endormit ; et, comme il dormait, un petit homme qu'il ne connaissait pas survint sur le chemin de ronde, qui l'éveilla et lui présenta sa dague nue, lui disant : " Tu es mort. " Néanmoins, sur les excuses dudit André, cet homme ne lui fit rien, mais il continua son chemin et s'en alla. Ledit André en eut une grande peur, qui le laissa tout en sueur, et, le lendemain, il rencontra le sire de Rais, venant de l'île de Boin, allant à Machecoul. Et, depuis lors, il n'osa plus aller faire le guet audit château. »

Quel(s) rapport(s) ce témoignage farfelu peut-il avoir avec l'enquête en cours ?

Le procès de Barbe-Bleue

Comparution des premiers témoins

Au nom du Seigneur, amen.

Ainsi les notaires publics et scribes Jean Delaunay, Jean Petit, Nicolas Géraud, Guillaume Lesné choisissent-ils de débuter la rédaction du procès-verbal d'audience, ce mercredi 28 septembre 1440, la 10e année du pontificat de très saint-père en Dieu, monseigneur Eugène, par la divine Providence pape, quatrième du nom, et durant le concile général de Bâle. En la présence des vénérables et circonspectes personnes Jacques de Pencoëtdic, docteur en l'un et l'autre droit, official de Nantes, et Jean Blanchet, bachelier en droit, clerc diocésain.

La séance, bien sûr, est présidée par Jean de Malestroit. Assisté de Jean Blouyn, de l'ordre des Frères Prêcheurs [1], bachelier en la sainte Écriture, représentant frère Guillaume Merici, de l'ordre susdit, inquisiteur de l'hérésie au royaume de France.

Les premiers témoins défilent. Ils viennent exposer leurs plaintes avec larmes et douleur. Nous nous insererons, avec eux, grâce à la plume des scribes et notaires publics, dans un cauchemar infiniment mieux programmé que le petit monde des compagnons de Touscheronde. Ici, pas d'approximations, pas de contradictions. Du solide. Du cousu main.

Les témoins vont droit au but. Agathe, femme de Denis de Lemion, la veuve de feu Regnaud Donete, Jeanne, épouse de Guibelet Delit, Jean Hubert et sa femme, Jeanne, épouse de Jean Darel, la veuve d'Yvon Kerguen, Tiphaine, femme d'Eonnet Le Charpentier, l'épouse de Pierre Couperie, Jean Magnet déposent en leur âme et conscience. Ils sont bons paroissiens, femme de boucher, veuve de tailleur de pierre. Ils demeurent à Notre-Dame-de-Nantes. A Saint-Clément ou à Saint-Similien. Ils disent tout : « La perte de leurs fils et neveux et autres, assurant que lesdits fils, neveux et autres avaient été traîtreusement pris et ensuite inhumainement égorgés et massacrés par ledit Gilles de Rais et par certains de ses complices, fauteurs, suivants et familiers ; que les mêmes avaient abusé d'eux honteusement et contre nature, et qu'ils avaient, avec eux, mécham-

---

[1]. Dominicains.

ment commis le péché de sodomie ; qu'ils avaient plusieurs fois invoqué les malins esprits, auxquels ils ont plusieurs fois rendu hommage ; qu'ils avaient perpétré plusieurs autres crimes et délits énormes et inusités, concernant la juridiction ecclésiastique. »

Ils n'oublient rien. Pas même de supplier humblement « lesdits révérends seigneur évêque de Nantes et frère Jean Blouyn, vicaire de l'inquisiteur susdit, de daigner là-dessus pourvoir rapidement de remède de droit et opportun ».

2 octobre

Jean de Touscheronde, aidé du commissaire Étienne Halouart et du notaire Chatau, poursuit ses investigations. Il entend Jeannette Degrepie, veuve de Regnaud Donete, de la paroisse de Notre-Dame-de-Nantes.

Jeannette déclare sous la foi du serment avoir perdu, aux environs de la Saint-Jean 1438, un « sien enfant » âge de douze ans qui allait à l'école. Elle ignore ce qu'il est devenu. Mais « il y a quinze jours, elle a entendu Perrine Martin, détenue à la prison de Nantes, confesser qu'elle avait conduit ledit enfant » au sire de Rais, en sa maison de La Suze, à Nantes. Jeannette Degrepie ajoute que Jean Hubert et Denis de Lemion, chefs de famille nantais, ont également perdu des enfants dans des conditions demeurées inexpliquées.

Jean Jenvret et sa femme, de Sainte-Croix-de-Nantes, déposent à leur tour. Ils révèlent avoir perdu, une semaine avant la Saint-Jean-Baptiste 1438, un enfant âgé de neuf ans qui fréquentait parfois la maison de La Suze. Ils ignorent où il se trouve. Cependant, « il y a cela trois semaines, ils ont entendu dire que Perrine Martin, détenue à la prison de Nantes, a confessé qu'elle avait conduit ledit enfant au sire de Rais, dans son château de Machecoul ».

Jean Hubert et sa femme, de Saint-Léonard-de-Nantes, ont perdu un garçon de treize ans le jeudi suivant la Saint-Jean-Baptiste 1438. Leur fils était entré au service d'un nommé Princé appartenant à la suite du sire de Rais.

Jeanne, femme de Guibelet Delit, de Saint-Denis-de-Nantes,

Le procès de Barbe-Bleue

déclare sous la foi du serment avoir perdu, lors de carême 1439, un « sien enfant » âgé de sept ans, qui fréquentait La Suze, où il rencontrait un nommé Cherpy, cuisinier du sire de Rais.

Jean Ferot, Guillaume Jacob, Perrin Blanchet, Thomas Beauvis, Eonnet Jean, Denis de Lemion, de la paroisse de Notre-Dame-de-Nantes, admettent avoir connu un fils de Jean Hubert, un fils de Regnaud Donete et un fils de Guillaume Avril disparu mystérieusement. Ils ne savent pas ce que sont devenus ces enfants, mais ils ont entendu leurs pères, leurs mères et leurs amis se plaindre douloureusement de leur disparition. En outre, *depuis un an*, les témoins ont entendu dire que le sire de Rais et ses gens « prenaient et faisaient prendre des enfants pour les tuer et que, sur ce point, il y a clameur publique ».

Nicole, femme de Vincent Bonnereau, Jeanne, femme de Guillaume Prieur, ainsi que l'épouse de Mathis Ernaut, ont connu le fils de Jean Jenvret, disparu à l'âge de neuf ans. Ils ont entendu ses père et mère se plaindre pitoyablement de sa perte et de sa disparition. Elles ont également connu le fils de feu Eonnet de Villeblanche. Et *depuis six mois*, « elles ont communément entendu dire que le sire de Rais et les siens faisaient prendre et tuer de petits enfants ».

6 octobre

Jean de Touscheronde procède à l'audition de Jean Estaisse et de sa femme Michèle, de la paroisse de Saint-Clément, près de Nantes.

Les époux Estaisse signalent la disparition, à la Toussaint 1438, du jeune Perrot Dagaie, âgé de treize ans, qui demeurait chez Me Gatien Ruis. Ils ont vu la mère de Perrot interroger Me Ruis sur la disparition de son fils. Ils l'ont également vue interroger « Tiphaine, femme d'Eonnet Le Charpentier, boucher, sœur de ladite mère dudit enfant ; laquelle Tiphaine l'a déclaré et relaté de la même façon ».

Comme de Touscheronde leur demande s'ils n'ont point entendu dire, ou prétendre, que le sire de Rais était responsable de la mort de Perrot ou de celle d'autres enfants, ils lui répondent par la négative. Ils n'ont eu connaissance de pareilles assertions que depuis l'arrestation dudit sire et de ses gens ; « ils disent aussi ne pas avoir eu, jusqu'à ce jour, connaissance desdites Tiphaine et Perrine, *aujourd'hui détenues en prison* ».

8 octobre

Le sire de Rais comparaît pour la seconde fois devant ses accusateurs. En la grande salle supérieur de la tour Neuve du château ducal.

Il va devoir faire face à deux juridictions : le tribunal ecclésiastique et le tribunal séculier qui ont choisi de siéger en même temps pour éviter une double procédure...

Le tribunal séculier — présidé par Pierre de L'Hospital, sénéchal de Rennes et président de Bretagne, représentant Monseigneur le duc et ses vassaux, assisté de l'huissier Robin Guillaumet et du commissaire Jean de Touscheronde, ayant à ses côtés trois assesseurs choisis parmi les plus éminents juristes bretons : Michel Estrillart, Nicolas Chatau et Jean Coppegorge — va juger les enlèvements et les assassinats d'enfants, enfin tous les actes criminels qui ont pu porter préjudice au duché de Bretagne en troublant l'ordre établi.

Le tribunal ecclésiastique — présidé par Jean de Malestroit[1] — va se prononcer sur les crimes d'hérésie et les erreurs de foi commis par Gilles de Rais : pactes démoniaques, crimes de sodomie, disparitions d'enfants, violation des droits de l'Église et des immunités ecclésiastiques. C'est un tribunal au grand complet, avec ses juges, ses assesseurs, son inquisiteur de la foi, son promoteur, son huissier et ses notaires : une machine redoutable destinée à *broyer* l'accusé. Ce dernier ne peut avoir l'assistance d'un avocat. La procédure inquisitoriale considère que la présence d'un conseil ne ferait que retarder ou empêcher la bonne marche du procès ! Ainsi en a décidé le concile d'Albi (1254) au bon vieux temps de la chasse aux cathares.

---

1. Qui ne craint point devoir statuer après avoir dénoncé le prévenu et instruit le dossier à charge.

Le procès de Barbe-Bleue

Le tribunal séculier de Nantes siège sur une estrade posée dans un angle de la grande salle, à la droite de Gilles. Il fait face au tribunal ecclésiastique, lui-même installé sur une estrade identique. Les juges n'ont autorisé qu'un seul ornement : un énorme crucifix.

L'estrapade ecclésiastique et le chevalet séculier sont en place. L'accusé n'a aucune chance de s'en sortir. Le sire de Rais ne tarde pas à s'en rendre compte. A la lecture de l'acte d'accusation, il bondit. Il est brusquement conscient d'avoir été « promené », trois semaines durant, à l'aide d'allégations anodines. Mais maintenant il sait à quoi s'en tenir : il joue sa tête. Rien de moins.

Il lui faut gagner du temps. A tout prix.

— J'en appelle aux seigneurs évêque et vicaire de l'inquisition, s'écrie-t-il, ainsi que du promoteur !

Il s'entend répondre aussitôt par l'imperturbable Jean Blouyn :

— A un appel de ce genre, parce qu'il est frivole et n'est pas présenté par écrit, compte tenu de la cause et des causes de cet ordre, il ne peut être déféré de droit ; c'est pourquoi, nous n'y déférons point. Nous ne vous avons pas accablé, et nous ne voulons pas vous accabler une mauvaise intention. Néanmoins, il sera procédé à la suite en la cause et en les causes de la foi contre vous par nous-mêmes et par le promoteur.

Gilles comprend qu'il est condamné d'avance. Il rejette les accusations du promoteur. Il n'admet qu'une chose : avoir reçu le sacrement du baptême. « Oui, jette-t-il à la face de ses juges, j'ai renoncé au diable et à ses pompes ! J'ai été et je reste un vrai chrétien ! »

Il n'entend pas se prêter aux manœuvres de ses accusateurs si fermement décidés à le perdre. Il n'en dira pas davantage puisque son appel a été rejeté de façon cavalière. Le promoteur a beau lui intimer l'ordre de prêter serment, une fois, deux fois, trois fois, Gilles ne desserre pas les dents ; il contraint la cour à abréger la séance.

On se retrouvera le mardi suivant. Ainsi en décident l'évêque de Nantes et le vicaire de l'inquisiteur.

Gilles de Rais et Jacques Cœur

11 octobre

Le sire de Rais ne quitte pas sa chambre.
Contrairement à ce qui était prévu, l'évêque Malestroit et le frère Jean Blouyn, « étant certains des causes énoncées, ne siégèrent pas en tribunal pour rendre droit ; mais ils ajournèrent la séance prévue pour ce mardi au jeudi suivant... »
Pourquoi un tel renvoi ? Que s'est-il passé entre-temps [1] ?
Nous n'en savons rien. En revanche, ce mardi 11 octobre, le président du tribunal ecclésiastique et le vicaire de l'inquisiteur (pourtant *certains des causes énoncées !*) n'oublient pas de donner un nouveau petit coup de pouce au destin. Ils font monter les témoins en première ligne : « les hommes et femmes susdits se plaignirent de nouveau auxdits évêque de Nantes et vicaire de l'inquisiteur, douloureusement et dans les larmes, de la perte de *leurs fils,* ainsi qu'il a été largement exposé ci-dessus, dans la salle basse dudit château de la tour Neuve, les suppliant sur ce de pourvoir à la justice nécessaire et opportune ».
Quels sont les témoins appelés à défiler à la barre ? Ceux du 28 septembre. N'y aurait-il pas parmi eux quelques absents ?
On peut le supposer. Le compte rendu d'audience du mardi 11 octobre indique que les témoins se sont plaints de la perte de *leurs fils.* Or le compte rendu d'audience du 28 septembre mentionne neuf témoins : sept qui ont déposé à propos de leurs fils et deux à propos de *leurs neveux.*
Les deux témoins absents, le 11 octobre, seraient donc Agathe, femme de Denis de Lemion, tante du jeune Colin (disparu en août 1439), et Tiphaine, femme d'Eonnet Le Charpentier, tante de Pierre Dagaie (disparu en 1438)...
Curieux.
Mais logique.
Surtout l'absence de Tiphaine. Si l'on consent à revenir quelques jours en arrière, très exactement le *6 octobre* 1440, on s'aperçoit que Jean de Touscheronde a procédé à l'audition de Jean Estaisse et de sa femme Michèle, de la paroisse de Saint-Clément. Évoquant la disparition de Perrot (ou Pierre)

---

[1]. Les historiens conformistes ont résolu le problème en ignorant l'incident : c'est tellement plus simple !

Le procès de Barbe-Bleue

Dagaie, les époux Estaisse ont mentionné avoir vu Tiphaine en train d'être interrogée par la mère de Perrot au moment de sa disparition... Or, en fin d'audition, Jean de Touscheronde leur fait dire « ne pas avoir eu jusqu'à ce jour connaissance desdites Tiphaine et Perrine, aujourd'hui détenues en prison ».

Ainsi les époux Estaisse n'auraient-ils point connu Tiphaine ? Absurde, puisqu'ils ont déclaré dans la même audition l'avoir vue s'entretenir avec la mère du petit disparu ! Et Touscheronde le sait bien...

Que faut-il donc entendre par connaissance desdites Tiphaine et Perrine ? Probablement connaissance de l'*incarcération* (ou des motifs d'incarcération) desdites Tiphaine et Perrine...

Rappelons-nous que le 2 octobre 1440, Jeannette Degrepie, veuve de Regnaud Donete, a confié au commissaire Jean de Touscheronde avoir entendu dire, quinze jours auparavant, que son enfant avait été enlevé par « Perrine Martin, détenue à la prison de Nantes ». Cette même Perrine Martin qui se verra accusée, le même jour, par Jean Jenvret et sa femme, d'avoir enlevé leur enfant de neuf ans pour le conduire au sire de Rais.

C'est en tant que *complice* de Gilles de Rais que Perrine Martin a été incarcérée à la prison de Nantes. Pour quels motifs Tiphaine[1] — l'un des premiers *témoins à charge* du châtelain de Machecoul ! — est-elle allée rejoindre Perrine en prison ?

Que s'est-il passé entre le 28 septembre et le 6 octobre 1440 ?

13 octobre

Gilles de Rais est présent dans la salle de la tour Neuve.

Jacques de Pentcoëdic, official de la cathédrale de Nantes, est chargé de lire les quarante-neuf articles que comporte l'acte d'accusation. Le sire de Rais, abasourdi, apprend alors que l'évêque de Nantes a mené une *enquête secrète* à son encontre,

---

1. Qui sera par la suite « confondue » avec la veuve de Branchu (audience du 15 octobre 1440).

Gilles de Rais et Jacques Cœur

au terme de laquelle a été décidée son inculpation. Et l'inculpation (pour ceux qui ne sont pas en fuite) de Gilles de Sillé, Roger de Briqueville, Henriet Griart, Étienne Corrillaut (dit Poitou), André Buchet, Jean Rossignol, Robin Romulart, un nommé Spadine et Hicquet de Brémont (familiers et commensaux habituels de Gilles de Rais).

L'actuel pensionnaire de la tour Neuve est accusé :

— d'avoir fait égorger, tuer, démembrer et brûler des enfants ;

— d'avoir immolé leurs corps aux démons de manière damnable ;

— d'avoir évoqué les démons et les malins esprits ;

— d'avoir sacrifié à ceux-ci ;

— d'avoir horriblement et ignoblement commis le péché de sodomie avec ses victimes, tant garçons que filles (parfois pendant qu'ils vivaient, parfois après leur mort, parfois pendant qu'ils mouraient) ;

— d'avoir exercé la luxure avec les uns et les autres, en dédaignant avec les filles le vase naturel ;

— d'avoir, pendant quatorze ans (tous les mois, tous les jours, toutes les nuits, et toutes les heures), pris, tué, égorgé plusieurs enfants, garçons et filles, en compagnie de Gilles de Sillé, Henriet Griart et Étienne Corrillaut ;

— d'avoir fait brûler, réduire ou convertir en cendres les corps de ces enfants ;

— d'avoir fait jeter leurs cendres dans des endroits écartés et secrets ;

— d'avoir, cinq ans auparavant, dans une salle basse du château de Tiffauges (appartenant à son épouse, au diocèse de Maillezais), fait tracer plusieurs signes, figures et caractères par certains maîtres tel François Prelati, Italien de nation, se disant expert dans l'art interdit de la géomancie ;

— d'avoir fait faire la même chose, dans un bois assez proche du château de Tiffauges, à Jean de La Rivière, Antoine de Palerme et un nommé Louis, magiciens et évocateurs de démons ;

— d'avoir évoqué et fait évoquer des esprits malins répondant aux noms de Barron, Oriens, Belzébuth et Bélial, en se servant de feu, d'encens, de myrrhe, d'aloès et d'autres aromates ;

Le procès de Barbe-Bleue

— d'avoir fait un pacte avec lesdits esprits malins pour obtenir science, puissance et richesse ;

— d'avoir envoyé Gilles de Sillé (alors son directeur, son complice, son fauteur, son instigateur et son soutien) dans plusieurs parties du monde, afin de chercher, de repérer et de ramener à Tiffauges des devins ou des devineresses, des évocateurs et des conjurateurs, qui puissent lui faire avoir de l'argent, lui faire découvrir des trésors cachés, l'initier à d'autres arts magiques, lui procurer de grands honneurs, lui permettre de prendre et de tenir des châteaux et des villes ;

— d'avoir envoyé également le prêtre Eustache Blanchet en Italie et à Florence pour repérer des évocateurs, des conjurateurs et des devins (lequel Eustache, ayant trouvé à Florence François Prelati, le ramena auprès de Gilles) ;

— d'avoir, durant quatorze années (tant aux châteaux de Champtocé, de Machecoul, de Tiffauges, qu'à Vannes et à Nantes, dans la maison de La Suze), tuer ou fait tuer cent quarante enfants, ou plus, de traîtreuse, cruelle et inhumaine façon ;

— d'avoir mangé des mets délicats et bu des vins fins, de l'hypocras et du clairet, pour s'inciter au péché de sodomie ;

— d'avoir fait chaque jour des abus de table ;

— d'avoir dans sa chambre du château de Tiffauges mis dans un verre la main, les yeux et le cœur d'un enfant, pour les offrir, avec le sang, en digne d'hommage et de tribut au démon nommé Barron ;

— d'avoir, en hommage aux malins esprits, offert et fait offrir des aumônes à plusieurs pauvres ;

— d'avoir, durant quatorze années, été en conversation avec des devins et des hérétiques ;

— d'avoir sollicité leur assistance, communiqué et collaboré avec eux ;

— d'avoir reçu leurs dogmes ;

— d'avoir lu et étudié les livres touchant les arts interdits ;

— d'avoir fréquenté les évocateurs et les conjurateurs des malins esprits ;

— d'avoir reçu, favorisé et défendu les devins et les sorciers ;

— d'avoir appris, pratiqué et tenu pour dogme les arts magiques de la géomancie et de la nécromancie, interdits par la loi divine, canonique et civile ;

— d'avoir persisté dans sa maudite luxure contre nature, alors que c'est à cause dudit péché de luxure contre nature, selon les dispositions de la justice, qu'ont lieu ici-bas les tremblements de terre, les famines et les pestilences ;

— d'avoir, en mai 1440, en dépit de la crainte de Dieu, avec plusieurs de ses complices associés, osé entrer avec des armes offensives, de manière furibonde et téméraire, dans l'église paroissiale de Saint-Étienne-de-Mer-Morte, diocèse de Nantes, pour mettre la main sur Jean Le Ferron, clerc, originaire de Nantes et le faire violemment chasser et expulser de ladite église par un certain Lenano, marquis de Ceva, Lombard, et par d'autres de ses associés ;

— d'avoir fait emprisonner pendant des jours et des jours, tant au château de Saint-Étienne-de-Mer-Morte qu'au château de Tiffauges, où il fut détenu, les fers aux pieds et aux mains, ledit clerc Jean Le Ferron ;

— d'avoir, de ce fait, encouru la sentence d'excommunication, tant de droit que de l'autorité du concile de Tours et des statuts synodaux de l'Église de Nantes ;

— d'avoir enfin, par la commune opinion des hommes, la croyance et l'assertion du peuple, la vraie réputation, la commune mémoire, la voix et la rumeur publiques, tant dans lesdites paroisses de la Sainte-Trinité, de Machecoul, de Saint-Étienne-de-Mer-Morte, de Saint-Cyr-en-Rais, au diocèse de Nantes, que dans les autres paroisses adjacentes et voisines, et dans la paroisse de Notre-Dame-de-Nantes, et dans la plus grande partie du duché de Bretagne et dans les régions avoisinantes, été désigné et reconnu comme hérétique, relaps, sortilège, sodomite, évocateur des malins esprits, divinateur, égorgeur d'innocents, apostat, idolâtre, devin et sorcier...

Mais le sire de Rais rejette en bloc les accusations que vient d'énoncer Jacques de Pentcoëdic : « Je ne répondrai pas à ces positions et articles, s'écrie-t-il. J'affirme que nos seigneurs évêque et vicaire de l'inquisition qui se mêlent de vouloir me juger n'ont jamais été et ne sont point mes juges, et j'en appellerai ! »

Puis il se déchaîne :

— Vous, seigneurs évêque de Nantes et frère Jean Blouyn,

vicaire de l'inquisition, et tous les autres ecclésiastiques ici présents, êtes des simoniaques et des ribauds ! J'aimerais mieux être pendu la corde au cou que de répondre à de tels ecclésiastiques et de tels juges ! Je tiens pour intolérable de comparaître devant vous !

Gilles ne s'est point emporté contre le tribunal séculier que préside Pierre de L'Hospital. Il sait que ses ennemis occupent surtout l'estrade de gauche (celle des gens d'Église). Maintenant le silence s'installe dans la salle. Me Geoffroy Piperier, chefecier de Notre-Dame-de-Nantes, au nom du promoteur Guillaume Chapeillon, intervient. Il reprend certains des articles de l'acte d'accusation en français. Il est avant tout attentif à dissiper le climat pénible qui vient de s'instaurer mais Gilles ne lui en laisse pas le temps. Il le contre « avec irrévérence », souligne le compte rendu d'audience. Ce qui veut dire, en clair, que Gilles s'est à peu près exprimé en ces termes :

— Vos articles ne sont jamais qu'un tissu de mensonges et d'âneries ! Vous le savez bien, Me Piperier et Me Chapeillon ! Chacun sait, ici, que vous êtes beaucoup moins c... que vous ne le laissez paraître !

Se tournant vers Malestroit, il éructe : « Je ne ferai rien pour vous comme évêque de Nantes ! »

Mais les juges ecclésiastiques en ont vu d'autres. Ils se gardent bien de réagir. Ils se contentent d'interpeller le sire de Rais, de lui demander (en le menaçant à quatre reprises d'excommunication) de répondre, point par point, à l'acte d'accusation. Gilles refuse. Il n'a pas à se justifier d'un monceau d'âneries. Il précise qu'il est aussi bon chrétien et vrai catholique que ses juges peuvent l'être[1]...

S'adressant au tribunal séculier (*cf.* le compte rendu d'audience), le sire de Rais « s'étonnait que ledit Me Pierre de L'Hospital, président de Bretagne, permît que lesdits seigneurs ecclésiastiques pussent connaître de tels crimes ainsi proposés contre lui et pussent ainsi proposer contre lui-même des choses abominables ».

Réflexion pertinente. Pierre de L'Hospital joue dès le départ

---

1. Ce qui ne manque pas d'humour quand on connaît Malestroit ! Et cela prouve aussi que Gilles opère une différence subtile entre christianisme et catholicisme.

le rôle peu plorieux de faire-valoir. L'enquête diligentée par son homme de confiance Jean de Touscheronde n'a pas donné grand-chose. Nous sommes loin, sur l'estrade séculière, des élucubrations d'en face. N'en déplaise à Barron, Oriens, Belzébuth et Bélial.

Pierre de L'Hospital se tait. Il se garde bien de contredire l'accusé. L'évêque Malestroit et le vicaire Jean Blouyn ripostent en excommuniant, par écrit, Gilles de Rais. Lequel — par provocation — fait appel « simplement, oralement et sans écrit » de leur décision. On se reverra le samedi suivant.

15 octobre

Nouvelle comparution de Gilles dans la grande salle supérieure de la tour Neuve.

Cette fois, changement total d'attitude chez l'accusé. L'arrogance fait place au respect. Gilles admet la compétence du tribunal ecclésiastique. Il demande pardon à ses juges pour les paroles blessantes qu'il a prononcées quatre jours plus tôt.

Stupeur dans la salle. Surtout, soulignent les notaires, lorsque le sire de Rais « avoua spontanément avoir commis et méchamment perpétré les crimes et délits énoncés... ».

Malestroit et Jean Blouyn ravalent leur salive. Ils s'empressent de pardonner les injures de l'accusé et de les lui remettre, pour l'amour de Dieu [1].

Le promoteur demande à Gilles de prêter serment. C'est fait. Maintenant, il faut que le prévenu se prononce sur les différents articles de l'acte d'accusation. Moment historique. Les juges retiennent leur souffle.

Gilles avoue spontanément et déclare être vrais « les contenus des premier, second, troisième, quatrième, huitième, neuvième, dixième, onzième et quatorzième articles exposés dans l'ordre et en français par le révérend père seigneur Jean Prégent, évêque de Saint-Brieuc ».

Et que disent les premier, second, troisième, quatrième, hui-

---

1. Il va sans dire que nous respectons scrupuleusement la forme du compte rendu d'audience et son articulation.

tième, neuvième, dixième, onzième et quatorzième articles exposés en français par le révérend père seigneur Jean Prégent ? Tout simplement ceci :

1. En premier, ledit promoteur affirme et, s'il est nécessaire, il entend prouver qu'il y a dix, vingt, trente, quarante, cinquante, soixante, soixante-six, quatre-vingts, quatre-vingt-dix et cent ans passés, plus ou moins et même pendant une durée telle qu'il n'est pas mémoire du contraire, dans la province de Tours et dans la ville de Nantes, il y eut et il y a encore certaine solennelle et notable église cathédrale de Nantes, ayant comme tête un évêque, et comme membres un doyen et plusieurs chanoines prébendés qui forment un chapitre (...) ; et qu'il en fut ainsi et que cela est vrai.

2. *Item*, que depuis et pendant ces temps, ledit évêché de Nantes eut et a encore des frontières et des limites précises avec d'autres évêchés de ladite province de Tours, l'en distinguant et l'en séparant, comme avec celles des autres provinces voisines (...) ; et qu'il en fut ainsi et que cela est vrai publiquement et notoirement.

3. *Item*, que, depuis les vingt dernières années passées, sinon plus, ledit révérend père fut et est évêque de Nantes, ayant et exerçant au spirituel la cure des âmes, le gouvernement et l'administration dudit évêché (...) ; et qu'il en fut ainsi et que cela est vrai.

4. *Item*, que (...) le même seigneur évêque de Nantes (...) a régulièrement compétence pour punir, corriger, réformer tout sujet coupable d'actions scélérates et honteuses, comme tous criminels, d'où qu'ils vinssent (...) ; et qu'il en fut ainsi et que cela est vrai, publiquement, notoirement et manifestement.

8. *Item*, que tant du droit d'usage, mœurs, observance et coutume dudit royaume de France, et surtout de la ville et du diocèse de Nantes (...), frère Guillaume Merici, inquisiteur de l'hérésie, a eu pouvoir de substituer en son lieu et de députer et d'ordonner à cet office un autre ou d'autres frères dudit ordre ; et qu'il en fut ainsi et que cela est vrai.

9. *Item*, que ledit Gilles de Rais, accusé fut et est paroissien de la paroisse de la Sainte-Trinité, de Machecoul, dudit diocèse de Nantes et qu'il est tenu et réputé communément pour tel, publiquement et notoirement.

10. *Item*, que le susdit Gilles de Rais, accusé, fut depuis le

temps de son enfance et de son adolescence et est toujours sujet et justiciable du seigneur évêque de Nantes et de l'inquisiteur susdit (...) ; et qu'il en fut ainsi et que cela est vrai.

11. *Item*, que (...) les paroissiens (...), sujets et justiciables du seigneur évêque de Nantes quant au spirituel, le sont également de ce même seigneur évêque comme de l'inquisiteur susdit pour les crimes mentionnés ci-dessus et ci-dessous ; qu'ils le sont publiquement et notoirement et qu'il en fut ainsi et que cela est vrai.

Autrement dit, si l'on consent à résumer les articles précités, Gilles de Rais *avoue spontanément* qu'il y a une cathédrale à Nantes, qu'il y a un évêque dans la cathédrale, qu'il y a des chanoines prébendés autour de l'évêque et que lui, Gilles de Rais, appartient à la paroisse de la Sainte-Trinité de Machecoul !

Le compte rendu d'audience ne mentionne pas la tête qu'a faite l'évêque Malestroit en oyant les « aveux » de l'accusé. On peut néanmoins s'en faire une idée !

Gilles rappelle, au passage, qu'il a reçu le sacrement du baptême et renoncé au diable et à ses pompes. Il n'a jamais évoqué ou fait évoquer les malins esprits. Il n'a jamais offert le moindre sacrifice interdit. Il admet, par contre, avoir reçu d'un certain chevalier d'Anjou, emprisonné pour cause d'hérésie, un livre traitant de l'art alchimique et de l'évocation des démons. Gilles a lu ce livre et l'a fait lire à des tiers. De même a-t-il pratiqué l'alchimie pendant un certain temps. Il a eu recours à des adeptes lombards (Antoine et François) et à un orfèvre parisien pour parfaire ses connaissances hermétiques. Il a de l'alchimie une connaissance livresque mais aussi expérimentale. Il est capable de *congeler le mercure...*

Pour ce qui est des assertions coupables et criminelles de l'acte d'accusation (évocation d'esprits malins, pacte avec les démons, sacrifices sanglants, meurtres d'enfants), il les repousse avec vigueur et mépris. Il est même prêt, pour prouver son innocence, à subir l'*épreuve du feu...*

Le promoteur fait ensuite produire à titre de témoins les nommés Henriet Griart, Etienne Corrillaut (dit Poitou), François Prelati, Eustache Blanchet, Tiphaine, *veuve de feu Robin Branchu* et Perrine Martin...

Invité par l'évêque de Nantes et le frère Jean Blouyn à inter-

Le procès de Barbe-Bleue

roger lui-même les témoins, Gilles décline l'invitation et déclare s'en remettre uniquement à la conscience desdits témoins. Il sollicite du tribunal ecclésiastique que soit levée la mesure d'excommunication qui le frappe et obtient satisfaction. Le seigneur Jean Malestroit lui donne l'absolution par écrit. Le sire de Rais est rendu « à la participation des sacrements et à l'unité des fidèles du Christ et de notre Sainte-Mère l'Église ».

16 octobre

François Prelati, originaire de Monte-Catini au Val di Nievole, près de Pistoie, diocèse de Lucques (Italie), prêtre, ayant reçu la tonsure cléricale de l'évêque d'Anezzo, ayant étudié la poésie, la géomancie, l'alchimie (et d'autres arts), dépose en qualité de témoin. Il reconnaît :
— avoir été recruté, deux ans auparavant, à Florence, par messire Eustache Blanchet, prêtre, pour exercer l'art de l'alchimie et de l'évocation des démons ;
— être rentré en France, avec ledit Eustache Blanchet, pour exercer son art auprès d'un grand personnage, à savoir Gilles de Rais ;
— avoir pratiqué la magie cérémonielle dans la grande salle inférieure du château de Tiffauges en compagnie du maître des lieux ; après avoir tracé plusieurs cercles sur le sol, à l'aide de la pointe d'une épée, et fait brûler de l'encens, de la myrrhe et de l'aloès ;
— avoir conduit des cérémonies identiques, mais en plein air, près d'un étang, en compagnie d'Étienne Corrillaut ;
— avoir entendu dire par un certain Guillaume Daussy, serviteur de Gilles de Rais, que ledit Gilles tuait et faisait tuer beaucoup de jeunes garçons à Tiffauges et à Machecoul pour offrir leur sang et leurs membres aux démons ;
— avoir entendu dire par ledit Guillaume que Gilles de Rais commettait l'acte de sodomie avec lesdits garçons ;
— avoir vu, un an auparavant, à Tiffauges, un enfant de six mois tué et étendu sur le sol, en présence de Gilles de Sillé ;
— avoir fait apparaître, à de nombreuses reprises, le diable

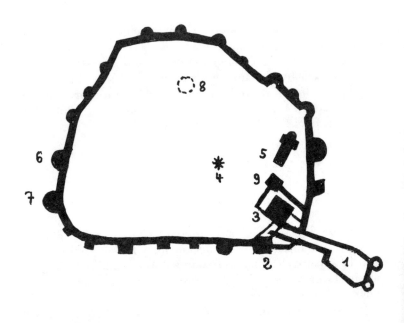

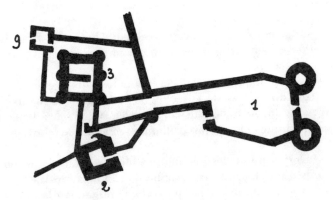

CHÂTEAU DE TIFFAUGES

1. Barbacane
2. Tour du Pertuis
3. Donjon
4. Puits de la Fée
5. Chapelle
6. Tour ronde
7. Tour du Vidame
8. Motte
9. Châtelet

nommé Barron sous la forme d'un beau jeune homme d'environ vingt-cinq ans ;
— avoir fait apparaître un grand serpent ailé et vigoureux, de la grosseur d'un chien ;
— avoir conclu un pacte avec le susdit Barron au nom du sire de Rais.

17 octobre

Eustache Blanchet, prêtre, originaire de Montauban, paroisse de Saint-Éloi, au diocèse de Saint-Malo, âgé de quarante ans, déposant en qualité de témoin, reconnaît :
— avoir rencontré à Florence, deux ans auparavant, François Prelati, ami de Nicolas de Médicis, expert dans l'art de l'alchimie ;
— avoir ramené ledit François Prelati à Tiffauges ;
— avoir surpris Gilles de Rais et Prelati en train d'évoquer les démons après avoir allumé une chandelle et crié : « Viens, Satan » ;
— avoir appris d'un nommé Mercier que, selon la rumeur publique, Gilles de Rais tuait et faisait tuer des enfants en grand nombre ;
— avoir également appris que plusieurs vieilles, actuellement détenues dans les prisons du seigneur duc de Bretagne, à Nantes, et dont il ignore les noms, amenaient des enfants à Machecoul pour les livrer à Poitou et Henriet Griart qui les tuaient ;
— avoir vu dans les archives de Gilles de Rais, entreposées dans le cabinet de travail dudit sire, au château de Machecoul, cinq ou six feuilles de papier à grandes marges, sur lesquelles il y avait de l'écriture rouge de la main dudit Gilles, des croix et des *signes* rouges, le tout probablement fait avec du sang humain ;
— avoir entendu dire par Matthieu Fouquet qu'on avait trouvé des ossements d'enfants morts au château de Champtocé ;
— avoir recruté Me Jean de La Rivière, médecin, pour venir faire des évocations dans le bois de Pouzauges ;

— avoir recruté, à Angers, un orfèvre qui disait exercer l'art d'alchimie et se fit remettre un marc d'argent pour Gilles de Rais, soi-disant pour opérer une transmutation métallique, mais en réalité pour s'enivrer et s'endormir tranquillement dans une chambre, d'où il fut sorti sans ménagement par ledit Gilles qui le traita d'ivrogne ;
— avoir entendu François Prelati se plaindre douloureusement du diable qui l'avait battu au cours d'une séance d'invocation ;
— avoir constaté à l'issue de ladite séance que François Prelati était contraint de s'aliter avec une fièvre qui lui dura huit jours.

Déposition de Poitou

Le 17 octobre 1440, Étienne Corrillaut, dit Poitou, originaire de Pouzauges, au diocèse de Luçon, âgé d'environ vingt-deux ans, dépose à son tour en qualité de témoin. Après avoir prêté serment, il reconnaît :
- avoir entendu dire par le chevalier Charles Léon, aux lendemains de la prise du château fort de Machecoul, qu'on avait découvert les corps et les ossements de deux enfants dans la partie basse de la tour dudit château ;
- avoir personnellement constaté, dans la tour du château de Champtocé, la présence d'ossements et de crânes de trente-six ou quarante-six enfants ;
- avoir aidé au transport de ces ossements déjà desséchés après les avoir entreposés dans un coffre lié avec des cordes ;
- avoir déposé ledit coffre, à Machecoul, dans la chambre de Gilles de Rais et brûlé lesdits ossements en la présence du maître des lieux, de Gilles de Sillé, Jean Rossignol, André Buchet et Henriet Griart ;
- avoir dispersé les cendres dans les fossés et les douves de Machecoul ;
- avoir conduit, à de multiples reprises, des enfants des deux sexes dans la chambre de Gilles de Rais, à Nantes, Machecoul, Tiffauges et en d'autres lieux ;

Le procès de Barbe-Bleue

• avoir constaté que Gilles de Rais, pour exercer ses débauches contre nature et ses ardeurs libidineuses, prenait premièrement sa verge ou son membre viril entre l'une ou l'autre de sa main, la frottait ou l'érigeait ou la tendait, puis la posait entre les cuisses et les jambes desdits garçons et filles, omettant le vase naturel desdites filles, frottant sa verge sur le ventre desdits garçons et filles avec une grande délectation, une ardeur et une concupiscence libidineuse, jusqu'à ce que le sperme s'émît sur leur ventre ;
• avoir vu Gilles de Rais commettre ses luxures sur les petites victimes après leur avoir incisé ou fait inciser la veine du cou ou de la gorge, le sang jaillissant, et d'autres fois après leur mort et quand ils avaient le cou coupé ;
• avoir lui-même tué, pour le compte du seigneur de Rais, des petits enfants, tantôt en les décollant ou les décapitant, tantôt leur coupant la gorge, tantôt les démembrant et tantôt leur rompant le cou avec un bâton ; il y avait d'ailleurs un glaive destiné à leur exécution, vulgairement appelé *braquemard* ;
• avoir fréquemment brûlé (avec l'aide d'Henriet) les petits cadavres sur des landiers, dans la chambre de Gilles de Rais, en se servant de gros bois, disposant ensuite des fagots sur les corps morts et faisant un grand feu ; les vêtements étaient placés pièce à pièce sur le feu, où ils étaient soulevés, en sorte qu'ils brûlaient plus doucement et qu'on ne sentait pas la mauvaise odeur ;
• avoir entendu messire Eustache Blanchet, prêtre, dire au sire de Rais qu'il ne pouvait accomplir ce qu'il entendait faire et avait entrepris sans *donner ou offrir au diable* un pied, une main ou un autre membre d'enfant ;
• avoir vu Gilles de Rais couper le cœur et la main d'un enfant tué, poser ladite main et ledit cœur dans une coupe de verre sur une cimaise de la cheminée de sa chambre et les couvrir d'un linge de lin ;
• avoir appris par Gilles de Sillé, en présence du sieur Henriet, que les ossements de quatre enfants avaient été extraits d'une tour proche de la salle basse du château fort de Machecoul ; lesdits enfants ayant probablement été tués par Gilles de Rais, Gilles de Sillé et Roger de Briqueville ;
• avoir entendu messire Eustache Blanchet, prêtre, promettre au sire de Rais que Me François Prelati, exerçant à Tiffauges

Gilles de Rais et Jacques Cœur

l'art de l'alchimie, ferait « *venir maître Aliboron* », désignant le diable par ce nom ;

- avoir vu Me François Prelati et ledit sire de Rais, accusé, pratiquer ensemble la magie cérémonielle à Tiffauges et entendu, à l'issue d'une séance de magie, du bruit comme si un quadrupède marchait sur le toit et voulait entrer par une lucarne du château.

Déposition d'Henriet Griart

Agé de vingt-six ans, originaire de la paroisse parisienne de Saint-Jacques-de-la-Boucherie [1], Henriet Griart fait, le 17 octobre 1440, une déposition en tout point identique à celle de son ami Poitou. Et il se voit lui aussi enjoindre, en la forme usuelle, de ne rien révéler à quiconque de sa déposition.

19 octobre

De nouveaux témoins défilent, en la présence de Gilles de Rais, dans la grande salle supérieure de la tour Neuve : Jean Audilaurech, André Seguin, Pierre Vilmain, Me Jean Lorient, Jean Briand, Jean Le Veill, Jean Picard, Guillaume Michel, Pierre Drouet, Entrope Chardavoine, Robin Guillemet, chirurgien, Robin Riou, Jacques Tinnecy et Jean Letournous. L'accusé refuse de les interroger.

Le même jour sont enregistrées les dépositions de Jean Rousseau, homme d'armes du duc de Bretagne, Lenano, marquis de Ceva, capitaine au service de Gilles de Rais, et Bertrand Poulein, homme d'armes au service dudit Gilles. Trois dépositions qui portent sur l'article 42 (violation des immunités de l'Église) et l'arrestation mouvementée du clerc Jean Le Ferron, à la Pentecôte 1439, en l'église paroissiale et curiale de Saint-Etienne-de-Mer-Morte.

---

1. Paroisse d'adoption de l'alchimiste Nicolas Flamel.

Le procès de Barbe-Bleue

20 octobre

Gilles comparaît de nouveau devant ses juges.

A la demande du promoteur, l'évêque Malestroit et le frère Jean Blouyn demandent à l'accusé s'il désire donner ou proposer quelque chose d'important pour son salut et sa justification au sujet des délits et des crimes qui lui sont reprochés. Le sire de Rais répond par la négative ; il s'en rapporte à ce qu'il a « d'ores et déjà dit par ailleurs » et ne voit aucune objection à ce que soient rendus publics les dires et dépositions des témoins.

C'est l'impasse.

Le promoteur réclame alors que la torture ou question soit appliquée à l'accusé. Malestroit et Jean Blouyn s'empressent d'accéder à sa demande : ils ordonnent la question ou torture pour Gilles de Rais ; ils décident que ledit Gilles doit « souffrir la torture et être soumis aux questions et aux tortures ».

21 octobre

Gilles de Rais comparaît dans la salle basse de la tour Neuve, au milieu des estrapades et des chevalets. Le bourreau et ses aides sont là. Prêts à officier.

Gilles se tourne vers l'évêque de Nantes et le vicaire de l'inquisiteur également présents. Il les supplie humblement (nous disent J. Delaunay et G. Lesné, notaires et scribes) « de différer ladite exécution jusqu'au lendemain ».

Sa requête est acceptée. Mais pour quelques heures seulement...

A deux heures de l'après-midi, Malestroit et Jean Blouyn descendent de nouveau dans la salle de tortures. Ils chargent l'évêque de Saint-Brieuc, le président de Bretagne et Jean Petit, « *l'un des quatre notaires et scribes susdits* », de se rendre dans la chambre haute que Gilles de Rais occupe dans la tour Neuve du château de Nantes afin de recueillir ses aveux (seuls susceptibles de le dispenser d'être soumis, l'après-midi même, à la torture...).

Gilles de Rais et Jacques Cœur

Les trois « seigneurs commissaires » s'en vont rejoindre Gilles de Rais.

Lorsqu'ils redescendent, ils annoncent qu'ils ont parlé à l'accusé et que ce dernier a fait en leur présence une longue confession « dont la teneur est donnée dans la relation ci-dessous, qu'ils montrèrent alors ».

Confession hors jugement

Écoutons Jean Petit, témoin des faits, rapporter :
« S'ensuit la confession hors jugement de Gilles de Rais, accusé, souvent mentionné, faite en présence desdits seigneurs *évêque de Saint-Brieuc*, commis par lesdits seigneurs évêque et vicaire, en ce qui regarde la juridiction ecclésiastique, et de Me *Pierre de L'Hospital* président, de *Jean Labbé*, d'*Yvon de Rocerf*, écuyer, de *Jean de Touscheronde*, clerc, et de moi, *Jean Petit*, scribe et notaire susdit, spécialement convoqués pour cela dans une chambre convenable donnée audit Gilles dans la tour Neuve du château de Nantes, pour y séjourner, se reposer et y dormir, pendant le procès commencé contre lui. Ainsi qu'il est dit ci-dessus, ladite confession fut faite volontairement, librement et sans contrainte, le vendredi 21 octobre (...). Et premièrement (...) ledit Gilles de Rais (...) confessa (...) avoir commis et avoir méchamment perpétré sur de nombreux enfants les crimes, les péchés et les délits d'homicide et de sodomie ; il confessa également avoir commis les évocations des démons, les oblations, les immolations, les promesses et les obligations faites au démon *et les autres choses récemment confessées en présence dudit seigneur président et de quelques autres personnes.* »

Restons-en là pour l'instant.

En faisant remarquer que selon Delaunay et Lesné, scribes et notaires, *trois personnes* ont été chargées par le tribunal ecclésiastique d'aller recueillir la confession de l'accusé : l'évêque de Saint-Brieuc, le président Pierre de L'Hospital et Jean Petit...

Or, selon la narration du scribe et notaire Jean Petit, *six personnes* ont recueilli cette confession : les trois personnes déjà

Le procès de Barbe-Bleue

citées auxquelles s'ajoutent Jean Labbé, Yvon de Rocerf, écuyer, et le commissaire Jean de Touscheronde...

Pourquoi cette nouvelle contradiction ?

Qui a envoyé Rocerf, Labbé et Touscheronde dans la chambre haute ?

S'y trouvaient-ils déjà lors de l'arrivée des trois émissaires officiels de l'évêque Malestroit ? Sont-ils arrivés simultanément ou après ?

Mais un homme a *déjà* obtenu les aveux de Gilles de Rais, avant la fameuse confession hors du jugement du 21 octobre 1440, et cet homme n'a pas estimé utile d'en référer à l'évêque de Nantes...

Le nom de ce cachottier ? Le président Pierre de L'Hospital en personne !

Le notaire Jean Petit le révèle ingénument : Gilles de Rais a *récemment* fait des confidences au seigneur président... Mais qu'entend-il, l'ami Jean Petit, par récemment : combien de jours ou d'heures ? Et quelles sont ces fameuses « autres personnes » auxquelles il fait allusion ? Pour qui travaillent-elles ? Combien sont-elles ?

Enfin que signifie l'expression « autres choses » également utilisée par J. Petit ? Quelles ont été ces confidences qui ne présentent, *a priori*, aucun caractère démoniaque ou criminel ? Qui ne relèvent ni du tribunal ecclésiastique ni de la cour séculière, tout en revêtant une importance indubitable : n'ont-elles point incité le président de Bretagne à agir à l'insu de Malestroit et à garder le silence ?

Attitude surprenante de la part d'un président de tribunal. Mais cette attitude peut nous aider à comprendre pourquoi, jusque-là, ce même président, contrairement à l'évêque de Nantes, n'a pas fait preuve d'hostilité envers l'accusé.

22 octobre

Gilles comparaît, à l'heure des vêpres, devant ses juges.

Il confesse publiquement ce qu'il a « déjà confessé hors jugement dans sa chambre en présence du révérend père, le seigneur évêque de Saint-Brieuc, de Me Pierre de L'Hospital,

Gilles de Rais et Jacques Cœur

président de Bretagne, de Jean de Touscheronde et de Jean Petit ».
Il n'est plus question, ici, de Jean Labbé et de l'écuyer Yvon de Rocerf! Mais poursuivons. Gilles reconnaît toutes les accusations développées par Me Guillaume Chapeillon, promoteur. Il désigne comme complices de ses turpitudes sexuelles et de ses crimes : les nommés Gilles de Sillé, Roger de Briqueville, Henriet et Poitou, Rossignol et Petit Robin.

25 octobre

Dernière comparution de Gilles dans la chambre supérieure de la tour Neuve, en ce mardi suivant la fête de saint Luc, évangéliste.
Il se voit reconnu coupable d'hérésie et de crime et de vice contre nature avec des enfants. Arrêts rendus au nom du Christ par le tribunal ecclésiastique.
De leur côté, les juges séculiers, après avoir reçu les ultimes confessions d'Henriet et de Poitou, reçu l'avis « de plusieurs assistants, avocats et autres, attendu les cas et tout le fait considéré », rendent leur verdict : lesdits Henriet et Poitou sont condamnés à être pendus et brûlés.
Gilles de Rais subira un sort identique.
L'exécution de la sentence est fixée pour le lendemain à onze heures. Pierre de L'Hospital promet aux condamnés d'intercéder en leur faveur auprès de l'évêque de Nantes afin qu'une procession générale soit organisée pour le salut de leurs âmes...

26 octobre

Pierre de L'Hospital a tenu parole.
La procession [1] a lieu deux heures avant la mise à mort du

---

1. Conduite par l'évêque Malestroit, en habits sacerdotaux, mitre sur la tête, crosse en main, précédant le duc de Bretagne drapé dans son long manteau de cérémonie aux parements d'hermine.

Le procès de Barbe-Bleue

trio infernal. Gilles de Rais[1] et ses complices sont ensuite conduits dans un pré non loin des ponts de Nantes. Où gibets et bûchers les attendent.
Pour une fin exemplaire.
Comme l'écrit Jean de Touscheronde (de sa plume distinguée de commissaire du duc de Bretagne) : « Gilles fit alors de belles oraisons et d'autres belles prières à Dieu, lui recommandant son âme. Et ensuite, afin de donner le bon exemple à sesdits serviteurs, il voulut mourir le premier. Sesdits serviteurs, un peu avant sa mort, lui dirent et le prièrent d'être fort et vaillant chevalier en l'amour de Dieu, lui demandant de se souvenir de sa passion qui avait été pour notre Rédemption. Lequel Gilles de Rais mourut dans ce repentir. Et avant que le feu n'eût ouvert son corps et ses entrailles, il en fut tiré et le corps fut placé dans un cercueil et porté dans l'église des Carmes de Nantes, où il fut enseveli. Et aussitôt, lesdits Henriet et Poitou furent pendus et brûlés, de telle sorte qu'ils furent réduits en poudre. Et ils eurent beaucoup de contrition et de regrets de leurs méfaits, et dans cette contrition et ce regret, ils persévérèrent jusqu'à la fin. »

---

1. Qui s'apprête à entrer dans la légende sous les traits de Barbe-Bleue (*cf.* l'abbé Bossard).

II

OPÉRATION REQUIEM

Lacunes

Gilles de Rais est coupable. C'est chose entendue. Tous les bons historiens — avec ou sans bicorne — l'ont dit et répété.

La bête d'extermination, comme l'a appelé Michelet, a été exécutée au terme d'un procès équitable, conduit par de bons juges, sur la base de preuves matérielles irréfutables, de témoignages accablants. Et on ne soulignera jamais assez le courage et la probité dont a fait preuve l'évêque Jean de Malestroit en osant défier la « bête ».

Ben voyons.

Les preuves matérielles ? Elles brillent surtout par leur absence. Lorsqu'on consent à examiner le dossier de justice, on est frappé par le manque de preuves tangibles. Crânes et ossements d'enfants abondent dans les déclarations des témoins et accusés. Ainsi, entre autres, est-il fait allusion à un « conduit tout plein de petits enfants morts » découvert, en 1435, à Champtocé (audition de Guillaume Hilairet), à la translation de trente-six à quarante-six cadavres d'enfants de Champtocé à Machecoul (auditions d'Henriet et Poitou). Mais aucune perquisition opérée dans les châteaux du sire de Rais ne vient corroborer ces dires... Aucun mémoire descriptif n'est joint au dossier... Aucun des articles (si fournis en références de toutes sortes) de l'acte d'accusation ne s'appuie sur le résultat de per-

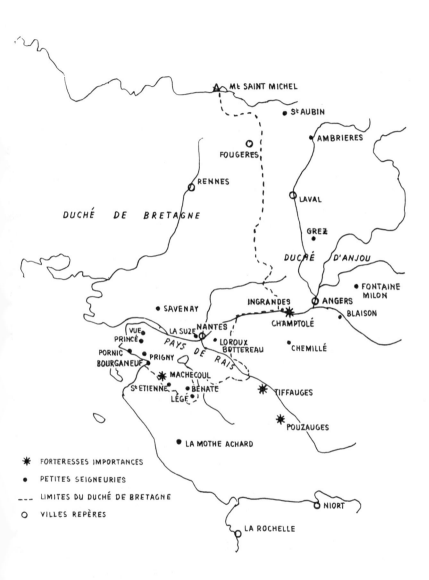

POSSESSIONS DE GILLES DE RAIS

quisitions ou de fouilles dont, le moins qu'on puisse dire, la nécessité s'imposait...

De deux choses l'une : ou ces fouilles n'ont pas eu lieu — et il serait intéressant de savoir pourquoi — ou ces fouilles ont eu lieu et elles se sont révélées infructueuses...

Prenons le cas de la translation des squelettes à Machecoul : c'est une absurdité. Il était tellement plus simple de brûler ces squelettes sur place ! Le 17 octobre 1440, Poitou a révélé qu'après la prise de Machecoul avait été découvert, par René de La Suze (frère de Gilles de Rais) ou le chevalier Charles de Léon, « les corps ou les ossements de deux enfants dans la partie basse de la tour dudit château fort ». Pourquoi la cour séculière a-t-elle « oublié » de perquisitionner sur place ou d'entendre les auteurs de la macabre découverte ?

D'après Poitou, plus de quarante corps d'enfants ont été transportés à Machecoul. Selon Henriet, les corps des petites victimes étaient brûlés en même temps que leurs vêtements ! Et les vêtements l'étaient « pièce par pièce » ! Donc pas question d'*accumulation* de cadavres...

L'article XXI de l'acte d'accusation mentionne le meurtre du fils de Jean Lavary ; meurtre perpétré à Vannes par Gilles de Rais, le corps décapité du jeune garçon ayant été jeté dans les latrines d'une maison appartenant à un nommé Boetden. Pourquoi n'avoir pas perquisitionné chez ledit Boetden ? Pourquoi, dans le cas contraire, n'avoir point consigné par écrit les résultats de cette perquisition pourtant essentielle ?

Prenons le cas de Perrine Rondeau, de Machecoul. Elle déclare au commissaire Jean de Touscheronde avoir assisté à une perquisition opérée par « Jean Labbé et d'autres » dans la maison d'un certain Perrot Cahu. Maison occupée épisodiquement par François Prelati et le marquis de Ceva. Qu'a-t-on découvert au cours de cette perquisition ? De la « poudre qu'on disait venir d'enfants brûlés et d'une petite chemise d'enfant sanglante, qui puait très fort, si bien qu'elle fut malade de l'avoir sentie ».

Examinons attentivement la déclaration de Perrine. On peut s'étonner de voir Jean Labbé montrer à des tiers les résultats d'une perquisition opérée dans le cadre de l'instruction. De même pourquoi avoir dit à Perrine que la poudre récupérée était celle d'enfants brûlés ? Quelle différence peut-il exister, *a priori*, entre de la poudre provenant d'os humains calcinés et de la poudre provenant d'os de... lapin ou de poulet calcinés ? Pourquoi avoir fait sentir la chemise d'enfant découverte ? Où avait séjourné cette chemise ? Pendant combien de temps ? L'odeur nauséabonde qu'elle dégageait provenait-elle d'un processus naturel de putréfaction ? La chemise avait-elle été souillée d'excréments ? Quelle différence existe-t-il, *a priori*, entre une chemise d'enfant tachée de sang d'enfant et une chemise d'enfant tachée de sang de... lapin ? Surtout après un séjour *prolongé* en terre. Ou dans un puits, comme l'audition le laisse supposer.

Le même manque de rigueur peut être observé lors des auditions de témoins ou de mis en cause. On vient fréquemment déposer en faveur d'un enlèvement d'enfant touchant un voisin ou un inconnu. Les prénoms des petits disparus sont rarement mentionnés. Les situations de famille ne le sont pas davantage. *Idem* en ce qui concerne le sexe des victimes. Pour ne pas parler des contradictions abondamment relevées dans la procédure.

Gilles de Rais est rendu responsable de la disparition de cent quarante victimes. Or les disparitions d'enfants[1] sont fréquentes durant la première moitié du XVe siècle. Pour cause, entre autres, de paiement de rançons...

Ainsi le témoignage de Jeanne, veuve d'Aimery Edelin, demeurant à Machecoul, aurait-il mérité davantage d'attention. Ce témoignage recueilli en septembre 1440 fait état de disparitions survenues huit ans plus tôt : celles du fils de Jeanne, d'un enfant Roussin, d'un enfant Jeudon et d'un enfant de Macé Sorin. Or Gilles de Rais n'est à aucun moment mis en cause : « On imaginait, admet la veuve d'Aimery, que ces enfants avaient été pris pour les donner aux Anglais, pour la libération de messire de Sillé, qui était prisonnier des Anglais, à ce que l'on disait ; et les gens dudit sire auraient dit que, pour la rançon dudit sire Michel, il était tenu de fournir auxdits Anglais vingt-quatre enfants mâles. »

Michel Bataille — *Gilles de Rais*, Pygmalion, 1976 — rappelle qu'à pareille époque « les Anglais font des razzias de

---

1. Remontant parfois à 1432 en ce qui concerne le dossier de Rais.

petits garçons et les envoient en Angleterre pour les y élever en guise d'Anglais (...). Cela s'est produit pour des milliers d'enfants, peut-être des centaines de mille. On dit aussi que des partis français, de leur côté, enlèvent des enfants, justement pour pouvoir les vendre aux Anglais ou les offrir dans le marchandage des rançons en tel ou tel nombre contre tel prisonnier notoire. Plus d'un seigneur retenu en Angleterre a été ainsi payé plus que son poids de chair humaine. »

Le *Journal d'un bourgeois de Paris* révèle, en 1440, que l'Ile-de-France est peuplée de gens « pires que les sarrasins » ! Ces bandits enlèvent des nouveau-nés et des petits enfants rencontrés sur les chemins ; ils les enferment dans des huches où les malheureux sont condamnés à mourir de faim si leurs parents s'avisent de ne point payer de grosses rançons...

Un larron est pendu, en 1441, pour avoir enlevé des enfants (en maillot ou non) et jeté au feu certains d'entre eux sous prétexte que leur rançon tardait à venir... L'intéressé est qualifié de véritable Hérode...

En 1448, l'inquisition arrête des mendiants, larrons et meurtriers. Interrogés (sous la torture), ceux-ci avouent avoir enlevé des enfants, « crevé les yeux à l'un, coupé les jambes ou les pieds à d'autres ». Ces bourreaux opéraient leurs enlèvements en compagnie de femmes, pour ne pas éveiller la méfiance des familles des victimes. Le 23 avril 1449, admet notre Bourgeois de Paris, « on pendit deux de ces criminels, un homme et une femme, près du moulin à vent sur la route de Saint-Denis. Plusieurs cagous et cette compagnie furent jetés en prison. On racontait que, par dérision, ils s'étaient donné un roi et une reine. Il fut prouvé contre eux qu'ils avaient mutilé des enfants. De nombreuses bandes de larrons existaient à Paris *et ailleurs.* »

La sodomie

Les relations contre nature hantent les inquisiteurs.
Les *Pénitentiels* — recueils de péchés et pénitences destinés aux confesseurs — fourmillent d'exemples allant des baisers

Opération Requiem

licencieux à la « fornication », en passant par la fellation et la masturbation mutuelle...

Pour l'Inquisition, un hérétique est nécessairement sodomite [1]. Tous les banquets démoniaques (style sabbats) s'achèvent par de gigantesques orgies au cours desquelles Léonard (le diable) s'unit charnellement aux participants (hommes ou femmes) ; les uns dansent en rond, ou comme ils peuvent (ayant chacun un diable pendu au derrière !), les autres se livrent au coït avec leurs voisins, autrement dit pratiquent « la copulation avec plusieurs personnes par le fondement »...

Leur châtiment, bien sûr, doit être exemplaire. Les *Livres di Jostice et di Plet*, produits à Paris et Orléans en 1260, mentionnent : « Ceux qui sont sodomites prouvés, ils doivent perdre leurs couilles. Et si quelqu'un récidive, il doit perdre membre. Et s'il le fait une troisième fois *(sic)*, il doit être brûlé... »

Gilles de Rais n'a fait, somme toute, que se soumettre aux normes inquisitoriales fixées par des détraqués...

La sorcellerie

Inutile de s'attarder sur les reproches délirants que contient l'acte d'accusation lu par Jacques de Pentcoëdic à l'audience du 14 octobre 1440.

Point n'est besoin de chercher à savoir qui a battu François Prelati au cours d'une séance d'invocation ou à identifier le mystérieux quadrupède qui voulait s'introduire par une lucarne du château de Tiffauges (déposition de Poitou). Les démons sont les anges gardiens des inquisiteurs. Ils sont puissants et rancuniers.

Pour avoir osé déclarer, dans un prône, que le sabbat des sorciers n'existe que dans l'imagination des gens crédules, le docteur en théologie Guillaume Edeline, professeur à l'Université de Paris, n'est-il point arrêté, traduit devant la très sainte et très rancunière Inquisition et torturé ? Les Frères Prêcheurs et leurs émules disposent d'arguments frappants. Aussi ce pauvre Édeline finit-il par reconnaître qu'il n'est qu'un stupide vau-

---

[1]. *Cf.* les procès intentés aux cathares et aux templiers.

Gilles de Rais et Jacques Cœur

dois au service de Satan ! Heureusement pour lui, ses juges sont des gens aussi cléments que compétents : ils ne le condamnent qu'à la prison à vie...

Question

Gilles déclare, dès le début du procès, être innocent des crimes dont on l'accuse. Il clame cette innocence avec vigueur. Il va même jusqu'à injurier le tribunal ecclésiastique présidé par Malestroit.

Il n'avoue que le 21 octobre 1440, c'est-à-dire au moment d'être soumis à la torture[1]...

La question ne prévoit-elle pas la mise en œuvre de tourments plus effroyables les uns que les autres : la flagellation, le chevalet, l'estrapade (le patient est précipité, au bout d'une corde, à quelques pieds du sol), les charbons ardents (pour griller la plante des pieds), les brodequins (pour briser les jambes et les chevilles) ? Le tout entrecoupé de pauses, d'exhortations, de menaces, de cris, de gémissements...

Aussi partageons-nous globalement l'analyse de Philippe Reliquet (*Gilles de Rais, maréchal, monstre et martyr*, Belfond, 1982) : « On s'est étonné à bon droit qu'un capitaine de guerre capitulât aussi facilement devant les risques de souffrance de la torture. Cette capitulation s'explique mieux, à mon avis, par " l'examen de conscience " de Gilles qui, dévot[2], ne croit pas que Dieu[3] puisse l'assister durant la séance de torture, et que la vérité[4] ne puisse éclater. Par ailleurs, il est moralement brisé. »

Les aveux de Gilles s'expliquent également par un désir d'identification à la Passion du Christ. Le sire de Rais, convaincu — après sa rencontre semi-clandestine avec Pierre de L'Hospital et les mystérieuses « autres personnes » ? — qu'il sera, quoi qu'il fasse et quoi qu'il dise, condamné à la peine

---

1. Autorisée, en matière d'hérésie, par la bulle *Ad extirpanda* (15 mai 1252) du pape Innocent IV.
2. Et lucide.
3. Ni personne.
4. Telle que la conçoivent les inquisiteurs.

Opération Requiem

capitale, décide de capituler devant ses adversaires et de porter sa croix. Lui qui a déclaré, tout au long des débats, être un bon chrétien va le prouver. Il va se comporter comme tel. Jusqu'au bout.

Le 21 octobre 1440, il confie à François Prelati qui vient pourtant de l'accuser férocement : « Adieu François, mon ami ! Jamais plus nous nous entreverrons en ce monde ; je prie Dieu qu'il vous donne bonne patience et espérance de nous retrouver en *la grande joie du paradis* ! » Le 26 octobre, il demande à mourir avant ses serviteurs pour préparer leur entrée dans la *Jérusalem Céleste*. Et ceux-ci, en retour, « lui dirent et le prièrent d'être fort vaillant chevalier en l'amour de Dieu, *lui demandant de se souvenir de sa passion qui avait été pour notre Rédemption* ».

Curieux monstres, en vérité, que ces gens-là !

Complicité

Le dossier de justice du maréchal de Rais est rempli d'omissions, de zones d'ombre, d'incohérences.

Pour le compte de qui travaille Eustache Blanchet ? Recruteur d'évocateurs de démons et d'alchimistes à la petite semaine, il ne sera, à aucun moment de la procédure, inquiété par le tribunal ecclésiastique ni par son homologue séculier. Et pourtant ! N'est-ce point lui qui est allé à Florence débaucher l'ineffable Prelati ?

Interrogé pour savoir s'il est allé à Florence de son propre mouvement ou sollicité par le baron de Rais, Eustache Blanchet répond qu'il s'est rendu en cette ville « pour ses affaires »...

Quelles affaires ?

Nous n'en savons rien. Personne n'a jugé utile de le lui demander !

Le prêtre Eustache Blanchet sait-il, en ramenant François Prelati[1] en France, que sa peu recommandable recrue exerce « l'art très criminel » d'évoquer les démons ? Il répond par l'affirmative. Et le tribunal ecclésiastique se garde bien de le lui reprocher !

---

1. Prêtre lui aussi.

Gilles de Rais et Jacques Cœur

Notre singulier prêtre a-t-il participé, de près ou de loin, aux séances d'évocations des démons ? Il s'est contenté de regarder l'opérateur tracer des cercles et des caractères magiques dans une salle du château de Tiffauges, d'aider, en compagnie de Prelati, de Gilles de Sillé, d'Henriet et Poitou, au transport du charbon, du feu « et des autres choses nécessaires aux évocations que fit ledit François ». Mais pas un juge ecclésiastique n'aura la bonne idée de le lui reprocher ! Ni de lui faire préciser pour quelles raisons il aurait poussé Gilles de Rais à offrir au diable « un pied, une main ou un autre membre d'enfant » (déposition de Poitou)...

La justice mettra-t-elle un point d'honneur à jeter en prison l'ignoble complice et assassin Gilles de Sillé ? Non, celui-ci ne connaîtra qu'un doux exil...

Quel sort estimera-t-elle judicieux de réserver à l'assassin Roger de Briqueville ? Ce que nous nommons, de nos jours, un « non-lieu [1] »...

Condamné à la prison à vie, l'évocateur de démons et assassin François Prelati sort très rapidement de son cachot. Pour entrer au service de René d'Anjou. Lequel le fait ensuite nommer gouverneur de La Roche-sur-Yon !

Eustache Blanchet disparaît promptement de la circulation. Sans doute retourne-t-il à ses discrètes « affaires »...

Qu'est devenue Perrine Martin ? Impossible de le savoir. Son nom disparaît des minutes du procès après le 15 octobre 1440. L'abbé Bossard suppose qu'un greffier a pu négliger sa déposition et ne pas la transcrire...

Curieuse négligence.

Roland Villeneuve (*Gilles de Rays*, Marabout, 1973) déplore : « On ne saurait trop regretter que les aveux de Perrine Martin ne nous soient pas parvenus (...). Pour nous, La Meffraye a pu être exécutée avant de parler, se suicider dans la prison afin d'éviter la torture ou mourir de peur à l'idée qu'elle lui serait infligée. »

On a pu aussi l'aider à se suicider [2]. A défaut de « l'oublier » purement et simplement dans sa triste cellule.

---

1. Briqueville sollicita et obtint de Charles VII des lettres de grâce (en 1446).
2. Pour raison d'État.

Opération Requiem

Et les mêmes problèmes se posent pour Tiphaine « Branchu ».

Enquête secrète

Les instigateurs du procès de Gilles de Rais sont connus : Jean de Malestroit, évêque de Nantes, et Jean V, duc de Bretagne. Deux incorruptibles ? Deux justiciers ? Deux héros ?
Pas exactement.
Personnage timoré, louvoyant, cupide, Jean V a trouvé en Jean de Malestroit son « cardinal de Richelieu [1] ».
Sixième fils du seigneur Jean de Chateaugiron-Malestroit et de Jeanne de Dol, dame de Combourg (épousée en troisième noce), le jeune Jean de Malestroit, comme nombre de cadets de son temps, doit se résoudre à entrer dans les ordres. Il ne fait pas le mauvais choix, comme on dit. Son ascension va être fulgurante. Évêque de Saint-Brieuc en 1405, membre d'une commission de trois membres « pour le fait des finances », il entre deux ans plus tard au « grand et privé conseil » du duc Jean V [2]. En 1406, il est gouverneur général des finances de Bretagne. En 1408, président de la chambre des comptes puis chancelier. En 1409, trésorier-receveur général.
Il double très tôt ses activités financières de préoccupations éminemment « politiques ». En 1410, il participe à une conférence secrète avec le duc de Bourgogne — en plein règlement du différend avec les Penthièvre — pour doubler les amis de Charles d'Orléans et obtient, en échange du retrait de Jean V du parti des princes, une gratification de 20 000 écus d'or !
Malestroit se montre ensuite partisan de l'Angleterre. Il se rend en ambassade à Londres en 1419 et 1420. Résultat de ses tractations : la Bretagne approuve le traité de Troyes. En 1426, capturé par le connétable de Richemont, au manoir de La Touche, près de Nantes, Malestroit se fait l'ambassadeur de son geôlier auprès du duc de Bourgogne pour rapprocher Richemont du dauphin. C'est l'échec. Mais il n'en continue pas

---

1. Mâtiné de Talleyrand.
2. Il servira le duc durant toute sa brillante carrière et mourra juste après son maître (1443).

Gilles de Rais et Jacques Cœur

moins ses louvoiements, de longues années durant, entre le régent Bedford et Charles VII...

Sa rapacité ne connaît pas de bornes. Il multiplie les détournements de fonds et la perception de « pots-de-vin » anglais. Les malversations commises sont telles que l'évêque de Nantes se retrouve, en 1426, au banc des accusés. Mais Jean V, qui ne peut décidément rien lui refuser, lui délivre des lettres de quittance. Malestroit sort « blanc comme neige » de cette sordide affaire.

Le duc de Bretagne n'aura pas à le regretter. Une fois de plus, Malestroit va l'aider à dépouiller l'un de ses plus riches vassaux : Gilles de Rais. Les biens immobiliers du sire de Rais, reconnaît Roland Villeneuve, « furent acquis plus qu'à bon compte, et en sous-main, par Jean V, duc de Bretagne, habilement conseillé par l'évêque de Nantes Jean de Malestroit ». Un Malestroit qui n'oublie pas, au passage, de se « sucrer » avantageusement. Il emporte pour une bouchée de pain les terres de Prigné, Vüe, du Bois-aux-Tréaux, de Saint-Michel-de-Sénéché...

Tel est l'évêque de Nantes. L'homme qui, selon la légende et certains historiens (dont l'abbé Bossard), a courageusement levé le bras de la Justice divine contre l'immonde criminel !

Pour Philippe Reliquet : « La vérité est assez différente (...). Il est bien évident que, pour une part, le procès suit des machinations tout à fait intéressées de Malestroit (...). Au moins, on peut penser que le procès a été monté par un individu fort roué en affaires. »

Monté de toutes pièces par Malestroit — avec l'aval de Jean V —, le procès de Barbe-Bleue ? C'est bien dans le style de l'évêque de Nantes qui en matière d'infamies a largement fait ses preuves...

Lorsque Gilles de Rais, le 13 octobre 1440, traite ses juges de simoniaques et de ribauds, il sait de quoi il parle : ses terres de Prigné, Vüe, du Bois-aux-Tréaux, de Saint-Michel-de-Sénéché, Gilles les a cédées pour trois fois rien à l'homme qui se dresse, maintenant, au nom du tribunal ecclésiastique, devant lui. Et il n'ignore pas davantage les prévarications, « magouilles », vols et autres détournements de fonds que n'importe quel seigneur ou manant de Bretagne peut, sans risque d'erreur, inscrire au palmarès de l'évêque de Nantes...

Opération Requiem

Mais, selon nous, les intérêts financiers ne constituent pas l'essentiel des motivations du procès de Rais. Ils doivent être plutôt considérés comme des mesures accompagnatrices (certes non négligeables, surtout pour des gens cupides comme Jean V et Malestroit !)...

Les biens de l'accusé récupérés, à bon compte, par le duc de Bretagne et l'évêque de Nantes ? Les deniers de Judas. La contrepartie appréciable de l'enjeu.

Car on aurait tort de considérer uniquement les activités financières de Malestroit. L'évêque de Nantes est aussi un « politique ». Un diplomate redoutable et redouté. Il l'a montré à de multiples reprises. Il est, pour le procès de Rais comme il l'a été pour le rapprochement avec l'Angleterre, l'homme de la situation.

Reliquet a raison d'insister « sur le caractère très délibéré, machiavélique, de la présence du représentant de l'inquisiteur : Malestroit a voulu mettre toutes les chances de son côté, procédure de " diffamatio " secrète, entente préalable avec le duc (qui distribue avant le procès les terres de Rais à confisquer), neutralité du roi de France (qui a laissé Richemont s'emparer de Tiffauges), mais enfin et surtout : théâtre d'un tribunal installé au pinacle de ses possibilités suggestives, de ses capacités d'effroi, grâce à la présence, terrifiante, de l'inquisiteur. Tout cela a été préparé avec un soin extrême [1]. »

Reprenons la genèse de l'affaire. Tout démarre avec l'*enquête secrète* de l'évêque de Nantes faisant suite à la rumeur publique. Version officielle. Mais il serait peut-être judicieux de faire coïncider le début de la machination avec le départ du prêtre Eustache Blanchet à Florence pour négocier la venue de Prelati (le futur gouverneur de La Roche-sur-Yon). Seulement nous risquons d'être entraînés trop loin par les merles. Revenons donc aux grives. Tout démarre avec la rumeur publique, un an, voire six mois avant la tenue du procès [2]. Et la rumeur publique, selon la procédure inquisitoriale, peut correspondre aux dénonciations d'*une seule personne* (genre Eustache Blanchet, par exemple). L'enquête est menée tambour battant par Malestroit.

---

1. *Gilles de Rais, maréchal, monstre et martyr*, page 168.
2. D'après les déclarations des témoins.

Gilles de Rais et Jacques Cœur

Le 29 juillet 1440, ce même Malestroit fait savoir aux prêtres de son diocèse (*cf.* la lettre partiellement reproduite au chapitre I) qu'il a diligenté une enquête, suite à la rumeur « publique et fréquente ». Et l'évêque de désigner les piliers de cette enquête : les huit personnes qui viendront témoigner à l'audience solennelle du 28 septembre 1440...

Pourtant, lors de leurs dépositions, ces témoins de la première heure ne s'attarderont guère sur les évocations de démons et les pactes rituels ! Ils se contenteront de reprendre une formule toute faite : « crimes et délits énormes et inusités, concernant la juridiction ecclésiastique [1] ».

Dans sa lettre du 29 juillet, l'évêque de Nantes affirme être en mesure, grâce aux confidences desdits témoins, de conclure à la culpabilité du sire de Rais concernant le massacre de jeunes garçons innocents, l'exercice de la luxure contre nature et du vice de sodomie, l'horrible évocation des démons, l'établissement de pactes et de sacrifices avec ces derniers. Mais les témoignages corroborant, de façon précise, les accusations mentionnées par la lettre de Malestroit restent à venir... Ce sont ceux d'Eustache Blanchet et de Prelati...

Or — théoriquement — Malestroit n'a aucun contact, en juillet, avec Blanchet et Prelati, dont les dépositions vont constituer la pièce maîtresse de l'acte d'accusation [2] !

Un autre pilier de l'enquête secrète est, incontestablement, la dame Perrine Martin (dite La Meffraye). Les témoins affirment, lors de l'audience du 28 septembre, avoir appris *après l'arrestation de Perrine*, que celle-ci était complice des enlèvements d'enfants perpétrés par Gilles de Rais...

Or le vingt-neuf juillet 1440, Perrine est toujours en liberté et nos braves témoins fourbissent les armes dont Malestroit va se servir pour arrêter... Gilles, Perrine et les autres !

Un greffier étourdi a dû oublier de transcrire la déposition de Perrine, soutient l'abbé Bossard. Mais les juges ecclésiastiques ou séculiers n'oublient point de renseigner les témoins, la veille de l'audience, sur la teneur des révélations de Perrine (pourtant mise au secret). Pourquoi ?

---

1. De source sinon d'inspiration ecclésiale.
2. C'est pourtant François Prelati qui intervient auprès du duc de Bretagne pour que soit accordée une audience à Gilles de Rais après l'affaire de Saint-Étienne-de-Mer-Morte (15 mai 1440)...

Opération Requiem

Perrine Martin n'est pas la seule femme emprisonnée. Il est question d'une certaine Tiphaine aux côtés de Perrine, dans la prison séculière de Nantes (audition des époux Estaisse en date du 6 octobre 1440). Pour quelles(s) raisons(s) n'apparaît-elle pas, cette Tiphaine, dans les témoignages rapportés le 28 septembre ?

Il est question d'une nommée Tiphaine, *veuve de Romain Branchu*, le 15 octobre 1440, lors de la dernière prestation de Perrine Martin. Mais l'appellation « veuve de Romain Branchu » ne figure pas dans l'audition prise par Jean de Toucheronde dix jours plus tôt ; la Tiphaine dont il est question est celle qui figure dans la lettre du 29 septembre 1440 rédigée par Malestroit : Tiphaine, *femme d'Eonnet Le Charpentier*...

Va-t-on, une fois de plus, nous faire le coup du greffier étourdi ?

Le grand secret

« Si l'on voulait à tout prix innocenter Gilles de Rais, écrit Michel Hérubel, et tenir comme hypothèse de travail sa condamnation comme un crime, il faudrait alors trouver un mobile ou plusieurs à la cour qui le jugea. Il n'y en a pas. Ni personnel, ni politique [1]. »

La boucle est bouclée.

Aucun contentieux personnel entre Gilles et l'évêque Malestroit ? On l'a vu ! La politique ? Le sire de Rais n'a jamais cessé d'en faire !

Politique son arrivée à la cour de France grâce à la protection conjointe de La Trémoille et de Yolande d'Anjou.

Politique son engagement farouche aux côtés de Jeanne d'Arc.

Politique sa nomination de maréchal de France.

Politique sa rupture avec Charles VII.

Politique son mystérieux voyage à Bourges en 1439 ?

Politique la venue du dauphin Louis [2] à Tiffauges la même année ?

---

1. *Gilles de Rais*, Librairie académique Perrin, 1982.
2. Alors en rébellion ouverte contre son père Charles VII.

Gilles de Rais et Jacques Cœur

L'explication du (ou des) mobiles(s) du procès n'est pas simple. Elle est à l'image des débats. Méfions-nous des analyses simplificatrices, des procédés réducteurs. La solution est en Gilles de Rais, en son passé, en ses amis, en ses ennemis. Elle s'inscrit dans le Moyen Age finissant. Dans ses craintes et ses aspirations. Dans sa lucidité comme dans ses fantasmes.

Gardons-nous du manichéisme outrancier. « Le maréchal ne représentait rien sur l'échiquier où se jouait l'avenir du royaume de France, soutient Hérubel. C'était un homme qui avait perdu tout crédit... » Rien de moins sûr. Les retours, en politique, sont fréquents. D'autant que le futur Louis XI vient d'engager une formidable partie de bras-de-fer avec son père Charles VII. L'échiquier est en pleine mutation. La politique — au XVe siècle — n'a rien de définitif. Et les renversements d'alliances sont tout sauf rarissimes...

Hérubel — dont, soyons justes, nous apprécions le style souvent passionnant et la grande érudition — n'en démord pas ; le procès de Gilles de Rais est un modèle de clarté et d'authenticité. « L'authenticité, souligne-t-il, transparaît dès le début des comptes rendus d'audience pour s'affirmer inexorablement jusqu'à la fin du procès. »

On a vu comment !

Mais cette opinion communément admise [1] a le mérite, malgré elle, de fixer les limites de l'historien classique englué dans ses « tabous » (religieux ou intellectuels). Que concluront, dans cinq siècles, les plumitifs penchés sur les minutes de tel ou tel procès « pour espionnage » intenté, dans les pays totalitaires, en plein XXe siècle, à certains dissidents ?

Mais revenons au maréchal de Rais. L'après-midi du 21 octobre 1440. Dans la chambre haute que l'accusé occupe à la tour Neuve. Pierre de L'Hospital pose des questions embarrassantes (portant sur les meurtres d'enfants, si l'on en croit Jean Petit) et le sire de Rais gémit :

— Hélas ! monseigneur, vous vous tourmentez et moy avecques...

— Je ne me tourmente point, mais je suis moult *émerveillé*

---

1. Bossard, Bataille, Michelet, Dubu, Bressler, Reliquet, Villeneuve sont tout autant que M. Hérubel partisans de la culpabilité de Gilles de Rais.

de ce que vous me dites et ne m'en puis bonnement contenter...

Le scribe et notaire Jean Petit a visiblement effectué une coupe sombre dans son récit. Le vocable « émerveillé » en témoigne. Un vocable qui ne saurait s'appliquer aux descriptions des meurtres et autres turpitudes dont le président du tribunal séculier a les oreilles rabâchées depuis l'ouverture du procès ! Pour peu que Pierre de L'Hospital ait eu, ce dont nous doutons, la discutable idée de « s'émerveiller » à l'audition des confidences de Blanchet, Prelati, Henriet et Poitou, son émerveillement n'a pas dû manquer de s'émousser depuis ! Saturation oblige.

Ainsi les confidences de Gilles ont, à un moment donné, le don d'émerveiller le président de Bretagne. Le passage correspondant ne figure pas dans la transcription de Jean Petit. Seuls les observateurs attentifs remarqueront la coupe sombre opérée par le scribe. Mais ces confidences « censurées » sont à la mesure de la réponse fournie par Gilles au président :

— Vrayment, il n'y avoit autre cause, fin, ni intencion que ce que je vous ay dit : je vous ay dit de plus grans chose que n'est cest cy, et assez pour faire mourir dix mille hommes !

Quel est donc ce formidable secret que Gilles a, totalement ou partiellement, révélé à Pierre de L'Hospital et une poignée d'auditeurs privilégiés le vendredi 21 octobre 1440 ? Son dépositaire l'estime capable de *faire mourir dix mille hommes*. Alors que les « aveux publics » du sire de Rais ne réussiront qu'à faire mourir trois personnes : l'accusé et les deux malheureux « lampistes » Henriet et Poitou...

Un secret qu'il est permis de confondre, faute de mieux, avec l'impunité évoquée par Vallet de Virville, historien de Charles VII. « Une impunité, qui dura huit ans, (et qui) l'aurait sans doute protégé toute sa vie, si diverses conjonctures politiques ou accessoires n'eussent en quelque sorte trahi le coupable. »

Un secret à la fois simple et compliqué — comme tous les secrets. Et que nous allons tâcher de découvrir ensemble.

III

AUTOPSIE D'UN MONSTRE

La galerie aux portraits

Commençons par le commencement. L'enfance.
La « bête » inaugure sa carrière terrestre sous les traits de l'ange. Fin octobre 1404. Dans la dure nuit du Scorpion, huitième signe du zodiaque. Sa mère se nomme Marie de Craon, son père Guy de Laval.

Gilles ne vient pas au monde dans une chaumière mais dans une redoutable forteresse : le château de Champtocé qui s'élève sur une colline dominant la vallée de la Loire entre l'estuaire et Angers. Un endroit stratégique. Le château est impressionnant : un énorme donjon auquel onze tours rendent les honneurs, des courtines, des échauguettes, des hauts murs à mâchicoulis, des couloirs interminables, des escaliers à vis, des salles en voûtes brisées que d'immenses cheminées ne parviennent pas à chauffer, d'étroites embrasures pour apprivoiser la lumière, des fenêtres à meneaux, des caves, des oubliettes, des souterrains.

Le pas lourd des sentinelles sur le chemin de ronde. La voix rauque des sergents. Le bruit grinçant de la herse. Les tressautements du pont-levis.

Voici l'univers de Gilles.

L'enfant est baptisé en l'église paroissiale de Champtocé. Il a pour parrain son aïeul Jean de Craon. Pour arrière grand-oncle feu Bertrand du Guesclin, connétable de France (mort à Châteauneuf-de-Randon en 1380). Pour nourrice une certaine Guillemette la Drapière, venue tout exprès de Tiffauges. Et qui veillera sur lui durant trois ans, jusqu'à la naissance de René, frère cadet de Gilles.

Selon Marc Dubu — doté du don de double vue —, dès sa prime enfance, « Gilles avait donné des témoignages d'un tempérament exceptionnel, qu'un certain manque d'équilibre rendait même dangereux pour celle qui le soignait avec un dévouement tout maternel. Souventes fois, Guillemette la Drapière avait trouvé l'enfant tout debout dans son lit, les yeux révulsés, les lèvres mousseuses (!), agitant ses mains crispées comme s'il avait tenté de se défaire de l'emprise des bêtes furieuses ou de démons déchaînés. Pour l'apaiser, elle devait affronter sa violence délirante et ce n'est qu'après avoir eu la figure ou la poitrine labourée *(sic)* à coups de griffes que la nourrice parvenait à le remettre dans sa couche [1]. »

Georges Meunier, visionnaire également talentueux, renchérit : « Il (Gilles) brisait tout sur son passage, poursuivait, massacrait la volaille, incendiait parfois les récoltes (!), renversait, frappait, piétinait hommes, femmes, enfants, tous ceux qu'il rencontrait [2]. »

Argumentation d'autant plus crédible que nous *ignorons tout* de l'enfance du sire de Rais. Michel Bataille l'admet volontiers : « On n'a pas de portrait de Gilles de Rais, on ne connaît pas le jour de sa naissance, on ne sait rien non plus de son enfance. » C'est donc, en l'état actuel des connaissances historiques, tout à fait vain de vouloir bâtir des romans pour tenter de décrire cette enfance inconnue, poursuit Bataille. Ce qui n'empêche aucunement notre historien de relater par ailleurs : « Son père parlait toujours à Gilles de sa mère avec la plus grande tendresse, mais il était encore probable que tout le monde au château le voyait courir les filles (...). Gilles aurait alors pu prendre le parti de sa mère, mais pour quoi faire ? Quant à elle, elle ne lui parlait pas de patriotisme mais de piété. Le compte n'était pourtant pas difficile à faire, même pour un enfant, du temps qu'elle passait dans son oratoire : dix fois moins que devant son miroir. C'était aussi distraitement qu'elle

---

1. *Gilles de Rais, magicien et sodomite*, Presses de la Cité, 1945.
2. *Gilles de Rais et son temps*, Nouvelles Éditions latines, 1945.

Gilles de Rais et Jacques Cœur

embrassait son fils, car elle était pressée de recevoir ses invités, tout en lui demandant de l'aimer au-dessus de tout. Elle le repoussait, car il abîmait son maquillage *(sic)*, tout en lui disant qu'il était son unique chéri. Elle lui recommandait de se conduire toujours avec discrétion et réserve, tout en se faisant ajuster devant lui (!) par les chambrières des robes dont l'excessif décolleté n'était ni réservé ni discret [1]. »

Mais la palme de l'objectivité revient incontestablement à Jacques Bressler (*Gilles de Rais*, Payot, 1981) qui écrit à propos du décès de Marie de Craon : « Les médecins, appelés en hâte, firent une saignée. Sur le coup de dix heures, elle entra en agonie. Passé minuit, elle était morte.

« Gilles n'eut pas une larme pour sa mère *(sic)*. Il suivit ses funérailles entre son père et son aïeul, avec l'air distrait (!) d'un enfant que l'on arrache à ses jeux et qui frémit de l'impatience d'y retourner. »

Si Guy de Laval, sire de Rais, mourut en 1415, après avoir été renversé par un sanglier au cours d'une chasse, rien ne permet de dire que son épouse le précéda dans la tombe. Ni qu'elle l'y suivit.

L'abbé Bossard affirme : « Quelques mois seulement après la mort de son mari, la mère de Gilles *se remaria* (c'est nous qui soulignons) avec Charles d'Estouteville. »

N'en déplaise aux inconditionnels du cercueil à remonter le temps, il n'y a vraiment pas de quoi pleurer quand on assiste à un enterrement où le corbillard a la forme d'une corbeille de mariage !

La précision de l'abbé Bossard est intéressante. Nous aurons l'occasion d'en reparler à propos de la carrière politico-militaire du maréchal de Rais. Mais notons, d'ores et déjà, que le nom de d'Estouteville est un grand nom normand. On le retrouve parmi les défenseurs héroïques du Mont-Saint-Michel et sous la mitre du cardinal archevêque de Rouen, l'un des promoteurs du procès de réhabilitation de Jeanne d'Arc.

Gilles est élevé par son aïeul et tuteur Jean de Craon. Il connaît une adolescence de fils de grand seigneur. Il apprend le maniement des armes, l'équitation mais aussi le latin. De Craon est un gentilhomme lettré qui possède des manuscrits

---

1. Michel Bataille, *op. cit.*

rares. Comme le souligne Michel Bataille, la lecture à Champtocé est « un plaisir de grand luxe. L'imprimerie n'est pas encore inventée. Un livre n'est qu'une copie manuscrite, enluminée le plus souvent, si chère et si rare qu'il est parfois difficile de s'en procurer même à prix d'or. Une bibliothèque d'une dizaine d'ouvrages est une rareté. Le châtelain qui lit un ouvrage lui appartenant, ce serait de nos jours un milliardaire assistant à la projection d'un film dans sa salle de cinéma privée. »

Gilles lit *la Vie des douze Césars* de Suétone. Sa liberté est totale. Il lit, pense, fait ce qu'il veut. Il est donc sur la mauvaise pente. C'est ce que nous disent ses détracteurs. Gilles est le précurseur des blousons dorés. Né dans une chaumière il eût été celui des loubards de banlieue. Normal.

Pour Hérubel : « L'univers irréel, silencieux et humide de Champtocé prend possession de l'esprit de Gilles qui commence à s'hypertrophier. Il devient une sorte de nyctalope *(sic)*. Toute sa vie, il la passera parmi les ombres, dans sa caverne, isolé, torturé, enchaîné à ses démons. »

Et l'enfant Malestroit, comment se comporte-t-il ? S'endort-il avec son chapelet et sa tirelire ? Rature-t-il les livres de comptes de son papa ?

Revenons à Gilles. Victime des corridors de Champtocé. Nombre de petits paysans de la vallée de la Loire échangeraient volontiers leur cadre de vie contre celui du jeune châtelain. Car l'existence est loin d'être drôle, à pareille époque, dans les chaumières. Les hypertrophiés — de l'esprit ou de la ceinture — abondent. L'univers réel, bruyant et humide des masures est détestable. Pour les parents comme pour les enfants. Écoutons le témoignage de Jean Gerson (1362-1428), chancelier de l'Université de Paris, considéré, de son vivant, comme la plus haute autorité morale de l'Europe : « Hélas ! Hélas ! Un pauvre homme aura-t-il payé son imposition, sa taille, sa gabelle, son fouage, son quatrième, les éperons du Roi et la ceinture de la Reine, les passages, peu lui demeure.

« Puis viendra encore une taille qui sera créée et sergents de venir et de prendre en gage pots et poêles. Le pauvre homme n'aura de pain à manger sinon par aventure un peu de seigle ou d'orge. Sa pauvre femme sera enceinte et ils auront quatre ou six petits enfants au foyer — ou au four qui par miracle sera chaud —, qui demanderont du pain et crieront à rage de faim. La pauvre mère ne pourra leur mettre entre les dents qu'un peu de pain, s'il y a du pain. Cette misère devrait suffire. Or surviendront les fourrageurs militaires qui fouilleront tout. Ils trouveront d'aventure une poule avec quatre poussins, que la femme nourrissait pour vendre et payer le demeurant de la taille créée. Tout sera pris ou dévoré — et cherchez qui paiera !... Si l'homme ou la femme en parle, ils seront brutalisés, rançonnés, ou mis à mal. S'ils veulent poursuivre les paiements, ils perdront leurs journées, dépenseront au double et finalement n'auront rien (...). Certes, le plus grave est l'arrivée des gens d'armes en train de se battre, mécontents de ne rien trouver là où il n'y a rien, mais menaçant et battant l'homme et la femme, mettant le feu à la maison s'ils ne la rançonnent pas et se faisant donner de force argent ou vivres. Et je me tais des efforcements de femmes...

« Et il y en a des milliers de milliers et dizaines de milliers dans le royaume plus étrillés que je n'ai dit. »

Gilles a bien de la chance d'être nyctalope.

Et comme un bonheur n'arrive jamais seul, son aïeul va se charger de lui trouver une fiancée. Le 14 janvier 1417, c'est chose faite. La fiancée se nomme Jeanne Peynel, fille de Foulques, seigneur de Hambuie et de Briquebec. Elle a quatre ans. Ces messieurs du Parlement — apprenant que Jean de Craon a promis au grand-père de la petite fiancée, le baron de Chateaubriant, d'éponger ses dettes s'il consentait au mariage des deux tourtereaux — décident de repousser à vingt et un ans l'âge où Jeanne pourra prendre époux.

La patience n'est pas la vertu majeure du sire de Craon. L'idylle s'achève prématurément. Le jeune Gilles de Rais prend une nouvelle fiancée : Béatrix, fille du vicomte Alain de Rohan, seigneur de Porhoët. Une riche héritière. Nièce de Jean V, duc de Bretagne. Le contrat est signé à Vannes, le 28 novembre 1418, au château de l'Hermine, en présence du duc et des plus hauts dignitaires de sa cour [1].

Mais c'est compter sans l'ancestrale querelle des Blois et des Penthièvre, deux familles puissantes qui se déchirent depuis

---

1. Ainsi que de Monseigneur le duc d'Alençon, cousin du futur Charles VII.

Autopsie d'un monstre

cent ans pour la couronne de Bretagne, qui n'en finissent pas, sous le regard intéressé de l'Angleterre, de se meurtrir et de se réconcilier. Ainsi, le 23 février 1420, Marguerite de Clisson, du parti des Penthièvre, fait tendre un guet-apens au duc Jean V et à son frère Richard : tous deux sont arrêtés sur le pont de la Troubarde qui franchit la Divette, conduits sous escorte au château de Champtoceaux et emprisonnés.

Les ancêtres de Gilles de Rais ont toujours pris parti pour les Penthièvre. Pourtant, cette fois, le sire de Craon change de camp. Il se range du côté des Blois. Par sens de l'honneur ? Possible. Mais aussi par calcul politique. L'aïeul de Gilles est un fin diplomate. Nous aurons, à plusieurs reprises, l'occasion de le vérifier. Il ne fait nullement le mauvais choix en ralliant la bannière des Blois. La duchesse de Bretagne est une femme énergique ; elle provoque la réunion, à Nantes, des États de Bretagne. Gilles — qui vient de perdre une fiancée dans la querelle[1] — gagne une occasion de combattre. Il n'a pas encore seize ans. Il se rend aux États et jure avec les vassaux du duc Jean de tout faire pour délivrer le prisonnier. Il mêle sa voix à celles des seigneurs ravis d'entrer en lice : « Nous jurons sur la croix d'employer et nos corps et nos biens, et en cette querelle vivre et mourir[2]. »

Gilles dispose d'une solide troupe de mercenaires. Il court rejoindre celui qui a failli être son beau-père : le vicomte Alain de Rohan, nommé par les États, sur proposition de la duchesse, lieutenant-général de l'armée de libération (ou ost) du duc Jean, soit cinquante mille hommes solidement armés et équipés. Gilles prend part à la bataille. Il concrétise les bonnes dispositions qu'il a montrées, jusque-là, à la quintaine — mannequin pendu à un poteau et sur lequel se jette, lance baissée, l'apprenti chevalier. Au milieu de ses mercenaires, Gilles se rue à l'assaut des solides murailles de Lamballe, Jugon, Châteaulin, Broons.

C'est ensuite le siège de Champtoceaux. Marguerite de Clisson se rend. Le duc Jean et son frère Richard sont libérés. Retour triomphal à Nantes. Puis à Champtocé. Où Gilles

---

1. Il ne sera plus question dès lors de mariage avec la noble damoiselle Béatrix.
2. D'après Dom Maurice, *Mémoires pour servir de preuves à l'histoire ecclésiastique et civile de Bretagne.*

apprend que durant son absence, en représailles, des soldats appartenant aux Penthièvre ont ravagé ses terres et démantelé son château de La Mothe-Achard. Le préjudice subi est lourd, mais la duchesse de Bretagne va s'efforcer de le compenser par une gentille « donnoison » en date du 6 juin 1420.

Voici ce que dit le parchemin ducal : « Jehanne, aisnée fille du roi de France, duchesse de Bretaigne, comtesse de Montfort et de Richemont, savoir faisons que nous, considérant les grans pertes, maulx et dommages que nostre très cher et aimé cousin le Sire de La Suze a soustenu et lui ont esté faiz ès terres de lui et de *nostre très cher et aimé cousin le Sire de Rays*, son fils [1], par Olivier de Blays naguère comte de Penthièvre... pour lui aider aucunement à supporter leds, charges, dommaiges, fraiz et missions, avons donné, donnons et octroyons par ces présentes tous les aulz généralement estant ès terres et seigneuries de luy et de son fils de Rays, qui estoient, pourroient et peuvent appartenir à quelconques personnes que ce soient qui en aient tenu et tiegnent le parti dud. Olivier de Blays, à en jouir ledit Sire de La Suze et en faire comme de sa propre chose... »

Par lettre confirmatoire du 10 juillet 1420, Jean V approuve le don de son épouse et en profite pour faire un geste supplémentaire : il octroie aux sires de Rais les terres que les fauteurs et complices d'Olivier de Blois, naguère comte de Penthièvre, et Charles, son frère, possédaient dans leurs fiefs. Ce n'est pas tout. Le 28 septembre 1420, le duc récidive. Il accorde aux châtelains de Champtocé cent livres de rentes — prises dans la caisse de Ponthus de La Tour, partisan des Penthièvre — pour les dédommager des pertes enregistrées lors de « la prise et l'occupation de plusieurs de leurs places, entre autres de La Mothe-Achard ». Du coup, Ponthus de La Tour décide d'aller offrir ses services au dauphin. Il a besoin de se renflouer et de réussir sa reconversion. Le dauphin, devenu régent, a besoin de fines lames et de vassaux dévoués. Il accepte les services de Ponthus. Tout est bien qui finit bien.

---

1. Petit-fils eût été plus exact.

Autopsie d'un monstre

Entreprises matrimoniales

Gilles se prépare à convoler de nouveau en justes noces. Son aïeul vient de lui trouver une promise plus intéressante que Béatrix de Rohan : la riche et splendide Catherine de Thouars.
Le père de la future épousée, sire Milet de Thouars, a-t-il donné son accord ? Nenni ! Pour la simple raison que le « diplomate » Jean de Craon n'a pas jugé utile de le lui demander. Notre génial aïeul, aussi prompt à dégainer l'épée qu'à dire patenôtres, ne veut rien faire qui puisse compromettre une aussi fructueuse entreprise !
Les terres de la famille de Thouars jouxtent, pour la plupart, celles des Craon-Rais. C'est le cas de Savenay, au nord de Nantes, Pouzauges, Chabanais, Conflens, au sud de la Loire, Lombart, Châteaumorand, Grez-sur-Maine, Tiffauges...
Le fief de Tiffauges est d'une grande importance stratégique. A cause de sa position privilégiée aux confins de la Bretagne, de la Vendée et de l'Anjou. Quiconque possède Tiffauges peut, au gré des vicissitudes historiques et des impératifs politiques, choisir entre le duc de Bretagne et le roi de France...
Jean de Craon sait cela. Aussi est-il fermement décidé à annexer Tiffauges (comme le reste) aux possessions de son petit-fils. Mais il va devoir jouer serré. A cause de l'Église. Catherine de Thouars est cousine de Gilles de Rais au huitième degré. Et l'Église n'a pas pour habitude de bénir les unions incestueuses...
Seulement l'aïeul a son plan. Il veut mettre l'Église, comme Milet de Thouars, devant le fait accompli. Il commence par envoyer Gilles faire sa cour à Catherine. La jolie damoiselle reçoit de somptueux cadeaux. Le sire de Thouars est probablement flatté de voir s'agenouiller devant sa chère enfant l'arrière-petit-neveu du légendaire Du Guesclin. Il laisse faire. Jean de Craon, de son côté, se frotte les mains. Avant de frapper un grand coup.
Sire Milet quitte brusquement ses terres pour aller guerroyer en Champagne. L'occasion rêvée. Catherine est enlevée (comme dans les romans de chevalerie) et Gilles l'épouse secrètement le 30 novembre 1420...
Hardouin de Bueil, le seigneur évêque d'Angers, pique une colère mémorable. Il ordonne l'excommunication des deux

époux. Jean de Craon dépêche un envoyé auprès du pape Martin V. L'homme a les poches pleines de bons écus d'or. Le Saint-Père se montre sensible à cette apologétique sonnante et trébuchante. Il prend une sage décision : les deux époux seront séparés symboliquement et aussitôt remariés par l'évêque d'Angers. Monseigneur de Bueil recevra du secrétaire du Saint-Siège, l'évêque d'Albano, les dispenses en bonne et due forme. La mansuétude de l'Église est infinie.

Le nouveau mariage a lieu le 26 juin 1422 en l'église Saint-Maurille de Chalonnes. Mgr Hardouin de Bueil bénit le couple qu'il a excommunié dix-huit mois plus tôt. L'assistance est nombreuse. Mais ni les grands-parents de Gilles ni les parents de Catherine ne sont présents. Après le temps du scandale, celui de la discrétion. Seul René de La Suze, frère cadet de Gilles, est dans la nef, au premier rang, avec Anne de Champagne, sa très jeune fiancée.

En 1423, au siège de Meaux, Milet de Thouars est mortellement blessé. Jean de Craon ne perd pas le nord. Les chambres ne manquent pas à Champtocé. Il invite Béatrix de Montjean, veuve de Milet, à venir résider au château auprès de sa fille et de son gendre. Mais ce n'est qu'une étape. L'aïeul caresse d'autres projets. Il offre la main de Béatrix à un certain Jacques Meschin, seigneur de La Roche-Ayrault et de La Bâtardière, en lui promettant les châtels et châtellenies de Tiffauges et de Beaurepaire ainsi que cent livres de rentes.

Le seigneur de La Roche-Ayrault accepte. La veuve se remarie. Ce n'est qu'une étape de plus. Jacques Meschin a une sœur. Et cette sœur, le capitaine d'armes du château de Tiffauges, un certain La Noé, la voudrait voir épouser son fils Girard. Jean de Craon se montre, là encore, l'homme de la situation. Il fait enlever Béatrix et sa belle-sœur. Les deux femmes sont emprisonnées à Champtocé.

Le grand-père de Gilles se garde bien de négliger ses propres intérêts. Comme il vient de perdre sa femme, il se remarie avec Anne de Sillé, grand-mère de Catherine et mère de Béatrix de La Roche-Ayrault, ex-veuve de Thouars. Autrement dit, l'aïeul devient le beau-père de la belle-mère de son petit-fils ! Il charge derechef sa nouvelle et tendre épouse Anne de Sillé d'intervenir auprès de Béatrix pour lui faire entendre raison. La fille se laisse convaincre par la mère ; elle ne tient pas à croupir *in*

Autopsie d'un monstre

eternam dans un cul-de-basse-fosse. D'autant que les ambassadeurs envoyés à Champtocé par Jacques Meschin ont été, eux aussi, jetés au cachot ! Et le seigneur de La Roche-Ayrault a jugé préférable d'en rester là. Courageux mais pas téméraire...

Béatrix recouvre sa liberté. Jean de Craon conserve Tiffauges. Mais l'affaire a pris une dimension nationale. Le dauphin Charles a été contraint de réagir à l'emprisonnement abusif de l'épouse du sire de La Bâtardière. Il a dû charger Adam de Cambrai, président du parlement de Poitiers, d'effectuer une enquête.

Celle-ci tourne court.

Adam n'aura point l'occasion de franchir le pont-levis de Champtocé. Son escorte est mise en pièces par les gens d'armes des Craon-Rais. Le président du parlement de Poitiers est détroussé et molesté.

Que peut faire le dauphin coincé entre ses turbulents vassaux et les Anglais et les Bourguignons ? Pas grand-chose. Il sauve la face en faisant infliger à Gilles et à son grand-père une forte amende que ceux-ci, bien évidemment, refusent de payer.

Le sire de Craon est vainqueur sur toute la ligne.

Au service du roi de Bourges

Charles VI meurt le 21 octobre 1422.

Moins de deux mois après le roi Henri V d'Angleterre. Le duc de Bedford exerce la régence de France pour le compte du jeune souverain Henri VI. La Bretagne et la Bourgogne ont choisi de passer dans le camp anglais. Isabeau de Bavière, l'âme du traité de Troyes[1], a renié son fils Charles qu'elle appelle le « soi-disant dauphin du Viennois ». Le royaume de France est en lambeaux.

Charles VII, fraîchement proclamé roi à Mehun-sur-Yèvre, dispose d'un royaume fantomatique. Pourtant, Jean de Craon et Gilles de Rais prennent leurs distances vis-à-vis du duc de Bretagne et de l'Angleterre. L'évêque Jean de Malestroit, trésorier-receveur général, après diverses ambassades londoniennes, a

---

1. Signé le 21 mai 1420.

su amener le duc Jean à adopter une attitude pro-anglaise. Maintenant l'évêque Malestroit compte ses écus. A l'inverse du sire de Craon qui va voir (du moins sur le papier) ses terres confisquées sur ordre du roi Henri VI d'Angleterre au profit de Jean de Montgomery, « aimé et féal chevalier ».

Le régent Bedford se brouille subitement avec Arthur de Richemont. La belle-mère de Charles VII — l'énigmatique et omniprésente Yolande d'Anjou — pousse le roi de Bourges à offrir à Richemont l'épée de connétable de France que ce dernier accepte, le 6 mars 1425, avec l'assentiment de son frère Jean V et du duc de Bourgogne. Richemont se rend à la cour de France accompagné, selon certains historiens, de Gilles de Rais...

Le sire de Craon ne reste pas inactif. Il a reçu mission, de la part de Charles VII et de Yolande d'Anjou, de rallier au parti français le duché de Bretagne. Son comportement lors de l'affaire des Penthièvre a été apprécié. L'incident qui l'a opposé à Adam de Cambrai a prouvé, incontestablement, que le vieux sire avait du caractère. L'entourage du roi de Bourges est confiant. Il n'a pas tort.

Malestroit va se faire — momentanément — tout petit. Jean de Craon obtient la réunion, à Nantes, d'un grand conseil où il fait impression. Gilles l'accompagne. C'est ensuite l'entrevue de Saumur, le 8 septembre 1425, entre Charles VII et Jean V. Gilles est présent. L'entrevue a été préparée par son aïeul. Elle débouche sur le ralliement tant attendu.

En 1426, Gilles de Rais devient chef de guerre. Il lève à ses frais cinq compagnies. En mars, il court prêter main-forte à Richemont sous les murs de Saint-Jean-de-Beuvron. C'est l'échec. Qu'à cela ne tienne ! Gilles ne connaît pas le découragement. Il fait preuve de persévérance, manifeste une réelle aptitude au commandement. Il devient l'ami d'Ambroise de Loré, un capitaine renommé.

Gilles est aussi valeureux et inspiré que les autres chefs de guerre : La Fayette, La Hire, Beaumanoir, Boussac. Il le montre en guerroyant, inlassablement, sur la ligne qui va d'Orléans au Mans et du Mans à Saint-Malo. Il le prouve à Saint-Jean-de-Mortier. Il le prouve à Ramefort. Il le prouve à Malicorne.

En compagnie de Beaumanoir et de Jean de Bueil (frère de l'évêque qui l'a excommunié quelques années plus tôt), Gilles

Autopsie d'un monstre

de Rais assiège le château du Lude. Il parvient le premier en haut des remparts et tue, de sa propre main, selon d'aucuns, le célèbre capitaine anglais Blackburn. Incontestablement, écrit Michel Hérubel, « dès cette période, il a cette terrible révélation de la jouissance sexuelle à la vue du sang, des souffrances et des agonies qui le frappe à tout jamais, et libère les instincts de fauve qu'il porte en lui depuis sa naissance ».

En somme, la gorge du capitaine Blackburn remplace avantageusement les seins de Guillemette la Drapière! Refrain connu.

En 1427, Yolande d'Anjou offre à Jean de Craon la lieutenance générale de son duché. La Trémoille, grand chambellan[1] du roi de France, prend son cousin Gilles de Rais sous sa protection. Gilles, signant un accord secret, s'engagera par la suite à servir son protecteur « jusques à mort et à vie, envers tous et contre tous seigneurs et autres, sans nul excepté[2]... »

Toujours en 1427, Gilles fait entrer à son service, en qualité de page, un garçonnet de dix ans, originaire de Pouzauges: Étienne Corillaut, que l'histoire vampirisera sous le nom de Poitou.

Une année faste, donc, mais qui porte en elle les germes de la tragédie.

---

1. Premier ministre.
2. Lettre du 8 avril 1429. Archives de La Trémoille.

IV

LA CROISADE DU SIRE DE RAIS

Chinon

Le 6 mars 1429, Gilles de Rais est à Chinon. Comme tous les grands seigneurs. Il ne voudrait, pour rien au monde, manquer l'entrevue prévue pour le surlendemain.

Toute la cour est en ébullition. Le clan des « pour » comme celui des « contre ». Le premier regroupe la reine Yolande de Sicile, duchesse d'Anjou, la jeune reine Marie d'Anjou, fille de dame Yolande, maître Gérard Machet, confesseur du roi, Robert Le Maçon, chancelier de la famille d'Anjou. Le second : Georges de La Trémoille, grand chambellan, Regnault de Chartres, chancelier (chassé par les Anglais de son trône archiépiscopal de Reims), Raoul de Gaucourt, premier chambellan et bailli d'Orléans...

Le clan des « pour » semble croître au fur et à mesure que le temps passe : si la Pucelle est véritablement envoyée de par Dieu, pense-t-on, elle triomphera des Anglais ; les courtisans ne seront point obligés, alors, de quitter Chinon pour la Provence où le roi songe sérieusement à se réfugier par crainte de l'avancée ennemie. A moins que le camp des « contre » — auquel Gilles n'appartient point — parvienne au dernier moment à dissuader Charles VII de recevoir la visiteuse...

Celle-ci loge dans une auberge de la ville basse [1].

---

[1]. Pour Robert Ambelain (*Drames et secrets de l'histoire*, Robert Laffont, 1981), la Pucelle loge chez la veuve de Gustave de Cougny.

La croisade du sire de Rais

C'est là que le jeune comte de Vendôme, Louis II de Bourbon, grand-maître de l'Hôtel du roi, ira la chercher pour la conduire auprès de Charles VII.

Et le 8 mars 1429, c'est ainsi que les choses se passent. Jehanne — ou Jeanne — suit le comte de Vendôme à travers les ruelles encombrées de la ville basse. Puis elle franchit la *porte de l'Horloge* — l'entrée fortifiée du château. Un soudard l'apostrophe en ces termes :

— Est-ce pas là la Pucelle ?

Comme la jeune fille sursaute, le rustre ajoute en la détaillant de façon impudique :

« Je jure Dieu que si on me la donne une nuit, je ne la rendrai pas pucelle ! »

Et Jeanne de lui rétorquer simplement :

— Ah, en nom Dieu, tu le renies et tu es si près de la mort !

Une heure plus tard, en effet, le soudard sera découvert noyé [1]. Miracle ou — plus simplement — « poussette » d'homme de main ? Les paris restent ouverts.

Louis II de Bourbon s'efface pour laisser entrer Jeanne dans la grande salle d'apparat où pérorent les dames et damoiselles de la cour, sous leurs coiffes de lin blanc et autres « truffeaux » emperlés, serrées de près par les seigneurs arrogants et parlant haut. Les conversations cessent brusquement. Enfin *la* voilà ! Elle se dirige vers le petit groupe qui entoure le roi : « le duc d'Allenchon, *le marissal de Raix* et plusieurs autres grands seigneurs et capitaines », nous dit le chroniqueur Enguerrand de Monstrelet.

Après avoir fait la révérence à Charles VII, Jeanne annonce :

« Gentil Dauphin, j'ai nom Jeanne la Pucelle et vous mande le Roi des Cieux par moi que vous serez sacré et couronné en la ville de Reims et vous serez lieutenant du Roi des Cieux, qui est roi de France. »

Une nouvelle qui enchante et stupéfie à la fois son royal interlocuteur. Il y a de quoi ! L'optimisme n'est guère de mise à Chinon par les temps qui courent...

— Je te dis, insiste la jeune envoyée, de la part de messire Dieu, que tu es vrai héritier de la France et fils de roi ; et il m'a

---

1. D'après le témoignage du frère Pasquerel.

LA FRANCE EN 1429

La croisade du sire de Rais

envoyée à toi pour que tu reçoives ton couronnement et ta consécration, si tu le veux... »

Le gentil dauphin entraîne Jeanne à l'abri des oreilles indiscrètes. Ils ont ensemble une longue conversation. Au terme de laquelle « le roi paraissait radieux », précise Simon Charles. Tandis que pour la *Chronique de la Pucelle* : « Elle dit au roi une chose de grand qu'il avoit faite, dont il fut fort esbahy, car il n'y avoit personne qui ne le peust savoir que Dieu et luy. »

La nature du « secret » que Jeanne a révélé au roi ? Pour les uns, la confirmation d'une prière adressée à Dieu ou à la Vierge par Charles VII dans un grand moment de désarroi. Pour les autres, la confirmation de la non-bâtardise de Charles qualifié de « soi-disant » dauphin par sa propre mère, la débauchée Isabeau de Bavière, veuve de Charles VI. Une preuve éclatante que seule la Pucelle était en mesure d'apporter au roi de Bourges.

Toujours est-il qu'à la suite de cet entretien, Jeanne la Pucelle — qui répugne visiblement à s'appeler d'Arc — se voit loger, par décision royale, au premier étage du donjon du Coudray. Car la forteresse de Chinon comporte trois châteaux distincts séparés par de profondes douves. A l'est, le fort Saint-Georges ; au centre, le château du milieu ; à l'ouest, le château du Coudray.

Jeanne se voit ensuite dotée d'une Maison civile et d'une Maison militaire. Éclatant miracle que celui-là ! Ce n'est pas chose courante, chez les petites bergères, de se voir octroyer une *dame d'honneur* en la personne d'Anne de Bellier, née de Maillé, dont l'époux est conseiller du duc Charles d'Orléans et lieutenant royal de Chinon. Puis :

- *un page :* Louis de Coutes, dont le père est chambellan de Charles d'Orléans, capitaine-châtelain de Châteaudun, ex-gouverneur des comtés de Dunois et de Blois ;
- *un écuyer :* Jean d'Aulon, membre du Conseil royal, ancien capitaine des gardes de Charles VI ;
- *un chapelain,* comme pour les princes du sang : frère Pasquerel ;
- *un maître de l'Hôtel :* destiné à assurer la garde de tous les lieux que Jeanne occupera ;
- *une garde écossaise :* composée de douze cadets nobles

prélevés dans les compagnies écossaises de Jean Stuart d'Aubigny, au service de la France ;
- *deux hérauts d'armes :* Cœur-de-lys et Fleur-de-lys ;
- *un secrétariat :* composé de trois secrétaires et conseillers, le frère Pasquerel déjà cité, le moine Nicolas de Vouthon et un certain Mathelin Raoul, dit « le clerc de la Pucelle », faisant fonction de trésorier.

Mais ce n'est pas tout. Jeanne se voit également offrir une écurie composée de douze chevaux d'armes (six palefrois et six destriers). Elle obtient le privilège de porter bannière. Rappelons que seuls peuvent porter bannière, en tête de leur ost, les seigneurs dits *bannerets*. Le chroniqueur bourguignon Clément de Fauquemberque insistera sur ce privilège (exorbitant autant qu'incongru pour une modeste paysanne) réservé à la Pucelle : notre bergère, bien avant le sacre de Reims, est la « seule parmi les seigneurs français » à jouir du droit de porter bannière dans l'armée royale...

Les partisans de Jeanne-la-paysanne — et ceci n'est pas pour nous étonner — passent volontiers sous silence les privilèges incompréhensibles qui ont été octroyés au capitaine d'armes du Roi du Ciel ou tentent de les minimiser. C'est ainsi que pour Emmanuel Bourassin[1] : la Maison militaire et civile offerte à la pauvresse de Domrémy est « à la vérité modeste mais judicieusement composée »...

A l'image de la paire d'éperons d'or que la Pucelle tient de Charles VII ?

Gilles de Rais n'oubliera point de rapporter ce « détail » en son *Mystère d'Orléans* :

> « En ordre de chevalerie
> Voici les éperons dorés
> Pareillement que je vous baille,
> Ainsi que ung bon chevalier
> Qu'est ordonné en bataille. »

Méfions-nous des vérités trop modestes : elles sont souvent (fort habilement) composées...

---

1. *Jeanne d'Arc*, Librairie académique Perrin, 1977.

La croisade du sire de Rais

Le siège d'Orléans

Après Chinon, Poitiers.
La Pucelle loge en l'*Hostel de la Rose*, à l'invitation de maître Rabateau, avocat du roi au Parlement. Elle va devoir se soumettre aux questions de la commission chargée de statuer sur son cas. Une commission — présidée par l'archevêque de Reims — qui comprend l'intelligentsia francophile : Gérard Machet, confesseur du roi, les évêques de Senlis, de Maguelonne, de Poitiers, Pierre de Versailles, théologien, Jean Lombard, professeur de théologie à l'Université de Paris, Guillaume Aimeri, professeur de théologie de l'ordre des Frères Prêcheurs, Pierre Turelure, grand inquisiteur de Toulouse, S. de Séguin, docteur en théologie de l'ordre des Frères Prêcheurs, Pierre Seguin, Carme, Jean Érault, professeur de théologie, Jean Masson, professeur renommé de droit civil et de droit canon...

Six semaines d'interrogatoire serré. Qui vont tourner à l'avantage de la Pucelle. Il est vrai que, d'entrée, la petite bergère refuse farouchement de se laisser manger la laine sur le dos :

— Nous sommes envoyés vers vous de la part du roi, croit utile d'annoncer le pédant Pierre de Versailles.

— Je crois bien voir que vous êtes envoyés pour m'interroger, rétorque la jeune fille qui fait face à l'énorme estrade où sont doctement installés ses juges. Je ne sais ni A ni B...

Un modèle de modestie, s'extasient les partisans de la « petite sainte ». Voici une misérable paysanne qui ne sait ni lire ni écrire et ne cherche pas une seule seconde à masquer son ignorance.

Une délicieuse insolente ! Qui assimile la théologie à l'art de se regrouper pour affronter l'insignifiance [1]. Qui se retranche volontiers derrière l'auréole de sainte Catherine sans pour autant consentir à troquer sa rapière contre un cierge.

— D'après vos dires, lui fait remarquer le dominicain Aimeri, la Voix vous apprit que Dieu veut tirer le peuple de

---

[1]. Et l'oppose, implicitement, à l'initiation : art solitaire qui se propose d'ouvrir à la connaissance universelle l'impétrant ayant fait vœu de toujours se comporter en simple étudiant.

France de la calamité où il se trouve. Mais si Dieu veut délivrer le peuple de France, il n'est pas nécessaire d'avoir des gens d'armes !

— En nom Dieu ! réplique Jeanne. Les gens d'armes batailleront et Dieu donnera la victoire !

Notre candidate ne se fait apparemment aucune illusion sur la foi qui anime les gardiens du dogme.

— Croyez-vous en Dieu ? lui demande l'un d'eux.

— Mieux que vous, réplique-t-elle aussitôt.

— Quel idiome parlent vos voix ? s'enquiert le docteur S. de Séguin.

— Un meilleur que le vôtre.

— Moi, avoue candidement de Séguin, je parle limousin...

Pourtant les membres de la commission ne vont point choisir de se montrer rancuniers. Satisfaits des réponses pertinentes de Jeanne tout autant que des résultats de l'enquête menée à Vaucouleurs par des frères franciscains, confortés par l'examen gynécologique opéré par Yolande d'Anjou assistée de l'épouse de Raoul de Gaucourt et de Jeanne de Mortemer, épouse de Robert Le Maçon, sur la personne de l'envoyée du Roi du Ciel (trouvée « vraie et entière pucelle, sans apparence de corruption ni trace de violence »), Regnault de Chartres et ses amis rédigent un rapport qui lui est éminemment favorable. Ils trouvent Jeanne bien sous tous les angles : « humilité, virginité, dévotion, honnêteté, simplesse ». Rien ne manque.

Pour le chancelier et ses adjoints : « Le roi n'a pas le droit de rejeter la Pucelle qui se dit envoyée de Dieu, car son peuple mérite d'être secouru ; mais il doit éprouver la Pucelle et cela de deux manières : en s'enquérant d'elle, en lui demandant un signe de sa mission surnaturelle. Le roi en a agi ainsi. La première probation a été largement accomplie par l'observation et la conversation de toutes gens ; et ils n'ont rien trouvé que de bien en elle ; et de sa *naissance* et de sa vie on dit comme vraies des choses *merveilleuses* (fille de Louis d'Orléans ?). Quant à la deuxième probation, la Pucelle répond qu'elle donnera signe devant Orléans, car ainsi lui est ordonné de par Dieu. »

En conséquence, le roi « ne la doit point empêcher d'aller à Orléans, avec ses gens d'armes ; mais la doit faire conduire honnêtement en espérant en Dieu. *Car avoir crainte d'elle ou*

La croisade du sire de Rais

la rejeter sans apparence de mal serait répugner au Saint-Esprit et se rendre indigne de l'aide de Dieu, comme dit Galamiel en son conseil des Juifs, au regard des Apôtres. »

Aussitôt dit, aussitôt fait.

Entre le 23 et le 25 avril 1429, Gilles de Rais, Ambroise de Loré et plusieurs capitaines d'armes conduisent la Pucelle à Blois, point de ralliement de l'armée de secours [1]. Une masse grouillante et bruyante ceinture les remparts de la ville : six à sept mille hommes — selon les estimations de l'historienne Régine Pernoud — ayant pour mission d'apporter aux Orléanais assiégés les armes et les vivres qui leur font cruellement défaut.

Gascons, Languedociens, Bretons, Normands, Beaucerons côtoient Lombards, Castillans et Aragonais. Tous forts en gueule. Ne craignant ni Dieu ni Diable. Prompts à manier le poignard et le pichet. Ne vivant que de pillages, de rapines et de viols. Leurs chefs sont d'incorrigibles soudards. A l'image de La Hire (la colère) pour lequel « si Dieu se faisait homme d'armes, il se ferait pillard ». Un La Hire qui ne connaît qu'une seule prière : « Sire Dieu, je te prie de faire pour La Hire ce que La Hire ferait pour toi si tu étais capitaine et si La Hire était Dieu »...

La Pucelle ne craint nullement la promiscuité de ces écorcheurs. Elle ne rougit pas de leurs plaisanteries douteuses. Elle les tance vertement.

Jeanne ne ressemble pas aux modèles stéréotypés de l'iconographie saint-sulpicienne. Elle est aussi à l'aise au milieu des soudards qu'une fille « follieuse » entourée d'ivrognes. Curieux miracle en vérité que celui-là : l'odeur de soufre l'emporte largement sur l'odeur d'encens...

Jeanne s'impose. Les capitaines de guerre la craignent et s'efforcent d'obéir à ses injonctions. Ils s'achètent une conduite. Ou font semblant. Comme l'admettra plus tard le duc d'Alençon : « La Pucelle se courrouçait très fort quand elle entendait des soldats jurer et les grondait beaucoup, et moi sur-

---

1. « Le roy avoit mandé plusieurs capitaines pour conduire et estre en la compagnie de ladicte Jeanne, *et entre autres le maréchal de Rays*, messire Ambroise de Loré et plusieurs autres, lesquels conduisirent ladicte Jeanne jusques en la ville de Blois. » *(Chronique de la Pucelle.)*

tout qui jurais de temps en temps. Quand je la voyais, je refrénais mes jurons. »

Jeanne prend la direction des opérations. Elle sait pouvoir compter sur le soutien inconditionnel du sire de Rais [1]. Mais la partie n'est pas facile. Si l'état-major de l'armée de secours est favorable au commandement de la Pucelle, il entend néanmoins se réserver l'opportunité de moduler les ordres de la « sainte » pour peu que ceux-ci soient jugés de nature à mettre en péril l'expédition. C'est ainsi que la Pucelle ayant décidé de rejoindre Orléans par la rive droite de la Loire pour être plus vite en contact avec l'ennemi, on décide de « tricher » et de prendre, à son insu, l'itinéraire préconisé par le maréchal de Boussac et l'amiral de Culan.

Chariots de blé, fourgons de munitions, troupeaux de bœufs et de moutons, escortés par les archers et les arbalétriers, longent alors la rive gauche à travers la Sologne, au même rythme que les barges plates transportant le surplus de l'approvisionnement réclamé par les assiégés. Boussac et Culan veulent que l'armée de secours traverse la Loire en amont d'Orléans, entre Jargeau et Chécy, à l'endroit précis où doit aborder la flottille de barges et de gabarres venant de la ville convoitée par les Anglais. Une fois franchi le fleuve, on entrera dans Orléans par la porte de Bourgogne. C'est la prudence qui dicte ce choix : les positions anglaises ne sont vulnérables qu'à l'est. Entre les bastilles Saint-Pouair, de Paris et le poste établi dans l'église Saint-Loup, l'armée de secours pourra évoluer dans un espace dégarni sans risque d'attaque frontale. Quant à l'éventualité d'une attaque de flanc, le maréchal et l'amiral n'y croient guère : la faiblesse des garnisons de l'est incitant l'ennemi à faire preuve de la plus élémentaire prudence.

Le soir tombe. On décide de s'arrêter et de dresser le camp pour la nuit. Aux confins de la Sologne et de l'Orléanais.

Demain l'attaque risque d'être rude. Les hommes ont grand besoin de repos. On monte les tentes, on se glisse sous les chariots, on s'endort tout habillé, le brigand avec sa brigandine, le chef avec son armure.

---

1. « Comme tous les barons fidèles au roi Gilles se place sous l'autorité de cette jeune fille. Comme ses pairs, il est lui aussi fasciné par la vierge de Domrémy. » (Michel Hérubel, *Gilles de Rais*.)

La croisade du sire de Rais

On se réveille à l'aube. Les tympans malmenés par les trompettes et les buccins. On se remet aussitôt en route.

Au milieu de l'après-midi, on atteint Olivet. Depuis les mamelons qui dominent la Loire, on ne se prive pas d'observer les murailles d'Orléans. C'est alors que Jeanne se rend compte qu'elle a été bernée ! Boussac, Culan, La Hire en prennent pour leur grade. La Pucelle distribue des noms d'oiseaux. Les « voix » se taisent. Elles se taisent depuis la veille. Curieusement [1].

Au lieu de déboucher devant l'ennemi, l'armée de secours se retrouve paralysée entre Saint-Jean-le-Blanc et le port du Bouchet. Les capitaines d'armes, les oreilles basses ou riant sous cape, manœuvrent comme prévu : ils envoient chariots et troupeaux à une lieue en amont. C'est là que les barges orléanaises, se faufilant entre les îles de Chécy, doivent venir en prendre livraison. Ainsi en ont décidé Dunois et les chefs de l'armée de Blois.

Seulement le sort n'est pas de leur avis. Le sort en décide autrement. Il envoie des vents contraires et fait affleurer les bancs de sable.

Impossible, dans ces conditions, à la flottille orléanaise de remonter le courant : elle ne viendra à bout des vents défavorables que pour mieux s'échouer sur les bancs de sable qui émergent de toutes parts, sous les huées et les glapissements des *Godons* [2] ravis de voir l'entreprise tourner court. C'est la catastrophe.

La Pucelle ne décolère pas. Elle s'en veut d'avoir été abusée par des incapables. Comme Jean Dunois, le bâtard d'Orléans, met pied à terre après avoir passé le fleuve en bachot (profitant d'une attaque de diversion de ses troupes contre la bastille Saint-Loup), c'est sur lui que la Pucelle passe ses nerfs.

— Êtes-vous le bâtard d'Orléans ? l'interpelle-t-elle.

— Oui, répond Dunois, je le suis et je me réjouis de votre arrivée !

— Est-ce vous qui avez donné le conseil que je vienne ici,

---

[1]. Pourquoi sainte Catherine et saint Michel, d'ordinaire si bavards, n'ont-ils point empêché Jeanne de tomber dans le panneau ? Partageaient-ils l'analyse de Boussac et de Culan ?

[2]. Surnom donné aux Anglais.

de ce côté du fleuve, et que je n'aille pas là tout droit où sont Talbot et les Anglais ? »

Le bâtard fait la moue. Il ne s'attendait pas à être accueilli de la sorte, il bafouille : « Oui, mais je n'étais pas seul... D'autres m'ont conseillé en ce sens... Ils croyaient faire ce qu'il y avait de meilleur et de plus sûr... »

— En nom Dieu, rétorque Jeanne, le conseil du Seigneur Notre Dieu est plus sage que le vôtre ! Vous avez cru me tromper, et c'est vous surtout que vous trompez, car je vous apporte meilleurs secours qu'il ne vous en est venu d'aucun soldat ou d'aucune cité ; c'est le secours du Roi des Cieux. Il ne vient pas par amour pour moi, mais de Dieu lui-même qui, à la requête de saint Louis et de saint Charlemagne, a eu pitié de la ville d'Orléans et n'a voulu souffrir que les ennemis eussent le corps du seigneur d'Orléans[1] et sa ville... »

A peine Jeanne s'est-elle tue qu'un « miracle » se produit. Les eaux montent brusquement. Les bancs de sable disparaissent. Les vents changent.

Hasard ? Prodige ? Toujours est-il que la situation redevient favorable. La flottille orléanaise s'empresse de remonter le courant. Dunois, assisté de Nicolas de Giresme, chevalier de Rhodes, fait embarquer une partie du convoi de vivres qu'il achemine jusqu'à Chécy, puis de là jusqu'à la porte de Bourgogne. Jeanne, La Hire, suivis de deux cents lances, traversent le fleuve à leur tour. Ils passent la nuit du 28 au 29 avril à Reuilly. Le gros des troupes stationne toujours au port du Bouchet.

L'amiral de Culan a manœuvré comme un pied. En refusant la rive droite, il a contraint l'armée de secours — privée de têtes de pont — à rétrograder jusqu'à Blois pour revenir sur la bonne rive. Une contremarche dont on se serait bien passé.

A Orléans, le délire s'empare de la population. Le convoi de ravitaillement est parvenu au grand complet. Jeanne, La Hire et leurs deux cents compagnons entrent dans la cité, le 29 avril à 8 heures du soir, au nez et à la barbe des Anglais. Une foule en liesse acclame l'envoyée céleste montée sur un magnifique destrier blanc, flanquée de son étendard. « Noël à la Pucelle ! hurle la foule. Noël à la Pucelle ! »

---

1. Le prévôt était mort après la tentative de sortie avortée du 18 avril.

La croisade du sire de Rais

Jeanne rejoint la cathédrale entre deux haies de torches. Elle se recueille dans le sanctuaire de la Sainte-Croix. Avant de se retirer chez maître Jacques Boucher, argentier de Charles d'Orléans (le duc poète captif). Une légère collation l'attend : pain et vin coupé d'eau. Jeanne est ensuite conduite dans la chambre de parement qu'elle va partager avec l'épouse et la fille de son hôte. Les cris et les chants redoublent au-dehors.

Le samedi 30 avril, de bonne heure, Jean Dunois réunit les capitaines en conseil de guerre. Les avis sont partagés, les débats houleux. Jeanne est d'avis de mener derechef une offensive générale contre les bastilles ennemies. Dunois s'écrie que c'est folie de ne point attendre le retour du gros de l'armée pour partir à l'assaut des positions anglaises. Les « voix » se taisent...

On se range du côté de Dunois. Pas d'attaque générale pour le moment. La Pucelle, furieuse, rejoint la demeure de maître Boucher.

L'après-midi du 30 avril, La Hire et Florent d'Illiers (un solide Beauceron) tentent une timide sortie. Leur escarmouche, bien menée, cause quelques dégâts à l'adversaire. La Pucelle, mise en appétit, se manifeste à son tour. Elle chevauche en compagnie d'une petite escorte jusqu'au boulevard Belle-Croix que les assiégés ont construit pour faire face à la bastille des Tourelles. Elle s'adresse au capitaine William Glasdall qui l'observe du haut des courtines :

« Rendez-vous et vous aurez la vie sauve ! »

Glasdall ne souffle mot. Il laisse à ses hommes le soin de répondre à l'effrontée :

— Vachère ! Ribaude ! Putain !

Puis le bâtard de Granville s'en prend aux compagnons de la Pucelle :

« Maquereaux, mécréants ! » leur lance-t-il.

Néanmoins, la démarche de Jeanne ne reste pas sans effet. William Glasdall a apprécié le courage de cette étonnante Pucelle qui bien qu'isolée n'a pas craint devoir lui proposer une incroyable reddition ! Il fait libérer « Guyenne », le héraut de Jeanne tombé entre ses mains. Le pauvre « Guyenne » n'en revient pas d'être remis en liberté sain et sauf...

Le dimanche 1er mai, le bâtard d'Orléans et Jean d'Aulon, à la tête d'une faible escorte, partent à la rencontre de l'armée de secours — Dunois et d'Aulon ne se doutent point qu'ils ont failli ne jamais la revoir! A peine revenue à Blois, l'armée de secours a manqué de se dissoudre: certains de ses chefs voulaient s'en retourner chez eux, apparemment encouragés par le chancelier Regnault de Chartres. Mais ils ont fini par se ressaisir. La colonne de secours a quand même quitté Blois pour, cette fois, traverser la Beauce. Après avoir perdu un temps précieux.

Jeanne, de son côté, s'impatiente. Elle passe les trois premiers jours de mai à faire de fructueuses incursions sur la rive droite de la Loire. Depuis son arrivée dans la bonne ville d'Orléans, les assiégés ont repris confiance. L'optimisme est maintenant de rigueur. La Pucelle décide, le 4 mai, en pleine nuit, de partir à la recherche du bâtard et de d'Aulon. La Hire, Florent d'Illiers, Archambaud de Villars, Jamet du Thillay l'accompagnent. A la tête de cinq cents combattants.

Dunois, d'Aulon et les milliers d'hommes de l'armée de secours sont rejoints au bout de quelques heures seulement. Ils font une entrée triomphale dans Orléans sans que les Anglais lèvent le petit doigt pour les en empêcher.

Jeanne est de bonne humeur. Maître Jacques Boucher a fait dresser pour elle une table abondamment garnie. On dîne joyeusement. A la fin du repas, le bâtard d'Orléans vient annoncer: « L'Anglais John Falstoff arrive à marches forcées par le nord de la Beauce. Il a déjà atteint Janville et dispose d'un corps de bataille très important! »

Mais la Pucelle ne s'émeut pas pour si peu. « Bâtard, bâtard, plaisante-t-elle, au nom de Dieu, je te commande que tantôt tu sauras la venue de Falstoff, que tu me le fasses savoir: car, s'il passe sans que je le sache, je te promets que je te ferai ôter la tête! »

Paroles surprenantes dans la bouche d'une pauvre paysanne.

Fils de Louis d'Orléans et de Mariette d'Enghien, Jean Dunois se fait appeler « Monseigneur le Bastard » par son entourage. C'est un grand seigneur. En attendant de se voir accorder par Charles VII le titre de prince légitime, grand chambellan de la Couronne, Jean est en passe de devenir comte de Longueville, comte de Dunois, lieutenant général du royaume de France. Ses armes sont *d'azur à trois fleurs de lys d'or, qui est de France, au lambel d'argent de trois pendants,*

La croisade du sire de Rais

qui est d'Orléans, au bâton de gueules péri en barre, et qui est Dunois, bastard d'Orléans.

La Pucelle n'en a cure. Elle n'appelle Dunois que le « bâtard » tout court. Elle menace de lui faire trancher le col comme s'il s'agissait d'un simple manant. Ni plus ni moins. Et elle ne s'attire aucune réponse désagréable, aucun mouvement d'humeur de la part de Dunois...

Bizarre. Jeanne la bergère se comporte comme si elle était d'un *rang supérieur* à celui du bâtard d'Orléans...

A peine Dunois a-t-il tourné les talons que Jeanne s'allonge sur son lit pour faire la sieste. Louis de Coutes, le fils du capitaine-châtelain de Châteaudun, devise tranquillement avec l'épouse et la fille de maître Boucher. D'Aulon veille à la porte. Soudain des cris et des pleurs montent, s'amplifient. La rue est en ébullition. Jeanne bondit de sa couche, les cris de la populace lui apprennent qu'on se bat à Saint-Loup. Elle veut être de la partie.

« Où sont ceux qui me doivent armer, hurle-t-elle, le sang de nos gens coule à terre ! »

La Pucelle descend dans la rue, s'empare d'un cheval qui ne lui appartient pas. Elle n'a pas la patience d'attendre que son page ait fini de seller son propre destrier. Elle attrape au vol l'étendard que Louis de Coutes lui jette par la fenêtre et part au triple galop. Elle file en direction de la porte de Bourgogne.

Croisant un groupe de blessés qu'on ramène de Saint-Loup, elle gémit : « Je n'ai jamais vu couler de sang français que les cheveux ne me dressassent sur la tête. »

Ses gens l'ont rejoint lorsque la Pucelle débouche sur le champ de bataille. La bastille est menacée. De nombreux cadavres jonchent le sol. Jeanne, efficacement secondée par le maréchal de Boussac, Coulonces, Graville, organise la défense, fait rassembler et manœuvrer plus d'un demi-millier d'hommes, parvient à endiguer les assauts que l'ennemi mène depuis la bastille Saint-Pouair.

Trois heures interminables. Trois heures de combat au corps à corps.

L'offensive menée par les troupes de la Pucelle s'achève par la destruction de Saint-Pouair. Les flammes crépitent. Deux cents Anglais ont été occis. Partout du sang, des plaies béantes, des membres tranchés. Une fumée âcre pique les yeux et la gorge. Une odeur écœurante de chair grillée soulève le cœur de plus d'un soudard.

La Pucelle (d'après le frère Pasquerel) pleure les victimes des deux camps. Elle prie pour ces hommes morts sans confession. Elle obtient qu'une trêve soit observée, le lendemain, jeudi 5 mai, fête de l'Ascension. Version canonique infirmée par d'autres témoignages. La Pucelle souhaite au contraire que l'on prenne d'assaut la bastille Saint-Laurent. Elle se moque de la sainteté du jour comme de son premier casque à visière...

Une chose est certaine : notre « bergerette » met la trêve à profit pour adresser un ultime cartel aux assiégeants. Elle leur annonce tranquillement : « Vous, Anglais, qui n'avez aucun droit sur ce royaume de France, le Roi des Cieux vous ordonne et vous mande par moi, Jeanne la Pucelle, que vous quittiez vos forteresses et retourniez dans votre pays, ou sinon je vous ferai tel " hahai ", dont sera perpétuelle mémoire. Voilà ce que je vous écris pour la troisième et dernière fois et n'écrirai pas davantage. »

Lorsque le présent cartel, ficelé à une flèche, parvient à l'ennemi, celui-ci s'empresse d'aboyer : « Ce sont nouvelles de la putain des Armagnac ! »

L'offense le dispute au mépris. Mais l'addition sera lourde. Dès le vendredi 6 mai, la Pucelle décide de passer à l'action, bousculant au passage le sire Raoul de Gaucourt, bailli d'Orléans, qui a eu la mauvaise idée de s'opposer à son projet et de refuser d'ouvrir la porte de Bourgogne. Secondée par La Hire, Jeanne franchit la Loire à la tête de quatre mille hommes.

Le capitaine William Glasdall, impressionné par cette sortie inopinée, se replie au lieu d'attaquer. Il fait mettre le feu à Saint-Jean-le-Blanc, se retranche derrière les murailles des bastilles des Augustins et des Tourelles dominant le faubourg — fortement endommagé — du Portereau.

Mais Glasdall a plus d'un tour dans son sac. Il charge une colonne de baroudeurs de sortir de la bastille du Champ Privé et de livrer une lutte à mort. Les Français se troublent, perdent pied, se replient en désordre vers la Loire. Il ne reste plus à la Pucelle que La Hire et ses meilleurs hommes.

« Sus à la sorcière ! hurlent les Anglais. Emparons-nous de cette maudite vachère ! »

La croisade du sire de Rais

Peine perdue. Les fuyards se sont ressaisis, se sont regroupés. Ils reviennent à la charge. Les Anglais plient à leur tour. Puis ils se réfugient en hâte dans la bastille des Augustins.
C'est alors qu'intervient Gilles de Rais.
A la tête de ses compagnies bretonnes, Gilles arrive au moment opportun. Il vient galvaniser le courage de l'armée de libération ; ses gens d'armes — qui valent largement ceux de La Hire ou d'Ambroise de Loré — sèment la panique du côté anglais. Ils font le vide autour d'eux. Bientôt le boulevard est pris. La bastille des Augustins tombe. Les Godons sont en déroute.
Le 7 mai, depuis le boulevard de Belle-Croix, les miliciens orléanais se lancent de bonne heure à l'assaut du fort des Tourelles. Ils sont confiants. La Pucelle leur a montré l'exemple en refusant, après avoir assisté à la messe de grand matin, de manger une alose préparée par maître Jacques Boucher :
— En nom Dieu, attendez jusqu'au souper, a-t-elle dit, nous reviendrons par-dessus le pont, et vous ramènerons un Godon qui en mangera sa part [1] !
Et Jeanne va tenir parole. Malgré une vilaine blessure à l'épaule occasionnée par un « vireton » (une flèche). Après s'être soignée — par application sur la plaie d'une compresse de lard et d'huile d'olive —, la Pucelle s'oppose à ce que soit donné, à l'heure de vêpres (8 heures du soir), malgré la fatigue légitime des combattants, le signal de la retraite.
Dunois est d'avis de remettre au lendemain matin l'attaque décisive. Mais Jeanne l'exhorte à n'en rien faire.
« En nom Dieu, annonce-t-elle, vous entrerez bientôt dedans et n'auront les Anglais plus de force sur vous ! Pour l'heure, reposez-vous un peu, mangez et buvez... »
On l'écoute. On se restaure sommairement. On prend quelque repos. De nouveau retentit la voix de Jeanne :
— Retournez de par Dieu à l'assaut derechef ! car sans nul doute, les Anglais n'auront plus de forces d'eux défendre et seront prises les Tourelles et leurs boulevards !
C'est la ruée. Gilles de Rais et ses hommes se battent comme des lions. La Hire est fidèle à sa devise. Nicolas de Giresme

---
1. *Chronique de la Pucelle.*

grimpe avec ses miliciens sur des passerelles de fortune. Les premières flammes s'élèvent.

Les Anglais sont en très mauvaise posture. William Glasdall tente de fuir avec une poignée d'hommes sur une passerelle de bois qui menace de s'embraser.

« Glasdall, Glasdall, lui crie la Pucelle, rends-toi, rends-toi au Roi des Cieux ! Tu m'as appelée " putain " mais j'ai grand pitié de ton âme et de celle des tiens ! »

Trop tard. Les flammes sont venues à bout de la fragile passerelle sur laquelle se tiennent Glasdall et ses hommes. Un craquement sinistre se produit. Suivi d'une chute, quelques mètres plus bas, dans l'eau fangeuse du fossé. Entraîné par le poids de son armure, le capitaine anglais coule à pic. Quelques bulles s'agglutinent à la surface de l'eau. Puis plus rien.

Les cinq cents hommes d'armes qui tenaient le fort des Tourelles sont morts ou faits prisonniers. La bastille n'est plus que poutres enchevêtrées, murailles éventrées, ruines fumantes. Non loin de là, retranchés dans leurs fortins, les capitaines Talbot, Scales et Suffolk ne bronchent pas. Ils boivent la coupe jusqu'à la lie. Amer breuvage.

Jeanne et ses compagnons rejoignent Orléans. Un *Te Deum* est célébré en leur honneur dans la cathédrale. L'alose de maître Boucher attend Jeanne. Bien sagement. Mais Jeanne ne touche pas à l'alose. Elle se contente d'un peu de pain trempé dans du vin. Sa blessure à l'épaule la fait souffrir. On change son pansement. Puis Jeanne va se coucher. Elle a bien mérité de prendre quelque repos.

Le dimanche 8 mai, au lever du jour, devant les Orléanais ébahis, les Anglais abandonnent soudain leurs positions et prennent la direction de Meung-sur-Loire. Ils manœuvrent en ordre et en silence.

S'apprêtent-ils à lancer une offensive générale ou à faire retraite ? La gorge serrée, Jeanne — qui vient d'accourir en *jaseran* (cotte de maille assez légère) — lance aux guetteurs : « Regardez si les Anglais ont le visage tourné vers nous ou le dos...

— Ils s'en vont, ils ont le dos tourné ! »

Jeanne a vaincu. Comme promis.

Orléans est libérée, pleinement libérée.

La croisade du sire de Rais

La merveilleuse poétesse Christine de Pisan va pouvoir écrire :

> *L'an mil quatre cens vingt et neuf*
> *Reprint à luire li soleil*
> *Il ramène le bon temps neuf*
> *Que on avoit veu du droit œil*
> *Puis long temps...*

De Jargeau à Reims

Après Orléans, Jargeau.
William de la Poole, comte de Suffolk, a la lourde charge d'organiser la défense de la place forte en amont d'Orléans. Il dispose de 500 combattants et d'une solide artillerie. Sa tactique ? Obliger les Français à piétiner devant Jargeau jusqu'à ce que surviennent les 5 000 hommes de son ami sir John Falstoff...
Le samedi 11 juin, le maréchal de Boussac, l'amiral de Culan, le seigneur de Graville, Ambroise de Loré, Gautier de Brussac, La Hire se mettent en route avec Jeanne. Ils seront rejoints devant Jargeau par Jean de la Roche, Gilles de Rais, le bâtard d'Orléans, le comte de Vendôme, le sire d'Argenton et le sire de Gaucourt.
Après une première tentative d'investissement (repoussée) des faubourgs de la ville, les assiégeants s'emparent, le 12 juin, de la forteresse. L'un des frères de Suffolk meurt noyé, un autre est fait prisonnier. Les Godons ont perdu plusieurs centaines d'hommes dans la bataille. Le capitaine de la place est contraint de remettre son épée à un écuyer d'Auvergne, Guillaume Regnault. Mais Suffolk a horreur de l'improvisation :
— Êtes-vous gentilhomme ? demande-t-il à l'écuyer.
— Oui.
— Êtes-vous chevalier ?
— Non.
Qu'à cela ne tienne : le vainqueur (qui n'en demandait pas tant) est fait chevalier par le vaincu. L'honneur est sauf. L'étiquette respectée.

Gilles de Rais et Jacques Cœur

Gilles de Rais s'est taillé un beau morceau de bravoure devant Jargeau. En gage de reconnaissance, Charles VII va lui faire remettre mille livres — une somme rondelette, mentionnée dans le huitième compte de Guillaume Charrier, receveur général des finances :

« *A messire Gilles de Rais, conseiller et chambellan du roy nostre sire* et mareschal de France, la somme de mil livres que le roy nostredit seigneur, par ses lettres patentes données le XXI juin mil CCCCXXIX, lui a ordonné estre baillée, pour aucunement le récompenser des grands frais, mises et despens que faire lui a convenu, affin d'avoir soy n'a guieres mis sus, et assemblé par l'ordonnance du roy certaine grosse compaignée de gens d'armes et de traict, et iceulx avoir entretenu pour les employer à son service en la compaignée de Jeanne la Pucelle, affin de remettre en l'obéissance dudit seigneur la ville de Jargeau que tenoient les Anglais. »

Le mercredi 15 juin, la Pucelle et ses compagnons s'emparent du pont de Meung. C'est ensuite au tour de Beaugency de tomber entre leurs mains. Le 18 juin, à une lieue de Patay, Jeanne, Gilles de Rais, Jean de Graville et leurs compagnies rencontrent l'ennemi qu'ils traquent depuis l'aube. La Hire est loin devant.

« Jeanne, s'enquiert le duc d'Alençon, voilà les Anglais, combattrons-nous ?

— Avez-vous vos éperons ?

— Comment da, faut-il nous retirer ou fuir ?

— Nenny, en nom Dieu, allez sur eux, car ils s'enfuiront et n'arresteront point, et seront déconfits, sans guère de pertes de vos gens ; et pour ce, faut-il vos éperons pour les suivre ! »

Talbot et Falstoff sont contraints d'accepter la bataille. Le premier, entouré d'une poignée d'hommes d'armes et de cinq cents archers, prend position derrière deux haies vives. Mais il est rapidement défait. Falstoff prend la fuite sans rien tenter pour délivrer son compatriote. Pothon de Xaintrailles et La Hire, de leur côté, capturent Hungerford, sénéchal d'Angleterre, lord Scales, Thomas Rameston et Beauchamp.

Deux mille Anglais ont péri. Deux cents prisonniers de marque vont pouvoir être échangés contre rançon. Sauf Talbot.

« Pensiez-vous, le matin de ce jour, être capturé dans le courant de l'après-midi ? lui demande le duc d'Alençon.

La croisade du sire de Rais

— C'est la fortune de la guerre ! répond Talbot en souriant (au nom du fameux flegme britannique).

— Eh bien, monseigneur, nous vous rendons votre liberté ! », annonce Xaintrailles, beau joueur.

Le 26 juin, l'amiral de Culan obtient la reddition de la ville de Bonny. Quatre jours plus tard, Jeanne et ses compagnons obtiennent des échevins d'Auxerre — qui refusent de se rendre — une contribution à l'approvisionnement des troupes royales. Saint-Florentin et Saint-Phal se soumettent. Le 10 juillet, Troyes ouvre ses portes. Châlons-sur-Marne accueille Charles VII et son armée pendant la nuit du 14 au 15 juillet (les Châlonnais ont remis au roi les clefs de leur ville sur un plateau d'argent).

Le samedi 16 juillet, l'archevêque Regnault de Chartres fait son entrée à Reims. Il prend aussitôt la tête de l'échevinage, des corporations et des confréries. Le soir même, il accueille solennellement, au milieu d'une populace en délire, le roi et sa cour. « Noël ! Noël ! » hurlent des milliers de voix.

Le lendemain, dimanche, le roi de Bourges sera fait roi de France. Une seule ombre au tableau : la couronne, le sceptre, la main de justice et tous les ornements du sacre sont sous la garde de l'abbé de Saint-Denis, contrôlé par le parti anglophile. Mais Regnault de Chartres compte bien profiter de la nuit pour combler ce handicap. Il a raison. A l'aube du 17 juillet, Charles VII a une couronne, un sceptre. Des vêtements royaux ont été taillés. Rien ne manque.

Surtout pas la sainte ampoule.

Celle-ci renferme le saint chrême avec lequel l'archevêque de Reims doit oindre le roi de France. Et la sainte ampoule est gardée à l'abbaye de Saint-Rémi-de-Reims. Fort heureusement. Car qu'aurait-on fait sans le saint chrême ?

C'est l'abbé de Saint-Rémi qui apporte le « Saint Vaisselet ». Ainsi le veut la tradition. Et notre abbé est escorté par quatre chevaliers.

Gilles de Rais a reçu l'insigne honneur de figurer parmi ces quatre chevaliers.

Divers chroniqueurs nous le confirment. Ainsi que les rédacteurs angevins d'une lettre adressée à Yolande d'Aragon et libellée comme suit : « Pour aller querir la sainte ampolle en l'abaye de saint Rémy, et pour la apporter en l'église de Nostre-

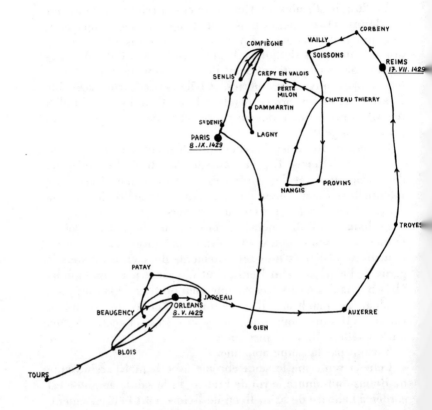

CAMPAGNE DE 1429
Jeanne d'Arc-Gilles de Rais

La croisade du sire de Rais

Dame, où a été fait le sacre, furent ordonnez le mareschal de Bossac, les seigneurs *de Rays*, Graville et l'admiral avec les quatre bannières que chacun portoit en sa main, armez de toutes pièces et à cheval, bien accompagnez pour conduire l'abbé dudit lieu, qui apportoit ladite ampolle ; ils entrèrent à cheval dans ladite grande église et descendirent à l'entrée du cœur, et en cest estat l'ont rendue après le service en ladite abaye ; lequel service a duré depuis neuf heures jusqu'à deux heures. »

A l'issue du sacre, Gilles de Rais est fait maréchal de France. Et les « voix » de la Pucelle oublient de protester...

Le sire de Rais figurerait-il parmi les protégés du Roi des Cieux ?

La disgrâce

Après Reims, Corbény.

Au prieuré de Saint-Marcoul-en-Corbény, le roi exerce un nouveau pouvoir[1] : celui de guérir les écrouelles. Il touche les scrofuleux accourus par centaines, en prononçant les paroles rituelles :

— Le roi te touche, Dieu te guérit !

Le 23 juillet, Charles VII arrive devant Soissons. La ville lui réserve — comme Laon et Château-Thierry — un accueil enthousiaste. Il gagne ensuite Montmirail et Provins.

Le 7 août, le roi de France et ses gens sont à Coulommiers. Le 10 août à La Ferté-Milon. Le 11 à Crépy-en-Valois.

Compiègne et Beauvais s'ouvrent au nouveau souverain. A l'instar de Senlis, Creil, Pont-Sainte-Maxence, Choisy, Gournai-sur-Aronde. La Pucelle s'impatiente ; elle dit au duc d'Alençon : « Mon beau duc, faites appareiller vos gens et ceux des autres capitaines. Je tiens à voir Paris de plus près que je ne l'ai vu... »

Le 26 août, Jeanne campe devant la basilique Saint-Denis. Ses « voix » lui déconseillent de s'aventurer plus avant. Mais

---

1. Transmis par saint Marcoul (prince de la Maison de France).

Gilles de Rais et Jacques Cœur

Jeanne passe outre. Le 5 septembre, elle s'empare du faubourg de la Chapelle.

Le jeudi 8 septembre, confie Perceval de Clagny, « la Pucelle, le duc d'Alençon, les mareschaulx de Boussac et *de Rais*, et autres cappitaines en grant nombre de gens d'armes et de traict, partirent environ VII heures de la Chapelle près Paris, en belle ordonnance, les ungs pour estre en bataille, les autres pour garder de sourvenue ceux qui donnoient l'assaut. La Pucelle, *le maréchal de Rais*, le sire de Gaucourt, par l'ordonnance d'elle appelé ce qui bon lui sembla, alèrent donner l'assaut à la porte de Saint Hounnouré. »

Jeanne combat vaillamment. Elle désarme un chevalier anglais, franchit un fossé à sec, tente de franchir un second fossé rempli d'eau. Elle est suivie de son porte-étendard et d'une troupe de soldats. Elle crie à l'adresse des Parisiens qui se moquent de sa progression difficile :

« Rendez-vous, de par Jésus, à nous aussitôt car si ne vous rendez avant qu'il soit la nuyt, nous y entrerons par force, veuillez ou non, et serez mis à mort sans mercy !

— Voire, lui répond un arbalétrier français, paillarde, ribaude ! »

L'homme la met en joue, décoche un trait qui lui perce la cuisse. Et la Pucelle « de s'enfouir[1] »...

En fait, Jeanne court se faire panser pour mieux retourner à l'assaut.

— Jamais je ne partirai tant que je n'aurai la ville ! répète-t-elle au duc d'Alençon.

Elle presse notre beau duc de jeter un pont sur la Seine. Par la rive gauche, Jeanne entend venir à bout des retranchements — moins élevés — construits (par Philippe Auguste) pour protéger le quartier de Buci et le quartier Latin. Peine perdue. Le roi Charles VII ordonne la destruction de l'ouvrage.

L'armée royale se replie. Elle abandonne l'Ile-de-France pour l'Orléanais. Jeanne quitte Saint-Denis la mort dans l'âme, tandis que ses « voix » l'exhortent à reprendre l'assaut. Elle offre son épée et son harnais blanc en ex-voto à la Vierge. Elle avouera plus tard à ses juges : « C'est contre ma volonté que les

---

1. D'après le *Bourgeois de Paris*.

La croisade du sire de Rais

seigneurs m'emmenèrent. Cependant, si je n'avais pas été blessée, je ne serais pas partie... »

Jeanne, après la dislocation de l'armée royale et le siège de Saint-Pierre-le-Moutier (fin octobre 1429), séjourne à Mehun-sur-Yèvre, demeure du duc de Berry. Elle passe l'hiver au chaud. Tandis que La Hire sillonne la Normandie, s'empare de Louviers et de Château-Gaillard.

En avril 1430, Jeanne rejoint Melun puis Lagny-sur-Marne. Elle croise de nouveau le fer. On la retrouve ensuite à Senlis. En mai, elle entre dans Compiègne. La fin de l'épopée approche. Jeanne révèle : « Mes bons amis, mes chers petits enfants, on m'a vendue et trahie. Bientôt, je serai livrée à la mort. Priez Dieu pour moi, car je ne pourrai plus servir le roi ni le royaume de France ! »

On connaît la suite. Difficile, par contre, de déterminer avec exactitude le parcours emprunté par Gilles de Rais entre 1430 et 1433. Le maréchal n'a pas suivi la Pucelle à Compiègne, c'est sûr. Est-il demeuré à la cour du roi de France ? A-t-il rejoint son épouse Catherine de Thouars et sa petite fille Marie ?

En décembre 1430, le châtelain de Tiffauges est à Louviers. Alors que Jean de Luxembourg vient de vendre Jeanne la Lorraine aux Anglais. Pour l'abbé Bossard, le maréchal de Rais tente de délivrer son ancienne compagne de bivouac. L'auteur de *Gilles de Rais, maréchal de France, dit Barbe-Bleue* (Librairie Champion, 1886) décèle la présence en Normandie d' « une véritable armée dont l'un des corps avait été équipé, comme pour l'attaque de Jargeau et la campagne de la Loire, par les soins et aux frais du maréchal de Rais ».

En 1432, Gilles de Rais fait lever le siège de Lagny. Il parcourt le Maine au moment où s'entretuent les partisans de Richemont et ceux de La Trémoille. Il enlève à son ancien compagnon d'armes Jean de Bueil le château de l'Herminage. Avant d'être contraint de le lui restituer.

Il quitte définitivement la cour après la chute de La Trémoille (auquel succède le maréchal de La Fayette). L'abbé Bossard le fait guerroyer, en 1434, aux côtés de Richemont, Jean de Bueil et Prigent de Coetivy, à Sillé-le-Guillaume et à Sablé. Puis l'abandonne à Conlie en 1435.

Pour Roland Villeneuve, il est certain que Gilles de Rais

Gilles de Rais et Jacques Cœur

« fut un des premiers à soutenir Jeanne des Armoises, la fausse Pucelle, et à confier à Jean de Siquenville des troupes qu'elle devait commander. Il les lui retira dès que la supercherie fut découverte et n'eut jamais l'occasion de la rencontrer personnellement. On a dit que Gilles, dans cette circonstance, avait manqué de perspicacité et fait preuve de naïveté, voire d'une crédulité un peu enfantine. C'est un jugement hâtif puisque tout le monde se laissa prendre à l'histoire de Jeanne des Armoises, aussi bien les bonnes gens d'Orléans que les du Lys, frères de Jeanne d'Arc qui crurent ou feignirent de croire au miracle ; tous, sauf Charles VII qui la vit s'effondrer à ses pieds lorsqu'il lui demanda de répéter le secret que la fille de Domrémy lui avait révélé à Chinon quelques années plus tôt[1]... »

C'est du moins l'opinion des historiens conformistes. Une opinion qui mérite — doux euphémisme — d'être nuancée.

---

1. *Gilles de Rais, une grande figure diabolique*, Denoël.

V

AU CŒUR DU MYSTÈRE

Le montage

Il existe une troisième voie. Entre Jeanne l'illuminée, et Jeanne la sainte, télégraphiste patentée du Roi du Ciel.
Celle de Jeanne du Lys. Princesse royale.
Gérard Pesme (*Jeanne d'Arc n'a pas été brûlée*, éditions Balzac, Angoulême) et Pierre de Sermoise (*Les Missions secrètes de Jeanne la Pucelle*, Robert Laffont, 1970) lui ont consacré des pages passionnantes. Nous renvoyons le lecteur à leurs éminents travaux. En faisant remarquer que le discrédit dont souffre généralement les partisans de la troisième voie n'a en soi rien de surprenant. Intégrisme religieux et fanatisme intellectuel s'opposent nécessairement à toute tentative de restitution « logique » du phénomène Jeanne...
Et pourtant !
Les indices ne manquent pas. Dans *Drames et secrets de l'histoire*, Robert Ambelain a procédé à leur recensement. Fille de Louis d'Orléans et d'Isabeau de Bavière, Jeanne vient au monde — le 10 novembre 1407 — entre deux crises de démence du roi Charles VI. On l'ondoie en hâte, l'appelle « Philippe » pour mieux égarer les soupçons, procède à une fausse inhumation — après substitution de corps — en l'abbaye de Saint-Denis tandis que le nouveau-né, bien vivant, est confié à la garde de personnes entièrement dévouées à la famille d'Orléans et transporté à Domrémy, chez les d'Arc, une

famille noble (quoique ayant dérogé) qui veillera à son éducation. Car papa et maman d'Arc, ceux qu'on appelle les « pauvres laboureurs », ont un blason : dotation peu courante chez les manants médiévaux ! Jacques, le « père » de Jeanne [1], en 1419, est doyen de Domrémy, fermier général et chef des archers de la milice locale ; il occupe la forteresse du village et possède un petit manoir à Greux.

Son fils Pierre d'Arc sera fait, en 1436, par le duc Charles d'Orléans, chevalier du Porc-épic ; or pour obtenir cette distinction, il faut obligatoirement être noble de *quatre générations* !

Soulignons qu'au moment de la naissance de Jeanne — en l'hôtel Barbette —, deux membres de la famille d'Arc occupent des fonctions importantes à la cour de France : Guillaume d'Arc, seigneur de Cornillon-sur-Trièves (Isère), conseiller de Charles VI, gouverneur du dauphin Louis, et Yvon d'Arc, bailli du Grésivaudan, conseiller du même dauphin Louis.

Le hasard a bien fait les choses. Vraiment.

Treize jours après la naissance de Jeanne, son véritable père, Louis d'Orléans, est assassiné. Il tombe dans un guet-apens tendu par Jean sans Peur, duc de Bourgogne.

Louis vient de rendre visite à la reine Isabeau, sa maîtresse, qui relève de couches. Il fait nuit noire. On lui a porté un (faux) message lui annonçant que le roi son frère l'attend de toute urgence. Louis est parti sans escorte. Seulement précédé, dit-on, de deux écuyers montés sur le même cheval. Il emprunte la rue Vieille-du-Temple en direction de la Seine. La rue est tortueuse. L'obscurité totale. Tout à coup des hommes armés entourent le cavalier isolé qui s'écrie, croyant à une méprise :

« Je suis le duc d'Orléans !

— Tant mieux, répond l'un des agresseurs, c'est ce que nous demandons ! »

S'abaisse alors une hache qui tranche promptement un poignet. Des coups de masse et d'épée font tomber le duc d'Orléans à bas de sa monture. « Qu'est ceci ? D'où vient ceci ? » hurle-t-il.

---

[1]. Comme Joseph le charpentier fut celui de Jésus.

Au cœur du mystère

Une massue hérissée de pointes de fer lui fracasse le crâne, faisant jaillir la cervelle.

Au même moment, un homme « caché sous un chaperon vermeil », une petite lanterne à la main, sort d'une maison de la rue Vieille-du-Temple, appelée *A l'image de Notre-Dame* en raison de l'image pieuse figurant au-dessus de sa porte. Il marche jusqu'à la rue Saint-Antoine, s'arrête à proximité du cadavre, se penche, lui assène un dernier coup de massue et annonce tranquillement :

— Éteignez tout, allons-nous-en, il est mort...

L'homme au chaperon vermeil n'est autre que le duc Jean sans Peur. L'enquête le prouvera bientôt. Grâce aux renseignements précieux fournis par Jacquette Griffart, témoin oculaire du meurtre.

L'opération a été dirigée par Raoul d'Anquetonville [1], peaufinée, préméditée de longue date. Dix-huit hommes se sont relayés pour espionner l'hôtel Barbette, observer les allées et venues des gens de l'hôtel, repérer les habitudes de Louis d'Orléans. La maison *A l'image de Notre-Dame* a servi de poste d'observation, de base opérationnelle [2].

Précision intéressante. Qui a le mérite d'expliquer l'étonnant rapprochement que l'on observera bientôt entre Isabeau de Bavière et Jean sans Peur. L'alliance surprenante de la maîtresse de la victime et du lâche meurtrier...

Les hommes d'Anquetonville n'ont pas dû manquer d'observer un étrange manège, le 10 novembre 1407, de noter de curieuses allées et venues, de prendre en filature certaines personnes sorties de l'hôtel Barbette en emportant un curieux « paquet ». Jean sans Peur n'ignore probablement rien de l'endroit où a été transporté le nourrisson issu des œuvres de Louis d'Orléans et de l'identité des gens chargés de veiller sur « Jeanne-Philippe ». Un secret de taille. Un moyen de pression qu'il n'oubliera pas d'utiliser le moment venu.

Jean Markale, dans son beau livre *Isabeau de Bavière*, souligne : « Les historiens ne se sont pas montrés très tendres envers Isabeau, particulièrement pendant la période qui va de

---

1. Homme de sac et de corde attaché à la Maison de Bourgogne.
2. Dès le 24 juin, Jean sans Peur a chargé l'étudiant Jean Cordelant de repérer l'abri indispensable à la préparation du crime et à la dissimulation des assassins.

Gilles de Rais et Jacques Cœur

1407, date de l'assassinat de Louis d'Orléans, à 1417, date de son alliance avec Jean sans Peur. Ils ont accusé la politique d'Isabeau d'être incohérente. Il serait plus juste de dire qu'elle fut parfaitement hypocrite. »

Un important échange épistolaire a eu lieu entre Isabeau et Jean sans Peur. Mais nous en ignorons la teneur. Dommage. Son décryptage eût été intéressant.

D'autant qu'une missive adressée en 1411 par le duc Jean à la reine de France rappelle : « Ma très redoutée dame, je me recommande à vous tant et si humblement comme je puis (...), attendu ce que dit est, et *plusieurs autres causes que je puis assez considérer.* »

Parmi ces causes — qui ne sauraient être mentionnées par écrit — doit-on ranger la naissance « particulière » de Jeanne et son séjour à Domrémy ?

Approche surnaturelle

Le contentieux existant entre Louis d'Orléans et Jean sans Peur n'est pas exempt de considérations magiques. Jean de Bar, au service de la Maison de Bourgogne, en a fait l'amère expérience. Soupçonné d'avoir appris la sorcellerie en Écosse, d'être un nécromancien et un « invocateur de diables », l'homme a été arrêté à la demande de Louis d'Orléans et expédié au bûcher.

Aussi ne serons-nous point étonnés, après la mort de Louis d'Orléans, d'entendre le cordelier Jean Petit, théologien renommé, âme damnée de Jean sans Peur, accuser — échange de bons procédés — le défunt duc de crimes de sorcellerie au cours d'un réquisitoire savoureux prononcé, en décembre 1407, devant le roi et les princes du sang en la grande salle de l'hôtel Saint-Pol.

Mais écoutons maître Jean Petit : « Voulant hâter la mort du roi, qui était déjà atteint d'un mal incurable, il (Louis d'Orléans) fit venir secrètement, il y a plusieurs années, un religieux apostat avec un chevalier, un écuyer, et un valet, et leur remit une épée, un couteau et un anneau pour les consacrer, ou plutôt pour les exécrer, s'il est permis de le dire, au

Au cœur du mystère

nom du démon. Afin de mieux cacher leurs opérations à tous les égards, *ils s'enfermèrent dans le château de Montjoie*. De là, l'apostat se rendit sur une montagne voisine avant le lever du soleil, et ayant fait *un cercle d'acier autour de lui*, il commença ses invocations. Deux démons, appelés Herman et Astramon, lui apparurent sous la forme humaine [1]. Il leur rendit les honneurs divins, selon les préceptes de la magie, et leur remit ces objets, en leur ordonnant de les consacrer et de les rapporter dans le cercle. Les démons ayant exécuté cet ordre, l'apostat et ses compagnons, conformément aux instructions qui leur furent données, allèrent aux fourches patibulaires, dépendirent le cadavre d'un voleur, lui mirent l'anneau dans la bouche, et l'y laissèrent quelque temps. Après lui avoir ouvert le ventre avec l'épée, ils rendirent lesdits objets au duc, en lui assurant qu'il pourrait obtenir par leur vertu tout ce qu'il désirait. Ils lui remirent aussi un os de l'épaule dudit pendu, sur lequel ledit apostat avait écrit avec son sang certains noms diaboliques. Le duc porta longtemps ce talisman entre sa chair et sa chemise. » *(Chronique de Saint-Denis.)*

La possession d'un talisman sera également reprochée à Jeanne du Lys lors de son procès à Rouen. Il ne sera pas question d'un os de pendu mais d'une mandragore : ce qui revient au même. En effet, pour être efficace, selon la rituélique démoniaque, cette plante [2] doit être cueillie au pied d'un gibet — le sol ayant favorisé sa croissance se devant d'être fécondé par la semence d'un ou de plusieurs pendus ! La cueillette de la plante maudite s'opère nuitamment. Après avoir tracé autour d'elle un cercle à l'aide d'une pointe d'épée — pour empêcher l'esprit végétal de s'enfuir —, on extrait la mandragore [3] en prenant soin de ne pas abîmer ses racines, on accentue sa forme humanoïde et on la vivifie par des fumigations rituelles.

Charles V ne possédait-il pas un couple de mandragores en « un estuy de cuir » *(Inventaire*, n° 1380) ?

L'article 7 de l'acte d'accusation des 27-28 mars 1431 rapporte à l'endroit de la Pucelle :

---

1. Des accusations pratiquement identiques seront portées, trente ans plus tard, contre Gilles de Rais...
2. De la famille des solanacées.
3. « Main-de-gloire » en langage courant.

— *Item*, la dicte Jehanne eut coutume de porter parfois une mandragore en son sein, espérant par ce moyen avoir bonne fortune en richesses et choses temporelles. Elle affirma que cette mandragore avait tels vertu et effet.

— Ce 7e article, de la mandragore, la dicte Jehanne le nie absolument.

Jeanne la sorcière, pour le tribunal ecclésiastique, a nécessairement les mêmes penchants que Charles V le magicien et Louis d'Orléans le sataniste. Aussi les questions concernant l'usage de talismans interdits sont-elles loin d'être esquivées à Rouen. L'interrogatoire du 1er mars 1431 indique :

— Interrogée sur ce qu'elle fit de la mandragore (la Pucelle) répondit qu'elle n'a point de mandragore et oncques n'en eut. Mais ouï dire que proche de son village, il y en a une, mais ne l'a jamais vue. Dit aussi qu'elle avait ouï dire que c'est chose périlleuse et mauvaise à garder. Ne sait cependant à quoi cela sert.

— Interrogée en quel lieu est cette mandragore dont elle ouït parler, répondit qu'elle ouït dire qu'elle est en terre, proche l'arbre ci-dessus mentionné appartenant à messire Pierre (il s'agit de l'arbre aux fées de Bourlémont), mais ne sait pas le lieu. Et dit qu'elle a ouï dire que sur cette mandragore s'élève un coudrier.

— Interrogée à quoi elle a entendu dire que sert cette mandragore, répondit qu'elle a ouï dire qu'elle fait venir l'argent, mais n'a croyance en cela, et dit que ses voix ne lui dirent jamais rien à ce sujet.

Déclarations maladroites, contradictoires. L'amie de Gilles de Rais sait que son passé familial — sentant le soufre — ne peut que la desservir. Aussi choisit-elle de nier l'évidence. Elle n'a jamais observé ni possédé de mandragore. Elle ignore à quoi sert cette plante maléfique mais « a ouï dire qu'elle fait venir l'argent » ! Elle n'a jamais vu la moindre mandragore mais reconnaît qu'à Domrémy il y en a une non loin de l'arbre aux fées ! Curieux...

Les « voix » n'ont jamais abordé avec Jeanne ce sujet délicat. Dont acte. Ce qui sous-entend qu'elles ne lui ont point interdit de s'approcher de la mandragore ni même de procéder à son extraction...

Il est vrai que les voix qui dirigent la Pucelle font montre d'un étrange progressisme : elles préfèrent la compagnie du sulfureux Gilles de Rais à celle de l'onctueux Regnault de Chartres... Leur constance dans l'approche non orthodoxe est remarquable... De quoi donner le frisson à plus d'un exorciste !

L'arbre aux fées

Si Jeanne répugne à glisser la mandragore dans son herbier, elle ne se fait pas tirer l'oreille pour reconnaître, à mots couverts, l'attirance « païenne » (quoique tolérée par le clergé) qu'elle a éprouvée, en sa prime enfance, comme la plupart de ses congénères, envers les déités celtiques ou leurs substituts : sources, fontaines, arbres, forêts...

En compagnie des jeunes gens de Domrémy, la Pucelle s'est rendue, plus souvent qu'à son tour, au « bois chenu » (ou vieux bois de chênes) qui couronne la colline en direction de Neufchâteau et est dominée par un hêtre gigantesque : l'arbre aux fées sur lequel courent de si fascinantes légendes. Elle a chanté, participé aux rondes endiablées autour de l'arbre aux fées, le dimanche de *Laetare Jerusalem* (ou dimanche des « Fontaines ») et les jours de printemps. Elle a bu l'eau pure de la Fontaine aux Rains. Une fontaine bordée de groseillers que fréquentent des êtres surnaturels...

Jeanne a été « initiée » au culte de l'arbre aux fées par sa marraine, la vieille Béatrice Estellin. Celle-ci révélera au procès de réhabilitation :

— Cet arbre s'appelle l'« arbre » des Dames ; et j'y ai été quelquefois, avec *les dames et les seigneurs temporels* de la ville, pour me promener, car c'est un très bel arbre. Il se trouve auprès du grand chemin par lequel on va à Neufchâteau ; et j'ai entendu dire qu'autrefois, les dames enchanteresses, qu'on appelle en français les *fées*, allaient sous cet arbre ; mais à cause de leurs péchés, à ce qu'on dit, elles n'y vont plus maintenant.

On raconte aussi que Pierre Granier, sire de Bourlémont, venait jadis s'asseoir au pied de l'« arbre » pour deviser avec la fée qui veillait sur lui.

Autrement dit, Béatrice Estellin a participé à un culte d'origine druidique[1] réservé à l'élite locale : le sire de Bourlémont, les dames et seigneurs temporels seuls habilités à coopter les participants...

En matière d'initiation, les officiants, les transmetteurs rejettent toute « personnalisation » de l'enseignement fourni aux disciples ; ils revêtent le masque de l'impersonnalité. Ils ne sont plus que des *voix* anonymes, des serviteurs du verbe...

On comprend mieux pourquoi la Pucelle avouera à Pierre Cauchon qu'elle percevait, enfant, les « voix » qui la visitaient plusieurs fois par semaine « avec les yeux de son corps » !

Sainte Catherine, sainte Marguerite, saint Michel désigneraient-ils des personnages de chair et d'os ? Rappelons qu'à l'époque, dans certaines communautés franciscaines, par exemple, les frères et sœurs s'appelaient entre eux « saints » et « saintes »...

Catherine et Marguerite — conseillères si avisées de Jeanne — appartiennent-elles au tiers-ordre, voire à l'ordre de saint François ? Une chose est certaine : elles ne résident pas à Domrémy. Dans les années 1420, elles ne venaient « visiter » Jeanne qu'épisodiquement. Comme saint Michel. Et Jeanne d'avouer à ses juges : « Quand ils se partaient de moi, je pleurais et aurais bien voulu qu'ils m'emportassent avec eux[2] »...

Saint Michel à l'épée flamboyante, venu instruire Jeanne en plein air, désigne-t-il un certain chevalier Michel gravitant dans la mouvance franciscaine, ayant reçu mission d'apprendre à la fille de Louis d'Orléans et d'Isabeau de Bavière le maniement des armes et l'équitation ? La suite de la carrière de Jeanne n'est pas de nature à contredire semblable hypothèse[3].

Saint Michel a l'étoffe d'un excellent instructeur ! Grâce à lui, sur les champs de bataille la Pucelle se montre l'égale des grands capitaines d'armes de son temps : les Ambroise de Loré, Gilles de Rais, Pothon de Xaintrailles, La Hire... Jeanne est une excellente cavalière. L'épée en main, elle est redoutable :

---

1. Voir notre livre *Vercingétorix et les mystères gaulois*, même collection.
2. Aux yeux de Jeanne, ces visiteurs représentaient un univers infiniment plus passionnant que le petit monde étriqué des seigneurs temporels de Domrémy et l'enfant aurait souhaité vivre définitivement en leur compagnie.
3. « Elle (Jeanne) exécutait des manœuvres merveilleuses auxquelles n'auraient pas suffi deux ou trois générations de chefs consommés. » (Dunois, *Procès de réhabilitation*.)

Au cœur du mystère

lors de l'assaut de la porte Saint-Honoré, ne désarme-t-elle pas un chevalier anglais ? Sa résistance à la fatigue et à la douleur est exceptionnelle : Jeanne dort peu et, blessée, se refuse à cesser le combat. Un vrai « démon ». Un vrai « baroudeur ». Les Talbot, Falstoff en savent quelque chose [1] !

Mais derrière l'instructeur Michel — par le mystère de l'attribution de nom et sa valeur totémique (qui fascine toujours nos contemporains...) — se profile l'image lumineuse de l'archange protecteur de la chrétienté.

Rappelons-nous.

En 590, alors que la peste sévissait à Rome, le pape Grégoire Ier organisa une procession à travers la ville. On promena la statue de la Vierge de Sainte-Marie-Majeure. Au-dessus du mausolée d'Adrien, le pape aperçut saint Michel qui essuyait un glaive ensanglanté et le remettait au fourreau : l'archange indiquait par là que les prières des Romains étaient exaucées et qu'il avait mis fin au fléau. En 706, saint Michel apparut à Aubert, évêque d'Avranches.

L'empereur Charlemagne s'en mêla. Il fit broder une représentation de l'archange sur ses étendards avec l'inscription *Patronus et Princeps Imperii Galliarum* (Protecteur et Prince de l'Empire des Gaules). En 1210, Philippe Auguste créa la Confrérie de Saint-Michel-de-la-Mer à l'intention des pèlerins ayant fait le voyage du Mont.

En 1222, l'archevêque de Cantorbéry ordonna que fut célébré, chaque 16 octobre, l'anniversaire de l'apparition à saint Aubert dans tout le royaume d'Angleterre.

Puis les enfants entrèrent en lice. En 1333, venus de Normandie, de Bretagne, du Maine, des milliers d'enfants se rendirent en pèlerinage au Mont. D'après le chroniqueur Dom Jean Huynes : « Une chose advint grandement admirable (...). Une innombrable multitude de petits enfants qui se nommaient *pastoureaux* veinrent de divers pays lointains, les uns par bandes, les autres en particulier. Plusieurs desquels asseuroient qu'ils avoyent entendu des *voix* célestes qui disoient à chacun d'eux : *Va au Mont-Saint-Michel* et qu'incontinent, ils avoient obeys,

---

[1]. « Tous s'émerveillaient que si haultement et si saigement elle se comporta en fait de guerre, comme si c'eût été un capitaine qui eust guerroyé l'espace de vingt ou trente ans, et surtout l'ordonnance de l'artillerie. » *(Procès de Rouen.)*

Gilles de Rais et Jacques Cœur

poussez d'un ardent désir, et s'estoyent dès aussi tost mis en chemin, laissans leurs troupeaux emmy les champs et marchants vers ce Mont sans dire adieux à personne [1]. »

En 1393, à Montpellier et dans « beaucoup d'autres villes de France », des enfants de onze à quinze ans se rassemblèrent pour se rendre en pèlerinage au sanctuaire normand.

En 1419, le dauphin Charles (futur Charles VII) prit saint Michel pour patron et le fit représenter sur ses étendards à l'imitation de Charlemagne. En 1420, un certain « saint Michel » apparut à la petite Jehanne, demi-sœur du même dauphin Charles, pour lui annoncer sa curieuse mission. Et en 1421 fut portée sur les comptes royaux cette singulière mention : « Donné aux galopins de cuisine pour aller au Mont au temps de karesme mercredi 5 février : argent, 16 sous. »

Le hiérophante

Saint Michel, pour la plupart des Pères de l'Église, est un séraphin. Il appartient donc au neuvième chœur angélique. Pour saint Thomas, c'est une principauté (troisième chœur) ou un archange (deuxième chœur). Le Livre de Daniel — en son chapitre XII — désigne saint Michel comme « le grand Prince, qui se tient debout devant le Seigneur, pour les fils de son peuple ». Saint Denys affirme : « Il est l'image de Dieu, la manifestation de Sa lumière cachée. »

Le Livre d'Énoch [2] célèbre ses vertus. Michel — de l'hébreu *Mi ka El* (celui qui est comme Dieu) — est le vainqueur de Satan, le prince de la Milice divine, le hiérophante des Mystères célestes, *le maître de l'initiation des anges* (créatures spirituelles qui n'en sont pas moins perfectibles), le gardien de la foudre et de la rosée.

Saint Michel aide les alchimistes à percer le mystère de la pierre philosophale. Il veille sur le cerf-ailé de la tradition her-

---

1. Cité par René Alleau dans son très beau livre *Énigmes et symboles du Mont-Saint-Michel*, Julliard éditeur.
2. Réédité dans la collection « Les Portes de l'étrange », préface de Francis Mazière, Robert Laffont, 1975.

Au cœur du mystère

métique, le cerf christique de saint Hubert. Sans le cerf, l'homme étoilé et les lys des champs, indique un médaillon alchimique de Stolcius, on ne peut appréhender la triple lumière du soleil.

L'élu est celui qui sait creuser sous le sabot du cerf pour trouver la pierre des sages.

C'est au retour d'une chasse dans la forêt de Senlis que Charles VI — auteur d'un traité d'alchimie[1] — affirme avoir rencontré un cerf portant un collier d'or. Le roi fait ensuite graver l'image du cerf sur son blason : le cerf volant. Parvenir à fixer le volatil, mentionnent les grimoires des philosophes, est une opération essentielle de l'Œuvre. N'y parvient pas qui veut.

Sur une tapisserie du XVe siècle — conservée au musée des Antiquités départementales de Rouen — un grand cerf-ailé soutient la hampe d'une bannière à fond rouge, semée de soleils d'or, reproduisant l'image de saint Michel terrassant le dragon. Deux autres cerfs l'entourent : ils portent un couronne fleuronnée de lys à laquelle est suspendu un écu aux armes de France.

Et Christine de Pisan — en son fameux poème célébrant les exploits de Jeanne d'Arc — de révéler :

> *Car un roi de France doit être*
> *Charles, fils de Charles nommé*
> *Qui sur tous rois sera grand maître*
> *Prophéties l'ont surnommé*
> *Le cerf volant...*

L'homme des bois

Il n'y a pas loin — cabale phonétique aidant — de l'ami du cerf à l'homme des bois (de cerf).

Et l'homme des bois — ou homme sauvage — appartient à la panoplie de Merlin l'Enchanteur.

---

1. *Œuvre royale de Charles VI*, roi de France.

Gilles de Rais et Jacques Cœur

C'est un homme sauvage, vêtu d'une peau de loup, qui poursuit un cerf à dix cors dans l'épisode célèbre de *Merlin en Romanie*. Il symbolise, soutient Fulcanelli, à la fois l'alchimiste et le mercure. N'oublions pas « combien les philosophes sont unanimes à déclarer que leur mercure [1] est l'unique matière de la pierre » (*Deux Logis alchimiques*, Pauvert éditeur).

L'homme des bois n'est pas absent de la vie de Charles VI. Il fait une brutale mais déterminante apparition. Le 5 août 1392. Tandis que le roi, pressé d'en découdre avec Jean IV de Montfort [2], marche à la tête de ses troupes en direction de la Bretagne. On traverse la forêt du Mans. Soudain un homme barbu, vêtu d'une cotte blanche, surgit des fourrés et saisit le cheval du roi par la bride. « Arrête, noble roi, tu es trahi ! » hurle l'étrange intervenant. Et il disparaît comme par enchantement.

Le roi tremble. La scène l'a visiblement secoué. Il poursuit néanmoins sa chevauchée, finit par s'assoupir. Puis il sort brutalement de sa torpeur, se met à hurler et à frapper de son épée les gens qui l'entourent :

— Avant, avant, sur les traîtres ! s'écrie-t-il.

Heureusement, il finit par se laisser désarmer. Après avoir, dit-on, tué quatre hommes. C'est sans connaissance qu'on le ramène au Mans. Rien, dès lors, ne pourra sauver Charles VI de la folie. L'homme des bois a jeté le brandon qui va allumer le Bal des Ardents. Comme le souligne Jean Markale : « Il demeure un mystère. Qui était cet homme ? Qui l'avait envoyé ? Était-ce simplement un illuminé ? Avait-il vraiment attendu ce moment pour prévenir le roi d'un complot qui n'existait pas, le duc de Bretagne était bien loin de là ? Et comment se fait-il qu'aucun des assistants n'ait pensé à le poursuivre et à savoir qui il était ? Ce " fantôme " est apparu d'un coup et a disparu de même, dans le mystère le plus complet. »

L'homme des bois a un terrible pouvoir. Celui de prophétiser. Il connaît la dure loi des cycles. Il est la voix du destin. Lorsque Vortigern, devenu roi à la place d'Uther Pendragon, se réfugie au Pays de Galles pour échapper aux Saxons, il ne parvient pas à faire ériger une forteresse au sommet du Mont Eriri : l'ouvrage s'enfonce dans le sol au fur et à mesure de sa

---
1. Que sait *congeler* Gilles de Rais !
2. Qui a tenté de faire assassiner le connétable Olivier de Clisson.

construction. Vortigern interroge donc ses mages sur l'attitude à adopter pour conjurer le mauvais sort. Les mages lui répondent de chercher un enfant *sans père* afin de mélanger son sang au mortier. Il s'agit, bien sûr, du jeune Merlin — l'enfant bâtard de la fille du roi des *Demetae*.

Selon les Annales de Cambrie, en 573, au cours d'une bataille opposant le roi breton Gwenddoleu à ses cousins Gwrgi et Peredur, Merlin voit le ciel tomber sur lui, *devient fou* et s'enfuit *dans une forêt*.

Merlin s'identifie à la divinité gauloise Cernunnos, aux longs bois de cerf, figurant sur le célèbre *Chaudron de Gundestrup*[1].

Merlin est le protecteur du roi Arthur. Le père de l'Ordre de la Table Ronde.

L'épée magique

Ceux qui ont « fabriqué » Jeanne la Pucelle et Gilles le Magicien connaissaient leurs classiques. Ils n'ont omis aucun détail. Ils n'ont rien laissé au hasard. Ou pas grand-chose.

L'homme des bois a apeuré le roi fou en pleine forêt du Mans.

Vortigern (Charles VII) a fait appel à l'enfant bâtard pour consolider son royaume en mélangeant son sang à la douce terre de France.

L'enfant bâtard (Jehanne) est de sang royal (comme le petit-fils du roi des *Demetae*). La Pucelle lit dans le grand livre du ciel et connaît l'avenir grâce à ses « voix ». Le gardien du cerf, hiérophante des Mystères célestes, veille sur elle. N'est-elle point fille du Bois-Chenu et de la Fontaine aux Rains ? N'est-elle point originaire de Domrémy ?

Domrémy qui vient de *domus* (le domicile) et de *Remii* (le saint évêque) ; Domrémy, littéralement *la demeure de saint Rémy* : vous savez l'évêque qui sacra le roi Clovis à Reims ? Clovis le païen converti au christianisme par sa femme Clotilde. Le jour du sacre, une colombe envoyée par le Saint-

---

1. Datant probablement du IIe siècle après J.-C. et conservé au musée de Copenhague.

Esprit n'est-elle pas venue apporter à Rémy la sainte ampoule renfermant l'huile divine servant, depuis, à oindre les rois de France ?

Partir de Domrémy — lorsqu'on est protégé comme Jeanne par l'archange saint Michel —, c'est nécessairement aboutir à Reims. Pour le sacre.

Avec un bel étendard.

Un magnifique champ de lys d'or rehaussé — selon la description de Lucien Fabre — du « Roy du Ciel en majesté ayant pour siège l'arc-en-ciel (les 7 rayons de la tradition, les 7 cycles de l'histoire humaine), tenant le globe d'une main, de l'autre bénissant ; devant lui, à droite et à gauche, les archanges Michel et Gabriel agenouillés lui présentaient des fleurs de lys. La devise de Jeanne, *Jhesu-Maria*, qu'on retrouve dans ses lettres et qu'elle avait fait graver sur cette bague de laiton qui lui fut donnée par sa mère et volée plus tard par Cauchon, était inscrite en lettres d'or sur la rude étoffe. Au revers, un écu : une colombe d'argent, sur champ d'azur, tenant dans le bec une banderole où on lisait : " De par le Roy du Ciel " (et avec la bénédiction de l'évêque Rémy) [1]. »

Saint Michel — auquel, face au bûcher, Gilles de Rais adresse une ultime prière — est le patron des chevaliers. Il a fait don aux moines de Saint-Gargan de sa tunique écarlate (*l'œuvre au rouge* des alchimistes) et d'un bloc de marbre comportant son empreinte (n'est-ce point au sage que revient l'honneur de façonner la *pierre* éternelle ?). A saint Aubert, il a fait don de son épée et de son bouclier...

Dans *La Normandie romanesque et merveilleuse* (Paris et Rouen, 1895), Amélie Bosquet relate : « Ces armes merveilleuses furent conservées religieusement, et, pendant un grand nombre de siècles, elles firent partie du reliquaire de l'abbaye, avec le crâne de saint Aubert, où l'on peut voir encore de nos jours l'ouverture faite par le doigt de l'archange. »

C'est par l'épée que saint Michel a triomphé de Satan (le Dragon) et mis fin à la terrible épidémie de peste sévissant à Rome sous le pontificat de Grégoire Ier.

L'épée de saint Michel est une arme magique.

Comme *Excalibur*, l'épée du roi Arthur, fichée jusqu'à la

---

1. Lucien Fabre, *Jeanne d'Arc*.

garde dans une enclume haute de plus d'un demi-pied. Ou *Marmiadoise*, conquise de haute lutte au duc Frolle, après avoir appartenu à Hercule et servi à conquérir la Toison d'or...

Celui qui parviendra, la veille de Noël, à s'emparer d'Excalibur sera roi, avait prophétisé Merlin, l'organisateur de la Quête du Graal.

Arthur y parvint et se vit remettre une couronne.

De même attribuait-on à Merlin cette ancienne prophétie : *des bois de Canut doit surgir une jeune fille pour bouter les Anglais hors de France.* En plein XVe siècle...

Et le poète Robert Blondel de préciser que cette jeune fille serait vierge.

Bien sûr elle aurait une épée. Magique.

Et les « voix » de se manifester. De faire connaître que l'arme destinée à Jeanne, la protégée de Merlin l'Enchanteur, était « une épée marquée de cinq croix en haut de la lame ; on devait la trouver ensevelie à fleur de terre derrière cette chapelle de Fierbois qui était consacrée à sainte Catherine. Un armurier tourangeau porta la lettre de la Pucelle renfermant les indications nécessaires à Richard Kyrthrizian et à frère Gilles Lecourt, gouverneurs de la chapelle, qui découvrirent l'épée au lieu indiqué. Elle était couverte d'une couche de rouille pulvérulente qui s'enleva aisément [1]. »

Cette épée avait appartenu à Du Guesclin qui l'avait léguée, à sa mort, à Louis d'Orléans.

Du Guesclin que Charles V — l'homme aux mandragores — avait élevé en 1369 à la dignité de connétable de France...

Du Guesclin, mort la même année que son roi. A la mémoire duquel Charles VI, après le couronnement d'Isabeau, commanda un service funèbre, en l'église de Saint-Denis, là où le connétable avait été enterré. Il y eut « très grand luminaire de cierges et de torches. Et étaient le connétable messire Olivier de Clisson, le maréchal de Sancerre, et huit autres tous vêtus de manteaux noirs, faisant le deuil ». L'évêque d'Auxerre fit l'éloge du « bon connétable » Du Guesclin.

Lequel Du Guesclin avait épousé, en premières noces, Tiphaine Raguenel, fille du seigneur Robert Raguenel, seigneur de Chastel-Oger...

---

[1] Lucien Fabre, *op. cit.*

Tiphaine Raguenel dont la beauté n'avait d'égale que l'intelligence. Qui se livrait à de savants calculs astrologiques. Qui prédisait les victoires de son mari. Qui était tenue en estime par les meilleurs astrologues de son temps, tels Jacques de Saint-André, chanoine de Tournai, et Maître André de Suilly, conseiller de Charles V.

Les mauvaises langues d'Avranches racontaient que Tiphaine Raguenel entretenait des rapports avec le diable et lui avait vendu son âme [1]. Mais les mauvaises langues racontent n'importe quoi. Pour Dom Thomas le Roy *(Curieuses Recherches)* : « Ceste Dame estoit dévocieuse à l'Archange saint Michel beaucoup (...). Ses occupations journalières le prouvent, car il est dit d'elle qu'elle estoit bien entendue à la philosophye et astronomie judiciaire, s'occupant à calculer et dresser des éphémérides et des jours fortunez et infortunez à son mary. »

Jeanne la Pucelle ne se montra point insensible au souvenir de Du Guesclin. Le 1ᵉʳ juin 1429, avant de partir à l'assaut de Jargeau, elle tint à faire parvenir un anneau d'or à la veuve du bon connétable [2].

Yolande d'Anjou

Ceux qui ont « lancé » Jeanne et Gilles ont mis tous les atouts de leur côté. Ils ont rallié une bonne partie de la noblesse. Du clergé. De la haute finance.

Ils ont séduit le bon peuple, grand consommateur de merveilleux, en lui offrant une petite « paysanne » visitée par des voix célestes. Ils ont contenté la Maison d'Orléans en faisant appel à la fille naturelle du défunt Louis. Ils n'ont pas mécontenté la Maison de Bourgogne en fabriquant un « secret » qui n'avait rien de secret pour Jean sans Peur.

Ils ont allégrement utilisé alchimistes, astrologues et devins. Ils se sont placés sous la protection de saint Michel. Et celle de la Vierge noire.

Sublimation de l'antique Isis, la Vierge noire n'assure-t-elle

---

1. Victor-Désiré Jacques, *Le Mont-Saint-Michel en poche*, 1877.
2. Laquelle n'était autre que Jehanne de Laval, grand-mère de Gilles de Rais...

Au cœur du mystère

point la jonction entre la Vierge sur le point d'enfanter du druidisme et la Vierge Marie du christianisme ? Pour les alchimistes médiévaux, la Vierge noire figure une opération de la « matière » — tirée généralement du mercure — et qu'on nomme « tête de corbeau ». C'est le Léton qu'il faut blanchir...

La Vierge noire du Puy-en-Velay[1] a été ramenée d'Égypte par Saint Louis. On vient de loin pour implorer sa protection.

En 1429, la fête de l'Annonciation coïncide avec le Vendredi saint. Événement exceptionnel qui draine au Puy, chaque fois qu'il se produit, trois à quatre cent mille pèlerins !

La « mère » de Jeanne d'Arc — Isabelle de Vouthon — se rend donc dans la capitale du Velay. Tandis que la Pucelle, depuis Chinon, envoie quelques-uns de ses compagnons faire un petit tour au même endroit. Et chacun de s'agenouiller au pied de la Vierge noire. Puis de désigner un certain frère Pasquerel, ermite de Saint-Augustin, du couvent de Bayeux, replié à Tours, pour être le chapelain de Jeanne...

Comme le souligne fort justement Emmanuel Bourassin : « Les mystérieuses coïncidences, qui entourent ces faits certifiés par Jean Pasquerel lui-même, ne seront sans doute jamais élucidées. »

Comme ne sera probablement jamais élucidé le rôle joué par le curé de Domrémy, un certain Dom Collin, lui aussi ermite de Saint-Augustin.

Ou le rôle du frère Richard, de l'ordre des Cordeliers, soi-disant venu de Jérusalem pour annoncer la naissance prochaine de l'Antéchrist et qui était... Bourguignon. Frère Richard prêchait, de longues heures durant, devant des milliers de personnes massées devant le charnier des Saints-Innocents. Puis l'envie lui prit de quitter Paris. De rejoindre la Bourgogne et la Champagne. D'entrer dans le parti de la Pucelle.

Notre Cordelier a, lui aussi, plus d'un tour dans son sac. Il a « fabriqué » Catherine de La Rochelle, bien vue de Charles VII (mais tenue en piètre estime par la Pucelle). Laquelle Catherine affirme recevoir les conseils d'une *dame blanche*, fée analogue à celle qui venait visiter messire Pierre Granier sous l'« abre » de bois chenu...

---

1. L'un des quatre lieux de rassemblement des pèlerins en route pour Saint-Jacques-de-Compostelle.

Gilles de Rais et Jacques Cœur

Mais la mystérieuse dame blanche de Catherine de La Rochelle ne saurait nous faire oublier une autre dame, de chair et d'os celle-là et infiniment plus agissante : Yolande d'Aragon, reine de Sicile, duchesse d'Anjou.

Née en 1379, fille du roi d'Aragon Jean Ier et de son épouse Yolande de Bar, mariée en 1401 à Louis II, duc d'Anjou, comte de Provence, roi de Naples et de Sicile, Yolande d'Anjou a cinq enfants et une passion : la politique.

C'est une femme-orchestre. Elle dispose d'appuis importants dans le camp bourguignon comme dans le camp armagnac. Le 5 février 1414, après un séjour à Paris, elle emmène avec elle Charles, comte de Ponthieu, son futur gendre. Hasard ? Calcul prémonitoire ? Le comte de Ponthieu n'occupe que la troisième place sur la liste des héritiers au trône de France. On l'a fiancé, le 18 décembre 1413, à la jeune Marie d'Anjou, qui n'a pas encore dix ans.

Charles est un garçon sans énergie, très influençable.

Il va se retrouver, grâce à sa belle-mère, en excellente position dans la course au trône. Son frère, le dauphin Louis, duc de Guyenne, meurt de dysenterie. Après avoir reçu une délégation bourguignonne. Et le 5 avril 1417, un an et demi après Louis, c'est au tour du nouveau dauphin Jean de passer l'arme à gauche. D'une otite suppurée, croit-on. Mais les mauvaises langues vont bon train. Elles parlent d'un empoisonnement. Comme pour Louis [1].

Et Jean Markale de s'interroger : « On est en droit de se poser certaines questions. Le plan de la reine de Sicile était-il minutieusement établi ? Pouvait-elle prévoir qu'elle mettait la main sur l'héritier du royaume ? (...) A-t-elle une responsabilité personnelle dans la mort des deux frères aînés de son gendre ? Autant de questions qui demeureront sans réponse, mais qui n'en sont pas moins troublantes... [2] »

Yolande adore agir dans l'ombre. Elle obtient le duché de Bar pour son fils René, le futur Roi René, en intriguant auprès du vieil évêque-duc de Bar alors sans héritier. Elle s'attire la bienveillante neutralité du duc de Lorraine en le précipitant

---
1. *Cf.* les chroniques de Monstrelet et d'Alain Chartier.
2. *Op. cit.*

Au cœur du mystère

entre les jambes d'une doctoresse ès sciences érotiques : la belle Alison du May qui ne tarde pas à « ensorceler » Charles II et à lui faire cinq bâtards. Le 20 mars 1419, Charles II, dit le Hardi, s'engage — par accord signé — à marier sa fille Isabelle, unique héritière légitime, avec René d'Anjou, déjà héritier du duc de Bar. L'ambition de Yolande et la sensualité d'Alison ont bien fait les choses : un jour prochain, le duché de Bar et le duché de Lorraine seront réunis sous une même couronne.

Le 20 octobre 1420, à Nancy, René d'Anjou (âgé de 11 ans) épouse Isabelle de Lorraine (âgée de 12 ans). En janvier 1428 — d'après les travaux de Régine Pernoud — une certaine Jeanne d'Arc est reçue, à Nancy, par Charles le Hardi, alors malade. La raison de l'entrevue ? Nous n'en savons rien. Mais Jeanne est reçue dignement par le duc et profite de son séjour nancéen pour « courir une lance [1] ». A tout seigneur tout honneur.

Domrémy dépend de la seigneurie de Vaucouleurs. Aux marches du Barrois et de la Lorraine. Or Vaucouleurs est un endroit stratégique, une plaque tournante de l'espionnage armagnac. Est-ce Charles II — via Alison du May — qui a donné au capitaine Robert de Baudricourt (sceptique vis-à-vis des « voix » de Jeanne) l'ordre de faire conduire la Pucelle, sous bonne escorte, à Chinon ?

Derrière Alison du May, nous le savons, se dissimule Yolande d'Anjou.

Comme se dissimule Yolande d'Anjou derrière Odette de Champdivers (maîtresse de Charles VI).

Comme se dissimule Yolande d'Anjou derrière la mystérieuse Dame de Giac (maîtresse de Jean sans Peur) qui pousse le duc de Bourgogne — malgré l'opposition de son astrologue personnel — à se rendre au rendez-vous du pont de Montereau [2] où il est assassiné : crâne défoncé et poing coupé à la manière de Louis d'Orléans.

Qui est l'assassin présumé de Jean sans Peur ? Un certain

---

1. La Pucelle récidivera peu après à Chinon. D'après d'Alençon : « Le roi étant allé à la promenade, Jeanne fit en sa présence une course lance en main. Ayant vu comme *elle avait bonne mine à courir et à porter la lance*, je lui fis don d'un cheval. » (Procès de réhabilitation.)
2. Le 10 septembre 1419.

Gilles de Rais et Jacques Cœur

Tanguy du Chastel. Et qui est Tanguy (ou Tanneguy) du Chastel ? L'homme de confiance de Yolande d'Anjou...

Mais n'est-ce point Yolande d'Anjou qui a « lancé » Gilles de Rais [1] ? Après avoir fait la fortune de son cousin La Trémoille ? C'est encore Yolande d'Anjou qui offre, en 1427, la lieutenance générale de son duché à Jean de Craon, grand-père de Gilles de Rais. C'est encore et toujours Yolande d'Anjou qui cause la chute du grand chambellan La Trémoille, en 1432, pour satisfaire les visées de son fils Charles d'Anjou.

Yolande d'Anjou qui a *pour gendre* un certain Jean V, duc de Bretagne... Yolande d'Anjou qui est dévalisée, toujours en 1432, à Ancenis, aux portes de l'Anjou, par les hommes d'armes d'un certain... Gilles de Rais !

Lequel Gilles de Rais est arrêté, en 1440, sur ordre de Jean V et jugé par l'évêque Malestroit, au service dudit Jean V, duc de Bretagne et gendre de l'inévitable Yolande d'Anjou...

La boucle serait-elle bouclée ? Pas tout à fait.

Le purgatoire

Revenons à la case départ. Chinon.

Ceux qui ont longuement « pensé » la geste de Jeanne et de Gilles, ceux qui ont réglé les apparitions de sainte Catherine, de saint Michel, ceux qui ont engrangé les survivances de la vieille tradition celtique ne pouvaient faire autrement. Il leur fallait recueillir implicitement l'héritage... Ou du moins le laisser supposer...

Quel héritage ? Celui de Merlin. Celui d'Arthur. Celui de l'ordre de la Table Ronde.

L'héritage du Temple éternel.

Ils ont donc choisi Chinon. Parce que c'est à Chinon que la cour se trouve en mars 1429. Les « politiques » sont à Chinon : derrière Yolande d'Anjou et La Trémoille. Les « religieux » sont à Chinon : derrière Gérard Machet et Regnault de Char-

---

[1]. Gilles a reconnu lors de son procès avoir été initié à l'alchimie par un mystérieux chevalier d'Anjou, indication géographique ou politique (Maison d'Anjou) ?

Au cœur du mystère

tres. Les « magiciens » sont à Chinon : derrière Gilles de Rais.
La triple union se réalise.
Pouvoir. Religion. Magie.
Soufre. Sel. Mercure.
L'épée de saint Michel. Les chapelles érigées en l'honneur de saint Michel. Les apparitions de saint Michel.
Chacun y trouve son compte. Pour l'instant.
La Pucelle est donc reçue à Chinon. Et à l'issue de son entretien avec Charles VII que se passe-t-il ? La visiteuse se voit offrir pour lieu de résidence la « Tour des Templiers » du château du Coudray. Elle prend ses quartiers dans la tour où Jacques de Molay et ses frères, à l'aube du XIVe siècle, ont été emprisonnés : le *donjon*, ou *Tour pavée*, magnifique construction cylindrique comportant trois étages reliés par des escaliers disposés en chicane, dans laquelle on pénètre par une porte en tiers-point située au troisième étage, au niveau de la courtine sud.

C'est dans cette tour que se trouvent les fameux *graffiti de Chinon* sur lesquels on a tant épilogué. Graffiti constituant, selon le regretté Eugène Canseliet, le testament hermétique du Temple...

Une chose est certaine : ceux qui ont « lancé » Jeanne auraient voulu donner de leur protégée l'image de légataire universelle du Temple qu'ils ne s'y seraient point pris autrement !

N'oublions pas que Jeanne dialogue avec le ciel. N'oublions pas qu'elle est la confidente privilégiée de saint Michel et qu'elle s'y connaît en « signes »...

Jeanne est venue parachever l'œuvre de l'homme des bois. Et l'œuvre de l'homme des bois passe par Arthur, père de l'Ordre de la Table Ronde (qui a pour vocation de garder le Graal).

Et il n'y a pas loin du *Rameau Rouge* irlandais à l'Ordre de la Table Ronde du roi Arthur. Et de l'Ordre de la Table Ronde à l'*Ordre du Temple*...

Jusqu'à Georges Bordonove qui ne craint pas devoir souligner en son beau livre *Les Templiers*[1] : « A propos de Jeanne d'Arc, une tradition familiale, solide, constante, inédite, m'a été rapportée. (...) Au sacre de Charles VII à Reims, parmi les bannières qui flottaient sur l'autel, apparut soudainement déroulé

---

1. Éditions Fayard, Paris, 1977.

Gilles de Rais et Jacques Cœur

le Baussant [1] du Temple. Un certain Jehan de Foucauld le portait, et, pour que cela fût plus explicite, se tenait aux côtés de Jeanne. A la suite de quoi, la sainte fut prise par trahison, abandonnée par Charles VII et condamnée par l'évêque de Rouen. Ainsi la punissait-on d'avoir reçu l'aide clandestine des Templiers. »

Disons que la triple union a éclaté...

Les « politiques » ont emporté la plus grosse part du gâteau. Les « religieux » ont suivi les politiques. Les religieux ont la fâcheuse manie de suivre les politiques. Et cela ne date pas d'hier, cela date de l'empereur Constantin.

Les « magiciens » ont perdu la partie.

L'archange saint Michel peut ranger son glaive. Sainte Catherine peut retourner dans l'au-delà ou aller deviser avec les moineaux de l'Arbre aux fées.

La fontaine aux Rains ne remplacera jamais celle de Barenton.

Bois-Chenu ne deviendra jamais Brocéliande.

Le Temple ne revivra pas. Son « souffle » n'animera aucune statue d'argile. La rose de Chinon a duré ce que durent les roses. Le beau rêve de Jeanne et de Gilles va s'achever en cauchemar...

Les politiques à la solde de Yolande d'Anjou ont tout prévu. Ils ont leur plan. Et ce plan — c'est une vieille habitude chez les politiques —, ils vont charger les religieux d'en exécuter la phase finale.

Come-back

Jeanne est faite prisonnière — après la trahison de Compiègne — et livrée aux Anglais. On trouve ceci dans tous les bons livres d'histoire.

Elle est jugée par l'infâme évêque Cauchon. Pour crimes d'hérésie et de sorcellerie. Elle est livrée au bûcher le 30 mai 1431.

Les politiques se débarrassent d'une magicienne devenue

---

1. Ou Beauçant.

Au cœur du mystère

encombrante après la consolidation du trône de Charles VII. Les religieux — qui font feu de tout bois — la récupèrent : ils vont bientôt installer sa statue dans leurs chapelles, dans leurs églises, dans leurs cathédrales. Il n'y a pas de petits profits.

Gilles quitte la cour après la disgrâce de son cousin La Trémoille.

Gilles a un gros handicap : il est fidèle en amitié. Il est respectueux de la parole donnée. Il ne transige pas avec son idéal. Autant de vertus qui sont — aujourd'hui encore — considérées comme de véritables tares par les « politiques ». Réalisme oblige.

Gilles retourne sur ses terres. Il guerroie un peu. Par habitude. Il se livre à l'alchimie. Il n'est pas le seul. De grands seigneurs se passionnent pour l'art d'Hermès. Par cupidité, par mode ou par idéal. C'est ainsi depuis des millénaires. Ainsi l'empereur Wu Ti de la dynastie Han fait-il grand cas des conseils du magicien Li Chao-kiun : « Sacrifiez au fourneau et vous pourrez faire venir ces êtres[1] ; lorsque vous aurez fait venir ces êtres, la poudre de cinabre pourra être transmuée en or jaune (...) et alors vous aurez une longévité prolongée. Lorsque votre longévité sera prolongée, vous pourrez voir les bienheureux de l'île P'ong-lai qui est au milieu des mers. Quand vous les aurez vus, et que vous aurez fait les sacrifices *fong* et *chan*, alors vous ne mourrez pas. » (Sse-ma-Ts'ien, vol. III, p. 465).

Le roi de Castille Alphonse X (dit le Savant) — avant de mourir en 1284 — consigne l'essentiel de ses recherches hermétiques dans un traité d'excellente facture : *La Clef de la sagesse*. Frédéric II de Hohenstaufen protège et finance les travaux de l'alchimiste et magicien Michel Scot. L'adepte Raymond Lulle[2] écrit au roi d'Angleterre Édouard VI : « Vous avez vu, Sire, la projection merveilleuse que j'ai faite à Londres avec l'eau de mercure que j'ai jetée sur le cristal d'un diamant très fin, vous en fîtes faire de petites colonnes pour un tabernacle. »

Gilles accueille, lui aussi, des alchimistes sur ses terres. Il les fait venir de France, de Navarre, de Lombardie. Il les loge, les

---
1. Suprahumains.
2. Auquel on doit, entre autres, la découverte du carbonate de potasse et de l'acétone.

habille, les nourrit, leur donne de belles pièces d'or. Ce sont ses *fous de cour*...

Il n'est pas dupe des beuveries de Jean de La Rivière, des simagrées de François Prelati. Gilles a une solide connaissance de l'alchimie pratique ; n'oublions pas qu'il sait congeler le mercure. Il n'ignore pas que les pseudo-mages qui l'entourent sont des farfelus, des incapables, moitié truands, moitié voleurs. Mais ces gens-là ont le don de l'amuser. Gilles est un provocateur.

Il s'entoure de charlatans mais aussi de choristes distingués. Il a fondé une collégiale en faveur des Saints Innocents. Il est entouré d'une nuée de petits chanteurs. Il est assisté d'un doyen, d'un archidiacre, d'un vicaire, d'un écolâtre, d'un trésorier, de chanoines, de chapelains, de coadjuteurs, de clercs tonsurés, tous chamarrés d'or. Il oblige ses chanoines à porter la *cappa magna* qui les rend « plus semblables à un synode d'évêques qu'à une assemblée de chanoines ».

Dom Lobineau n'en revient pas : « Il paioit aux uns quatre cents écus, aux autres trois cents ; les nourrissoit tous, et les entretenoit de grands habits d'écarlatte, fourrez de petit gris et de menu-vair. »

L'abbé Bossard se signe. Tous ces encensoirs, plats, calices, ciboires, patènes, reliquaires « s'adressaient uniquement aux yeux ; un orgueil effroyable les avait enfantés ; et il n'y avait dans tout cet étalage d'or, d'argent, de lumières, de chants, de vêtements et de fourrures, que gloriole et vanité ».

Le sire de Rais est un provocateur.

Mal vu des politiques. Haï des religieux.

Il n'en fait qu'à sa tête.

Il dépense sans compter. Il brade ses terres, hypothèque ses châteaux. Il finit par perdre 80 000 écus d'or à monter le *Mystère du siège d'Orléans* en souvenir de la Pucelle. Un spectacle grandiose. Cent quarante personnages (sans compter les figurants). Des décors somptueux. Des costumes éblouissants.

Un rappel intolérable pour les amis de Yolande d'Anjou...

Et tandis que Gilles multiplie les provocations, Jehanne la Pucelle[1] « ressuscite » aux environs de Metz ! C'est du moins

---

1. Emprisonnée durant neuf mois après avoir échappé au bûcher de Rouen, selon l'historien anglais William Caxton (*Chroniques of England*, 1480).

Au cœur du mystère

ce qu'affirme la *Chronique* de Philippe de Vigneules — mémorialiste messin du début du XVIe siècle : « Le dimanche 20e jour de mai 1436, une fille appelée Claude, estant en habits de femme, fut manifestée pour Jehanne la Pucelle, et fut trouvée en un lieu près de Metz nommé la Grange-aux-Hormes, et y furent les deux frères de ladite Jehanne, qui certifièrent que c'était elle. »

Et la *Chronique messine du doyen de Saint-Thiébaut* (même époque) de confirmer : « Icelle année, le vingtième jour de mai, la Pucelle Jehanne, qui avait été en France, vint à la Grange-aux-Hormes près de Saint-Privey, et y fut amenée pour parler à quelques-uns des seigneurs de Metz, et se faisoit appeler Claude (...). Et le même jour vinrent la voir ses deux frères, dont l'un était chevalier et se faisait appeler Messire Pierre, et l'autre Petit Jehan était écuyer. Et ils croyaient qu'elle avait été arse [1]. Et quand ils la virent, *ils la reconnurent*, et ainsi fit-elle d'eux. »

Jean d'Arc est écuyer. Pierre d'Arc est en passe de devenir bailli de Vermandois, capitaine-châtelain de Vaucouleurs (après la mutation de Robert de Baudricourt nommé bailli de Chaumont-en-Bassigny). En attendant, toujours selon le doyen de Saint-Thiébaut : « Le lundi 21e de mai, ils amenèrent leur sœur à Bacquillon, et là, le sire Nicolas Louve, chevalier, lui donna un roussin d'un prix de trente francs, et une paire de houzeaux. Et le seigneur Aubert Boulay un chaperon, et le sire Nicolas Grongnait une épée. »

Qui est Nicolas Louve ? Un notable. Conseiller et chambellan du duc de Bourgogne Philippe le Bon. Il a été, à Reims, adoubé chevalier par Charles VII à l'issue de la cérémonie du sacre (à la demande de Jeanne). Aubert Boulay ? Maître échevin de la ville de Metz. Nicolas Grongnait ? Gouverneur de la ville.

La Pucelle va se remettre à voyager. En août 1439, elle séjourne à Orléans, la ville qu'elle a jadis si bellement libérée. Les *Comptes de forteresse* de la ville d'Orléans mentionnent :

« *9 août* : A Pierre Boratin et Jean Bambachelier, pour bailler à Fleur-de-Lys [2], héraut d'armes, pour don à lui fait :

---

1. Brûlée.
2. Au service de la Pucelle dès 1429.

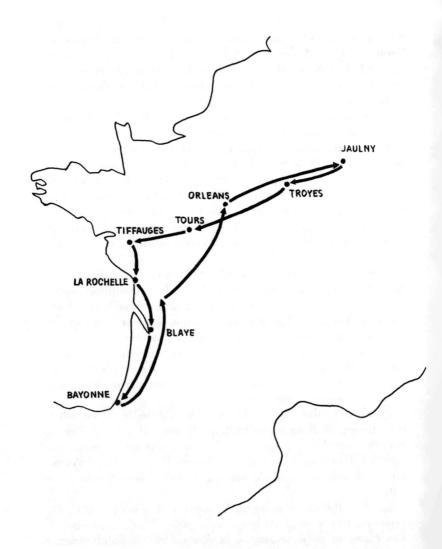

CAMPAGNE DE JEANNE D'ARC
1437-1439

Au cœur du mystère

2 réaux d'or pour ce qu'il avait apporté des lettres à la ville de par Jeanne la Pucelle. »

« *21 août* : Pour bailler à Jean du Lys, frère de la Pucelle, pour don à lui fait, la somme de 12 livres tournois, pour ce que ledit frère de ladite Pucelle vint en la Chambre de la ville requérir aux procureurs de ladite ville qu'ils veuillent l'aider d'un peu d'argent pour s'en retourner vers sa dite sœur. Disant qu'il venait de devers le Roi, et que le Roi lui avait ordonné cent francs, et commandé qu'on les lui donnât, ce qu'on ne fit pas, et ne lui furent baillés que vingt. Et ne lui resta que huit francs, ce qui était peu de chose pour s'en retourner. »

Jeanne finit par rencontrer le roi. A la fin septembre 1439. L'entrevue se déroule dans le jardin de Jacques Boucher, intendant de la ville d'Orléans. Guillaume Gouffier, seigneur de Boisy et chambellan de Charles VII assiste à la scène. Son maître se tient « en un jardin, sous une grande treille », précise-t-il.

Moment d'émotion, comme dix ans auparavant à Chinon. « Jeanne vint droit au roi, ce dont il fut ébahi et ne sut que dire, sinon en la saluant bien doucement lui dit : " Pucelle ma mie, vous, soyez la très bien revenue, au nom de Dieu qui sait le secret qui est entre vous et moi... " Alors, miraculeusement, après avoir ouï ce seul mot, se mit à genoux cette fausse pucelle. »

Les historiens conventionnels — attachés à l'image de la petite bergère aux blancs moutons disposant d'une auréole inoxydable — ont sauté sur l'occasion. Ils n'ont voulu retenir du récit de Guillaume Gouffier que deux mots : *fausse pucelle*. L'occasion rêvée.

Ils se sont trompés de cible. La hargne sélective est mauvaise conseillère. L'entrevue ménagée par Jacques Boucher — vraisemblablement à l'instigation de Nicolas Louve [1], Aubert Boulay, Nicolas Grongnait et Pierre du Lys — joue à elle seule en faveur de l'authenticité de Jeanne.

Comment imaginer un seul instant que des notables orléanais — et les propres frères de la Pucelle — aient pu se prêter à une farce d'aussi mauvais goût, à un aussi grand canular ? Comment imaginer un seul instant que les frères de la Pucelle

---

1. Futur chambellan de Charles VII.

— dont le crédit ira désormais grandissant [1] — aient pu se laisser abuser par une mystificatrice ? Comment imaginer un seul instant que Charles VII ait pu tomber dans un piège aussi grossier ?

Relisons attentivement le compte rendu laissé par le sire de Boisy. La visiteuse est appelée *Jeanne*. Le roi reste confondu à sa vue, la salue *bien doucement*, l'appelle *ma mie*, annonce qu'elle est la *très bien revenue* et rappelle *le secret* qui les lie tous deux au nom de Dieu...

L'appellation « fausse pucelle » est démentie par le certificat d'authenticité que vient de délivrer le roi à l'inattendue et très bien revenue...

Alors, dira-t-on, pourquoi cette appellation ? Tout simplement parce que — dans l'esprit de Guillaume Gouffier — celle que le roi vient d'appeler « Pucelle ma mie » n'a guère droit à ce titre. Pucelle, elle ne l'est plus la visiteuse ! Nenni ! Et depuis quand ? Depuis son *mariage*, quelques années plus tôt, avec Robert des Armoises [2], chevalier, seigneur de Tichémont... Car les femmes mariées, comme chacun sait, ont pour habitude, la nuit de leurs noces, de perdre leur virginité...

Guillaume Gouffier ne résiste pas au plaisir de rappeler, discrètement, ce processus naturel. Qui fait rire, depuis toujours, les conscrits. C'est son côté « corps de garde » à Guillaume Gouffier. Son côté « macho ». Tout bêtement.

Après l'entrevue chez Jacques Boucher, Jeanne, ex-Pucelle d'Orléans devenue Dame des Armoises par son mariage avec le chevalier Robert, reste à Orléans. Si elle avait été la mystificatrice que les historiens intégristes — dont on peut regretter le manque d'humour — nous dépeignent, n'aurait-elle pas été incontinent arrêtée et jetée dans un cul-de-basse-fosse ? N'oublions pas que nous sommes à Orléans. La ville que Jeanne, dix ans plus tôt, a arrachée aux Anglais. L'outrage n'en eût été que plus durement ressenti. Immanquablement.

Or les *Comptes de forteresse* mentionnent (douze mois plus tard), le 4 septembre 1440, qu'un vin d'honneur a été offert à

---

1. Comme celui de Nicolas Louve.
2. Un acte de vente (comportant signature des témoins et des notaires) daté du 7 novembre 1436 et attestant le mariage de Jeanne avec Robert des Armoises a été reproduit dans l'ouvrage *Drames et secrets de l'histoire* de R. Ambelain paru, en 1981, chez le même éditeur.

Au cœur du mystère

« la Dame Jehanne des Armoises ». Tandis que son ami Gilles de Rais est incarcéré à Nantes.
Mais Gilles ne se soucie guère des vins d'honneur offerts par l'échevinage orléanais à Jeanne la libératrice...
Gilles est aux prises avec le sinistre évêque Malestroit. Et il joue sa tête.

Toutes voiles dehors

Que s'est-il passé entre septembre 1439 et septembre 1440 ? Beaucoup de choses. Les « religieux » ont tracé les grandes lignes du plan inspiré par les « politiques ». Du côté de Machecoul, de Saint-Clément, de Notre-Dame-de-Nantes, des bruits ont circulé. Les Jean Ferot, Guillaume Jacob, Perrin Blanchet, Thomas Beauvis, Eonnet Jean, Denis de Lemion ont entendu dire[1] que le sire de Rais et ses gens « prenaient et faisaient prendre des enfants pour les tuer et que, sur ce point, il y a a clameur publique ». Tandis que Nicole Bonnereau, Jeanne Prieur et l'épouse de Mathis Ernaut, à partir de mai 1440, « ont communément entendu dire que le sire de Rais et les siens faisaient pendre et tuer de petits enfants ».
En septembre 1439, la Dame des Armoises faisait la révérence à Charles VII. Le roi apprenait ainsi — à défaut d'avoir la confirmation des rapports que ses espions auraient dû lui adresser — que sa demi-sœur *avait échappé au bûcher de Rouen*. Vraisemblablement grâce à la complicité de l'évêque Cauchon, l'ancien secrétaire de la reine Isabeau de Bavière[2].
Nous comprenons mieux, dès lors, le curieux comportement adopté par l'évêque Cauchon tout au long de l'instruction et du procès de Jeanne[3]. Un Cauchon avant tout soucieux d'arra-

---

1. Dès septembre 1439.
2. Un manuscrit dit du *British Museum* mentionne : « Finalement la (Pucelle) firent ardre publiquement *ou autre femme en semblance d'elle*, de quoi moult de gens ont été et encore sont de diverses opinions. » (Bibliothèque de l'École des Chartes — T-2-2º).
3. Pour Pierre de Sermoise, c'est grâce à la complicité de l'évêque Cauchon que Jeanne put s'échapper du château de Rouen et trouver refuge au château de Montrottier (Savoie). Il s'en explique clairement dans *Les Missions secrètes de Jeanne la Pucelle* (Robert Laffont).

cher la Pucelle aux griffes de l'Université de Paris (farouchement pro-anglaise) et provoquant le courroux du régent Bedford et de ses sbires.

Nous comprenons mieux, du même coup, la curieuse attitude observée par le juge Jehan de La Fontaine. Un Jehan de La Fontaine qui dictait pratiquement à la Pucelle les réponses qu'elle devait fournir au tribunal. Des réponses éminemment favorables à l'accusée. Tellement que le juge La Fontaine finit par s'attirer l'hostilité des Anglais et fut contraint de filer, un matin, sans demander son reste. Trop, c'est trop.

Précisons que Jehan de La Fontaine allait devenir, en 1431, prévôt de Valenciennes. Nous nous sommes intéressés à lui dans *La Flandre insolite*[1]. On lui doit un traité hermétique qui fait autorité : *La Fontaine des amoureux de science...*

La Fontaine était alchimiste. Un « magicien »...

Mais revenons en septembre 1439. A Orléans. Le dernier jour du mois. Devant Charles VII, la reine de France Marie d'Anjou, la reine Yolande d'Anjou-Sicile et la cour de France au grand complet, Gilles de Rais fait représenter son fameux *Mystère du siège d'Orléans*.

Des « politiques » applaudissent les 600 personnes — comédiens et figurants — occupés à célébrer les exploits de celle que Charles VII a rencontrée, quelques jours plus tôt, dans le jardin de maître Boucher. Mais le cœur n'y est pas. Les politiques enragent. Ils ne goûtent guère les tirades de Gilles de Rais. Du genre :

> « Aussy, moy, dame, ne doubtez ;
> Faire vueil ce qui vous plaira ;
> Mes alliez et depputez,
> Dame, sachez, *tout y vendra*
> Et vostre voloir on fera
> Du tout en tout à vostre guise
> Et *quand vouldrez on partira,*
> En faisant à vostre devise. »

Vendre ? Gilles de Rais ne fait plus que ça ! Il vend ses terres, ses collections, hypothèque ses châteaux. Il évacue,

---
1. Même collection.

Au cœur du mystère

cède, brade, concède *comme s'il devait partir pour ne plus jamais revenir!*

L'évêque Malestroit et le duc Jean V en savent quelque chose... Eux qui rachètent ses terres pour trois fois rien... En bons « magouilleurs »... En bons prévaricateurs...

Partir Gilles ?
Mais pour où ?
C'est là son secret.

Un secret auquel il ne survivra pas. Un secret qu'il résumera en ces termes à Pierre de L'Hospital, le vendredi 21 octobre 1440 : « Il n'y avoit autre cause, fin, ni intencion que ce que je vous ay dit : je vous ay dit de plus grans chose que n'est cest cy, et *assez pour faire mourir dix mille hommes!* »

Un secret qui part de La Rochelle. Toutes voiles dehors. Une « grans chose » que jalousent les politiques. Une « intencion » que les magiciens veulent transformer en acte...

Un projet qui touche à l'économie, à la politique, à l'occulte...

Qu'il nous faut essayer de retrouver sans en avoir les moyens. En mêlant la logique à l'intuition, en lisant entre les lignes, en comparant ce qui n'est pas toujours comparable. Mais en gardant la tête froide !

Comme dans cinq siècles les historiens non conformistes auront besoin de conserver la tête froide pour se pencher sur l'une des plus grosses « affaires » que notre XXe siècle finissant ait connue. Une affaire aux multiples rebondissements, compliquée en diable, aux imbrications inavouées. Une affaire où ne manquent ni politiques, ni religieux, ni (faux) magiciens : le scandale de la loge maçonnique P2 ou *Propaganda 2*[1]. Nos historiens de l'immédiat, nos journalistes n'en ont pas dit grand-chose. Les documents essentiels font cruellement défaut. Et, sans être prophètes, gageons que dans cinq siècles les historiens conventionnels pousseront de hauts cris lorsqu'il s'agira d'exhumer l'affaire sans tenir compte des garde-fous habituels.

D'une certaine manière, le XVe siècle a eu, lui aussi, son scandale de la P2 en l'affaire Gilles de Rais.

---

1. Dépendant du Grand-Orient d'Italie.

Gilles de Rais et Jacques Cœur

La fille de La Rochelle

Revenons en 1436. Et en 1437.

Comme l'écrit Roland Villeneuve : Gilles de Rais « fut un des premiers à soutenir Jeanne des Armoises »...

Que fait Jeanne ? Elle se trouve près de La Rochelle. C'est du moins ce qu'affirme la *Chronique de Don Alvaro de Luna*[1] : « La Pucelle de France étant auprès de La Rochelle, il se passa un fait de grande importance.

« Elle écrivit au roi (d'Espagne) et lui envoya son ambassadeur, avec ceux que le roi (de France) expédia d'autre part, le suppliant de lui envoyer quelques navires de l'armada, comme sa seigneurie était tenue de le faire, conformément à la Confédération qu'il y avait entre sa seigneurie et le roi de France... »

Le connétable Alvaro de Luna s'empressa de répondre favorablement à cette étrange requête. Sur ordre de Jean II, roi de Castille, « il fit équiper vingt-cinq navires et quinze caravelles, les meilleures qu'on put trouver, et armées de la meilleure manière (...) et, comme la flotte était prête, les ambassadeurs *s'en allèrent à la cour du roi contents et joyeux* ».

Or, apparemment, ces vingt-cinq navires et quinze caravelles ne quittèrent jamais l'Espagne. Ils ne mouillèrent jamais dans le port de La Rochelle.

Que se passa-t-il après le départ des ambassadeurs ?

Jean II posa-t-il des conditions nouvelles inacceptables ? Charles VII lâcha-t-il, une fois de plus, sa demi-sœur ?

Qui dit Charles VII dit Yolande d'Anjou... Ne l'oublions pas [2].

Le pacte devant de nouveau unir politiques et magiciens n'aboutit point. Qui fut responsable de la rupture ? Celui qui tenait les rênes du pouvoir, probablement. En ces temps d'après-guerre, seul un souverain peut disposer — par le truchement d'accords diplomatiques ou par autofinancement — d'une flotte digne de ce nom...

---

1. Écrite entre 1460 et 1562 (date de son impression à Burgos) selon Quicherat. Un exemplaire de l'édition de 1784 figure à la Bibliothèque Nationale.
2. La reine Yolande était avant tout une « politique ». Le bon roi René, son fils, était un mélange de « politique » et de « magicien ». L'intérêt qu'il montra, en maintes circonstances, envers l'alchimie et les alchimistes n'est pas sérieusement contestable.

Au cœur du mystère

C'est Jeanne, dès sa réapparition, qui est à l'origine du projet. La *Chronique de Don Alvaro de Luna* l'indique clairement. Et si ce projet échoue, ce n'est apparemment ni la faute de l'instigatrice ni celle du roi de Castille qui fait aussitôt équiper les navires demandés...

Échaudés par le comportement précédent des politiques, les magiciens ont, selon toute vraisemblance, choisi de radicaliser leur position. De mener, *seuls*, leur projet à terme. D'acheter et d'équiper les navires nécessaires à l'expédition projetée. De partir à la (re)découverte d'horizons lointains.

Quels horizons ?

Vraisemblablement ceux que les dignitaires templiers emprisonnés à Chinon — et leurs prédécesseurs — connaissaient. Le Pérou. Le Mexique. Des horizons « juteux ». Comme l'avait compris Jean de La Varende : « Les Templiers allaient régulièrement en Amérique d'où ils rapportaient, des mines qu'ils y faisaient exploiter, non de l'or, mais de l'argent... à cause de quoi le peuple disait qu'ils avaient de l'argent [1] ».

Ce n'est bien sûr qu'une hypothèse et nous nous excusons de ne pouvoir mieux faire. Mais une chose est sûre : ce n'est pas pour aller pêcher le merlan ou la sardine que la Dame des Armoises et son ami Gilles de Rais souhaitaient obtenir vingt-cinq navires et quinze caravelles !

Dans *Les Mystères templiers* (Robert Laffont, 1967), Louis Charpentier a montré l'importance que revêtait, pour le Temple, le port de La Rochelle et s'est interrogé sur les sources de financement des cathédrales gothiques « commandées » aux compagnons-bâtisseurs par les Blancs Manteaux.

Dans *Les Templiers en Amérique*[2], Jacques de Mahieu a suivi l'itinéraire emprunté par les moines-soldats. D'après lui : « Après un séjour à Tullán, l'ancienne capitale des Toltèques — mais peut-être ne faut-il voir dans cette étape que la conséquence de l'assimilation, par les traditions indigènes, des nouveaux venus aux Européens du Xe siècle —, les Templiers s'installèrent à Chalco où ils reçurent — en 1304, d'après Chimalpáhin ; en 1307, date de la dissolution de l'Ordre, en réalité — un nouveau contingent de frères qui venaient de toucher terre

---

1. *Les Gentilshommes*, Paris, 1955.
2. Robert Laffont, 1981.

Gilles de Rais et Jacques Cœur

à Panutlán, le Pánuco d'aujourd'hui. Des hommes s'embarquèrent en France, dont on ne sait où ils allèrent ; des hommes débarquèrent au Mexique, à la même époque, dont on ne sait d'où ils venaient : la conclusion s'impose d'elle-même. Si les archives du Temple furent bien chargées à La Rochelle, comme tout semble l'indiquer, sur les navires de la flotte atlantique de l'Ordre, c'est à Chalco qu'elles furent mises à l'abri. Dans ce cas, que sont-elles devenues ? (...) Nous l'ignorons. »

La Dame des Armoises et Gilles de Rais caressaient-ils le (fol) projet de se lancer à la recherche des « colonies » templières, de récupérer les archives et trésors des Blancs Manteaux ?

Les politiques — contactés pour monter et financer l'expédition — souhaitaient-ils récupérer et réexploiter les concessions minières des gens du Temple ?

Par quel processus ce dualisme intentionnel devait-il dégénérer en nouveau conflit entre magiciens et politiques ? Impossible de répondre. Mais l'idée de la découverte du Nouveau-Monde était dans l'air. Elle devait être récupérée, quelques dizaines d'années plus tard, par les Diego Cam, Bartolomé Diaz, José Vidago, Antônio Leme et Christophe Colomb...

De même, en 1507, devait-on voir publier par le Gymnase vosgien une carte situant très exactement le continent « inconnu » : Amérique du Nord (réduite au Vinland) et Amérique du Sud, très complète (avec le détroit). Cette carte avait été fournie par René II de Vaudémont, duc de Bar et de Lorraine, roi *in partibus infidelium* de Jérusalem et de Sicile, lequel l'avait probablement extraite d'archives familiales...

Or René II, duc de Bar et de Lorraine, descendait comme chacun sait de Yolande d'Anjou...

Aurions-nous, cette fois, bouclé la boucle ?

Rideau

Pas encore.

Il nous faut revenir à Nantes, le 21 octobre 1440. Il nous faut regarder tristement derrière le rideau de flammes hautes se consumer le corps de Gilles de Rais. Ou sourire et se signer avec le duc Jean V et l'évêque Malestroit.

Au cœur du mystère

Gilles a quitté définitivement la scène. Après une ultime prière afin « qu'au moment où son âme serait séparée de son corps il plût à Monseigneur saint Michel de la recevoir et de la présenter devant Dieu ».

Entre-temps a été perdue la trace de la Dame des Armoises. Robert Ambelain[1] souligne : « A partir du moment où Jeanne quitte ses amis d'Orléans, qu'elle ne reverra plus, soit le 4 septembre 1440, nous ne trouvons plus aucun document de *source officielle* » pour nous renseigner sur le devenir de la compagne du sire de Rais.

Le *Mystère du siège d'Orléans* a vécu. Les politiques ont obtenu un joli succès. Mais le théâtre — la vie — continue...

Pour un acteur qui sort côté jardin, un acteur entre côté cour. Le rideau qui vient de tomber sur Gilles de Rais va se lever sur Jacques Cœur.

---

1. *Op. cit.*

LIVRE II

« La trahison s'assied à nos banquets, elle brille en nos coupes, elle porte la barbe de nos conseillers, affecte le sourire de nos courtisans et la gaieté maligne de nos bouffons. »

Walter Scott.

I

PANORAMA

Le prince des marchands

Le 29 mai 1453, Guillaume de Jouvenel des Ursins, chancelier de France, donne lecture (au château de Lusignan où séjourne la cour de Charles VII) de la sentence clôturant le procès intenté à Jacques Cœur, ex-argentier du roi :

« Charles, par la grâce de Dieu, roi de France, à tous ceux qui liront ces présentes lettres, salut. Comme après le décès de feue damoiselle Agnès Sorel, la commune renommée fut qu'elle avait été empoisonnée et par cette renommée Jacques Cœur, alors notre conseiller et argentier, en eût été soupçonné ; ainsi que d'avoir fourni des harnais aux Sarrasins, nos anciens ennemis de la foi chrétienne ; que certains de nos sujets nous eussent fait plusieurs grandes plaintes et réclamations au sujet dudit Cœur, disant que ledit Jacques Cœur avait fait plusieurs grandes concussions et exactions dans notre pays du Languedoc et sur nos sujets ; d'avoir transporté ou fait transporter chez les Sarrasins, par ses gens facteurs et serviteurs, sur ses galées, de grandes quantités d'argent blanc, et tellement qu'il en avait ainsi dénué notre pays du Languedoc. C'est pourquoi nous avions ordonné que des informations soient ouvertes par certains de nos gens et officiers ; celles-ci étant faites et rapportées par-devant nous, pour pouvoir ordonner ainsi que faire se devait par raison...

« Nous faisons savoir que, vu lesdits procès et confessions

Gilles de Rais et Jacques Cœur

de Jacques Cœur et tout ce que pour la justification et la décharge de ce Jacques Cœur a été produit par-devant nos commissaires, et vu et considéré tout ce que faisait voir et considérer cette partie et après avoir eu une grande et mûre délibération de Conseil, avons, par notre arrêt, jugement et à droit, dit et déclaré, disons et déclarons que ledit Jacques Cœur est coupable des crimes de concussions et d'exactions de nos finances, de nos pays et de nos sujets, de transport de grande quantité d'argent aux Sarrasins, ennemis de la foi chrétienne et de nous-même, de transport de billons d'or et d'argent en grande quantité hors de notre royaume, de transgression des ordonnances royales, de crime de lèse-majesté et d'autres crimes et parce qu'il a commis et forfait envers nous, corps et biens.

« Toutefois, pour certains services à nous rendus par ledit Jacques Cœur et en considération et faveur de notre Saint-Père le Pape qui a pour lui requis et fait faire requête et pour d'autres causes et considérations, nous avons remis et remettons audit Jacques Cœur la peine de mort, l'avons privé et déclaré inhabile pour toujours à remplir tout office royal ou public ; avons condamné et condamnons ledit Jacques Cœur à nous faire amende honorable devant la personne de notre procureur, nue tête, sans chaperon et ceinture, à genoux, tenant en ses mains une torche allumée de dix livres de cire, en disant que, mauvaisement, indûment et contre raison, il a envoyé et fait présent d'harnais et d'armes au Soudan... aussi d'avoir fait rendre aux Sarrasins ledit enfant[1] et fait mener et transporter auxdits Sarrasins de grandes quantités d'argent blanc, et aussi transporté et fait transporter de grandes quantités de billons d'or et d'argent hors du royaume contre les ordonnances royales... d'avoir exigé, levé et recelé et retenu plusieurs sommes importantes tant de nos deniers que sur nos pays et sujets, en grande désolation et destruction de nos pays et sujets, en requerrant de ce merci et pardon à Dieu, à nous et à la justice...

« En outre, avons condamné et condamnons ledit Jacques

---

1. Un jeune esclave maure que Jacques Cœur avait renvoyé au Sultan d'Égypte, à la demande de marchands languedociens et du grand-maître de Rhodes, pour éviter un « incident diplomatique », ce qui donna lieu à l'établissement du sixième chef d'accusation...

Panorama

Cœur à nous rendre et à nous restituer pour les sommes recelées et retenues indûment sur nous, et aussi pour les sommes extorquées, prises et exigées indûment sur nos pays et nos sujets, la somme de cent mille écus et en amende profitable envers la somme de trois cent mille écus et à rester en prison jusqu'à le plein règlement.

« Et, au surplus, avons déclaré et déclarons tous les biens dudit Jacques Cœur confisqués à notre profit ; nous avons aussi banni et bannissons ledit Jacques Cœur, perpétuellement de ce royaume.

« Et en ce qui concerne les poisons, pour ce que le procès n'est pas en état de juger pour le présent, nous n'en faisons à présent aucun jugement et pour cause... »

Durant la lecture de ce laborieux document, la cour reste attentive mais s'étonne de l'absence de l'inculpé. Une absence qui n'est pas la moindre des singularités de ce procès voulu par Charles VII. Et Claude de Seyssel, maître des requêtes sous Louis XII, d'écrire : « Il (Charles VII) persécuta de corps et de biens Jacques Cœur, un des plus sages hommes et des plus riches qui fut en France de son état et qui l'avait aidé de conseils et d'argent à recouvrer son royaume et à chasser ses ennemis et plus que nul autre. Aussi reconnu assez mal ledit roi les services que plusieurs princes, barons et capitaines lui avaient fait en ses guerres et au recouvrement de son royaume tellement qu'aucun d'eux, même ceux qui lui avaient fait les plus grands services et renommée il persécuta, et autre laissa mourir en grande pauvreté. »

L'ingratitude du pouvoir est aussi ancienne que son exercice ! Mais intéressons-nous à ce Jacques Cœur, bourgeois de Bourges, devenu argentier du roi et prince des marchands.

Bourges au début du XVᵉ siècle

Au confluent de l'Yevrette et de l'Auron, la ville de Bourges occupe une faible éminence. Ceinte de remparts, dominée par la grosse tour et par sa cathédrale, encore inachevée, Bourges se trouve au centre d'une campagne épargnée par la guerre. Au cœur de la cité, on peut voir les paysans vaquer paisiblement

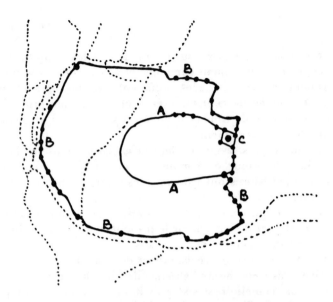

LES ENCEINTES DE BOURGES

A. Gallo-romaine
B. Médiévale
C. Grosse tour
... Hydrographie

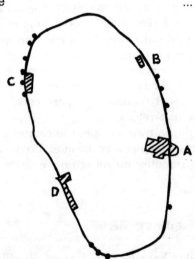

ENCEINTE GALLO-ROMAINE ET MONUMENTS

A. Cathédrale Saint-Étienne
B. Hôtel Lallemant
C. Palais Jacques Cœur
D. Palais ducal

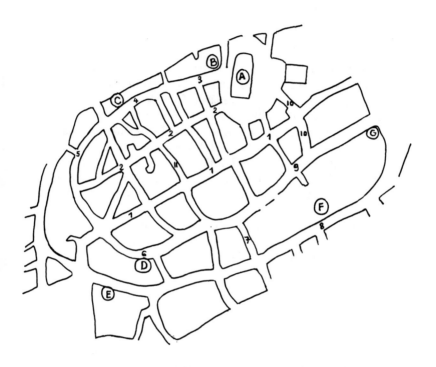

BOURGES

- A. Cathédrale
- B. Grange aux Dimes
- C. Hôtel Lallemant
- D. Palais Jacques-Cœur
- E. Hôtel Cujas
- F. Palais ducal
- G. Porte Saint-Ursin
- 10. Rue Victor-Hugo
- 11. Rue de la Monnaie

- 1. Rue Moyenne
- 2. Rue Porte-Jaune
- 3. Rue Molière
- 4. Rue Lallemant
- 5. Rue Paradis
- 6. Rue Jacques-Cœur
- 7. Rue d'Auron
- 8. Rue Fernault
- 9. Avenue Ducrot

aux travaux des champs alors que leurs enfants gardent des troupeaux de vaches et de moutons.

L'antique capitale des Bituriges, devenue résidence du duc de Berry, est une ville prospère. Une exception dans le royaume de France! Ses forges, ses tanneries, ses tissages alimentent un commerce actif. Deux fois par an, des marchands venus de toute l'Europe occidentale, bravant les embûches des voyages, viennent s'y installer pour les grandes foires.

Ses quarante églises et abbayes font de Bourges une ville religieuse. Mais si l'archevêché attire les étudiants en théologie, le palais ducal est le rendez-vous des artistes. Ne parlons pas des bateleurs qui animent les rues étroites, bordées de tavernes, d'échoppes et de boutiques.

Depuis 1145, les bourgeois, appelés les barons de Bourges, administrent la commune qui compte, vers 1400, près de 30 000 habitants.

La prospérité de la ville est due à sa position au centre de la France, au fait qu'elle n'a pas subi les atteintes de la guerre, ainsi qu'à la présence de Jean, duc de Berry.

Jean, duc de Berry

Né à Vincennes en 1340, Jean est le second fils du roi Jean le Bon. D'abord comte de Poitiers, il est fait prisonnier en 1356 et emmené en captivité à Londres, avec son père. Libéré en 1367, il prend alors possession des duchés du Berry et d'Auvergne. Son frère aîné, Charles V, le tient à l'écart des affaires du royaume ; à sa mort, il devient corégent et se fait attribuer le gouvernement du Languedoc. Charles VI atteint par la folie, Jean tente de servir de médiateur entre le clan des Orléans et celui des Bourguignons. Mais ses efforts se révélant vains, il délaisse de plus en plus l'hôtel de Nesles et Vincennes pour son palais ducal de Bourges.

Médiocre politique, piètre homme de guerre, il se révèle constructeur inspiré et esthète. Il fait bâtir la forteresse-palais de Mehun-sur-Yèvre et s'entoure d'une multitude d'artistes : les trois frères Limbourg, Jacquemart de Hesdin, André Beauneveu, Jean Rupi, dit de Cambrai... Il est également grand amateur de tapisseries, d'orfèvreries, de bijoux, de livres, de fourrures, d'étoffes, de soieries (une véritable aubaine pour les commerçants et artisans berruyers !).

L'enfance de Jacques Cœur

C'est dans la rue de la Parerie, que naît, vers 1400, Jacques Cœur. Son père, Pierre Cœur, marchand pelletier originaire de Saint-Pourçain, avait épousé, en 1398, la veuve du boucher Bacquelier. Peu à peu, Pierre Cœur acquiert, grâce à son travail, une certaine aisance. Cet état se concrétise par l'achat, en 1408, d'une maison comprenant habitation et atelier, rue d'Auron. Le nouveau logis se situe dans le quartier le plus riche de Bourges à quelques pas du palais ducal.

Les premières années de la vie de Jacques Cœur se passent dans le giron maternel. Il fréquente ensuite l'école de la sainte chapelle où il reçoit une éducation religieuse et de solides notions d'arithmétique et d'écriture. Puis il travaille avec son père, devenu fournisseur du duc. Il participe aux transactions, se familiarise avec les diverses opérations commerciales. Par ailleurs, il écoute les conversations des marchands et, au fil des mots, apprend à connaître Gênes, Florence, Venise, Bruges, l'Orient...

Le mariage de Jacques Cœur

En 1420, Jacques Cœur épouse Macée de Léodepart qui habite en face de chez lui et dont le père, Lambert, important commerçant en textiles, est aussi prévôt de la ville de Bourges.

Les Léodepart, appelés plus anciennement Lodderpap ou Lodderpop, sont d'origine flamande. Ils appartiennent à la riche bourgeoisie marchande. Ils sont très influents : Lambert exerce en outre les fonctions honorifiques de valet de chambre du duc de Berry et son épouse est la fille de Jean Roussard, maître de la monnaie à Bourges.

Gilles de Rais et Jacques Cœur

De l'union de Jacques Cœur et de Macée vont naître cinq enfants : Jean, Henri, Geoffroy, Ravaut, Perrette. Le ménage Cœur est des plus unis. Tout au plus, certains médisants estiment-ils que Macée se montre parfois dépensière...

Charles VII, roi de Bourges

Le 15 juin 1416, Jean, duc de Berry, âgé de 76 ans, meurt. Le duché fait retour à la couronne mais le roi Charles VI en fait don au prince Charles, le futur Charles VII : les événements aidant, Bourges devient, à partir de 1418, l'une de ses résidences favorites. C'est la raison pour laquelle on qualifiera plus tard Charles VII de « roi de Bourges »...

De petite taille, d'allure maladive, Charles VII n'est guère gracieux avec ses jambes grêles et ses genoux cagneux, son nez épais et ses yeux glauques. Intelligent, affable et courtois, il s'enlise dans l'inaction, l'indolence et les hésitations. Dévot et superstitieux, il est très influençable. Aussi ses conseillers forment-ils autour de lui de véritables clans ou coteries.

Charles VII, « roi de Bourges », est tout particulièrement désargenté. En 1421, il se fait octroyer, pour sa cuisine, des produits par le chapitre de la cathédrale Saint-Étienne. En 1423, il emprunte mille livres, à Lubin Raguier, qui est son cuisinier. Mais cette « pauvreté » ne l'empêche pas de donner des fêtes remarquées.

Jacques Cœur monnayeur

Le territoire national se trouve partagé entre Charles VII, les Anglais et les Bourguignons ; sur le plan monétaire, existe le plus grand désordre car chaque camp possède ses pièces. De plus, comme la guerre coûte cher, on a souvent recours à des modifications de la quantité et du taux des métaux précieux contenus dans les monnaies. C'est dire le rôle important des changeurs, seuls capables d'évaluer la valeur d'une pièce et ses cours.

Tout en continuant le commerce de son père, Jacques Cœur travaille avec des changeurs accrédités auprès de Charles VII. Puis, en 1427, il se lance dans le monnayage. Il s'associe avec Pierre Godard, changeur de profession, et avec Ravand le Danois, maître monnayeur royal d'Orléans, de Poitiers et de Bourges.

Le travail consiste à transformer des marcs d'or ou d'argent (245 grammes environ) en pièces de monnaie. Bien entendu, il existe un bail entre les commissaires royaux et le maître monnayeur spécifiant le nombre de pièces devant être fabriquées avec un marc et leur titre. Ce travail est souvent source de gros profits.

Or, au début de 1429, les commissaires royaux découvrent une fraude portant sur l'affinage de 300 marcs d'argent : les associés avaient fabriqué, en baissant le titre, un nombre de pièces supérieur à celui qui était prévu et avaient empoché le surplus.

Arrêtés, les trois comparses reconnaissent leur faute. Leurs peines de prison sont commuées par le roi en une amende de mille écus d'or. Et le 6 décembre 1429, Charles VII leur accorde des lettres de rémission précisant qu'à l'avenir ils ne pourront plus être inquiétés pour les faits venant d'être sanctionnés. Aussi Jacques Cœur frappe-t-il monnaie à Bourges jusqu'en 1436 et, en 1435, Ravand le Danois devient-il maître général des monnaies : il le restera jusqu'à sa mort (1461). Néanmoins, lors du procès de Jacques Cœur, on reviendra sur les faits précités.

Jacques Cœur et Jeanne d'Arc

Nous savons que 1429 est aussi l'année de la manifestation de Jeanne d'Arc. Après la célèbre entrevue de Chinon (février) et la libération d'Orléans (mai), Jeanne tire Charles VII de sa léthargie et réussit à le persuader d'aller se faire sacrer à Reims (17 juillet 1429). Jacques Cœur accompagne Ravand dans la chevauchée qui conduit le roi à Reims. Il découvre un pays dévasté, quoique plein d'espérance, et s'exalte de voir légitimer celui qui était surnommé, par dérision, « le roi de Bourges »...

Gilles de Rais et Jacques Cœur

Mais l'état de grâce n'est qu'éphémère. Très vite, Charles VII et son entourage retombent dans l'apathie, se montrent méfiants, voire hostiles vis-à-vis de Jeanne d'Arc. Durant l'hiver 1429-1430, celle-ci séjourne à Bourges. Elle y rencontre plusieurs fois Jacques Cœur. On ne sait rien de leurs conversations. Une chose est sûre : Jeanne d'Arc exerce une influence profonde sur Jacques Cœur. Aussi les événements de 1431, qui voient Charles VII abandonner Jeanne d'Arc, attristent-ils profondément notre argentier.

Le voyage en Orient

En 1430, Jacques Cœur s'associe avec les frères Godard pour fonder une société commerciale ayant pour but la fourniture de marchandises diverses à tous les clients éventuels (mais plus particulièrement au roi et à sa cour).

Or, depuis quelques années, l'Orient fascine Jacques Cœur. Ses contacts avec les marchands de Venise, de Gênes et d'Aragon renforcent son désir de connaître les terres lointaines et d'entrer directement en relations commerciales avec elles.

Au mois d'avril 1432, Jacques Cœur quitte Bourges, laissant derrière lui son épouse et trois enfants en bas âge. Il traverse la France sans gros problèmes, le trajet ayant été minutieusement étudié et arrive à Narbonne. Là, il entre en contact avec Jean Vidal, propriétaire de la galée *Sainte-Marie et Saint-Paul*, qui s'apprête à conduire en Orient un groupe de marchands de Montpellier : les frères Dandréa, Secondino Bossavini et Philippe de Nèves. Jacques Cœur se joint à eux.

Longeant les côtes de Provence et d'Italie, le vaisseau à deux mâts, portant voiles, mais propulsé par 70 rameurs, évite les pirates, double la Sicile et pénètre après 25 jours de navigation dans le port d'Alexandrie. Jacques Cœur est ébloui par la prodigieuse activité de ce centre commercial dont il parcourt les rues et les quais.

Puis la galée se dirige vers Beyrouth. Nouvel émerveillement. Notre voyageur décide alors de se rendre à Damas, cité cosmopolite à l'animation prodigieuse. Il y rencontre Bertraudon de la Broquière, écuyer du duc de Bourgogne qui écrira dans une de ses chroniques : « Et quand nous fûmes à Damas, nous y trouvâmes plusieurs marchands français, vénitiens, génois, florentins et catalans, entre lesquels il y avait un Français nommé Jacques Cœur, qui, depuis, a eu grande autorité en France et a été argentier du roy. Il nous a dit que la galée de Narbonne, qui était allée à Alexandrie, devait revenir à Beyrouth. Et lesdits marchands français étaient allés acheter des marchandises et des denrées, comme des épices et autres choses, pour mettre sur ladite galée. »

Après Beyrouth, la troisième étape est Famagouste, dans l'île de Chypre. Celle-ci est non seulement l'avant-poste de la chrétienté mais aussi un centre où transite tout ce qui s'échange entre l'Orient et l'Occident.

Sur le chemin du retour, la galée s'échoue sur la côte corse, à hauteur de Calvi. Le capitaine génois de cette forteresse retient les marchands et les marins prisonniers. Il ne les libère que contre le paiement d'une rançon.

Jacques Cœur rentre à Bourges, les mains vides. Mais son voyage en Orient lui a permis de constater :

- la mainmise des Vénitiens, des Génois, des Florentins et des Catalans sur le commerce méditerranéen ;
- les difficultés éprouvées par les chrétiens en terre islamique. Seul le Soudan (le sultan d'Égypte) apparaît plus favorable aux contacts avec l'Occident chrétien ;
- l'obligation de disposer d'un port français sur la côte méditerranéenne pour lutter contre les monopoles de Venise, de Gênes, de Florence ;
- la nécessité d'avoir l'appui du roi Charles VII et du pape afin de n'être point accusé de commercer avec les infidèles.

Les premières réalisations

Dès son retour à Bourges, Jacques Cœur décide d'axer ses activités sur le commerce avec l'Orient. Aussi emprunte-t-il des capitaux pour constituer l'apport initial nécessaire. Il sait que les premières cargaisons en permettront le remboursement intégral.

En 1433, il part pour le Languedoc et après avoir visité tous les ports de cette province, il fixe son choix sur Montpellier-Lattès. Trois raisons expliquent cette décision : la municipalité de Montpellier est favorable au projet du Berrichon car elle espère bénéficier des retombées ; Montpellier est relié à l'arrière-pays par un réseau routier satisfaisant ; le port est autorisé, par une bulle du pape Urbain V, à envoyer chaque année cinq vaisseaux à Alexandrie pour y faire du commerce (c'est le privilège des nefs absoutes, car commercer avec les infidèles est alors péché grave).

Aidé de Jean Village et de Guillaume de Vayre, Jacques Cœur réussit en moins de deux ans à constituer une fortune personnelle qui va lui permettre de devenir prêteur.

A ce stade de ses activités, Jacques Cœur exporte des draps, des toiles, des couvertures, des fourrures, des cuirs, du cuivre et de l'argent. Il importe des épices, des parfums, des vins, du savon, du coton, des teintures, des pierres précieuses, des soieries et de l'or. De plus, il commence à entreprendre le transport des passagers.

On remarquera que Jacques Cœur exporte de l'argent mais importe de l'or. Expliquant cette singularité, Henri de Man écrit : « En Occident, pendant tout le Moyen Age, la monnaie d'or étant rare, c'est l'argent qui avait prévalu. En Orient, grâce surtout à l'accumulation des trésors amassés depuis des siècles par les grands conquérants, c'était l'or, qui, au contraire, abondait. Entre les deux mondes il n'y avait pas assez de trafic pour supprimer le décalage. Exprimée en métal-argent, la valeur de l'or, en Orient, atteignait environ la moitié de ce qu'elle était en France. Chaque transaction de l'espèce décrite devait donc rapporter un bénéfice de près de cent pour cent [1]. » C'est bien le cas de Jacques Cœur qui échange, en Orient, argent contre or à masses égales.

Charles VII et son gouvernement

Retrouvons Charles VII, entouré de ses ministres et de ses courtisans. Les chroniqueurs nous disent que le roi parle peu,

---

1. *Jacques Cœur, argentier du roi*, Tardy, Paris, 1951.

boit peu, qu'il assiste à trois messes par jour, qu'il aime jouer aux échecs et tirer à l'arbalète. Il est aussi inconstant, méfiant et envieux.

Son épouse, Marie d'Anjou, femme douce et résignée, se contente de lui donner des enfants : douze au total mais la plupart meurent en bas âge.

Sa belle-mère, Yolande d'Aragon, reine de Sicile et duchesse d'Anjou, a pris sur Charles VII un ascendant certain. Elle incarne le parti réaliste de ceux qui, tout en voulant rejeter les Anglais hors du royaume, souhaitent une réconciliation avec les ducs de Bourgogne. Claude Poulain écrit : « La vieille reine s'ingéniait à susciter les dévouements au roi, et, parallèlement, elle tentait d'éliminer, peu à peu, les favoris tarés, escrocs, traîtres, qui l'exploitaient et l'encourageaient dans une vie d'indolence et de futilité [1]. » Son action discrète et efficace se manifestera jusqu'à sa mort (1442).

D'autres femmes ont influencé le caractère de Charles VII. De sa mère, Isabeau de Bavière, le roi tient une certaine licence de mœurs. De Jeanne d'Arc, il a hérité la dévotion et une certaine croyance en la magie. Plus tard, ce sera Agnès Sorel qui exercera un ascendant sur lui.

Viennent ensuite les coteries. La première s'installe en 1422. Elle comprend :
- Jean Louvet, banquier de Provence, dont la sœur est la maîtresse du roi ;
- Guillaume de Champeaux, évêque de Laon et habile spéculateur ;
- Pierre Frotier, maître des écuries, plus ignare que ses chevaux ;
- le sire de Giac, fourbe et cruel ;
- Tanguy du Chastel, ex-prévôt de Paris.

La seconde coterie s'impose à partir de 1425. Ses membres sont :
- Georges de La Trémoille, ennemi de Jeanne d'Arc ;
- le comte de Richemont, connétable ;
- le sire de Giac ;
- Le Camus de Beaulieu, un valet d'écurie devenu premier écuyer.

---

[1] *Jacques Cœur*, Fayard.

Gilles de Rais et Jacques Cœur

Le roi assiste, apathique, aux règlements de comptes entre ses courtisans. Le sire de Giac tue sa femme, enlève Robert Le Maçon, ancien chancelier, mais est noyé par La Trémoille et Richemont. Ces derniers font ensuite assassiner Le Camus de Beaulieu sous les yeux du roi !

En 1433, une troisième coterie se met en place, après avoir neutralisé La Trémoille. Nous y trouvons :
- le comte de Richemont, connétable ;
- Pierre de Brézé, sénéchal du Poitou ;
- Regnaud de Chartres, archevêque de Reims ;
- Jean de Bueil, ancien compagnon de Jeanne d'Arc et amiral ;
- Prégent de Coëtivy, gendre de Gilles de Rais, amiral ;
- Charles d'Anjou, beau-frère de Yolande d'Aragon ;
- Dunois, bâtard d'Orléans ;
- Gilbert de La Fayette, maréchal.

Pour la plupart, ces hommes sont d'anciens compagnons de Jeanne d'Arc et des amis de Yolande d'Aragon. Ce sont eux qui vont favoriser l'ascension de Jacques Cœur.

Jacques Cœur au service du roi

Yolande d'Aragon réussit, par personnes interposées, à atteindre ses objectifs. En 1435, Charles VII signe avec Philippe II de Bourgogne le traité d'Arras : c'est la réconciliation nationale sur le dos des Anglais. En 1436, les troupes royales entrent dans Paris.

Depuis 1433, Jacques Cœur met en place les structures de son grand dessein commercial. Parcourant le royaume, il crée une vingtaine de comptoirs. Puis, s'estimant trop à l'étroit dans la maison paternelle de la rue d'Auron, il achète à Bourges un hôtel proche de l'ancienne abbaye Saint-Hippolyte.

En mai 1436, le roi le nomme maître de l'hôtel des monnaies de Paris. Bien que cette fonction officielle le détourne quelque peu de ses propres opérations, il l'accepte pour deux raisons : entrer en relations étroites avec Charles VII, accomplir une œuvre de réorganisation monétaire dont il sera indirectement bénéficiaire.

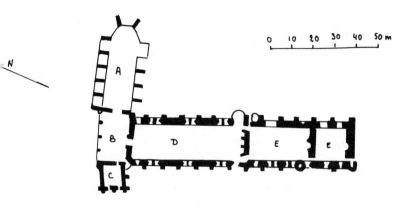

PALAIS DUCAL DE BOURGES

A. Sainte Chapelle
B. Galerie du Cerf
C. Trésor
D. Grande salle
E. Palais

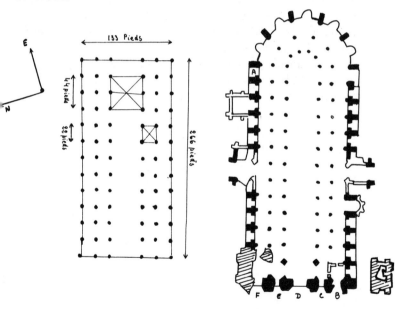

CATHÉDRALE SAINT-ÉTIENNE, BOURGES

A. Chapelle Jacques-Cœur
B. Portail Saint-Ursin
C. Portail Saint-Étienne
D. Portail central
E. Portail de la Vierge
F. Portail Saint-Guillaume

Panorama

La dépréciation constante des monnaies rend difficiles les échanges commerciaux : la valeur intrinsèque ne correspond pas à la valeur nominale, d'où une méfiance généralisée. Avant 1340, avec un marc d'or, on fabriquait 320 pièces d'une livre. En 1435, on en fait un peu plus de 2 800, d'où une dévaluation de plus de 900 % ! Jacques Cœur fait frapper, en 1436, l'écu neuf de Paris, en or à raison de 210 par marc. Une nouvelle monnaie d'argent fait aussi son apparition. Elle sera suivie, en 1447, du « gros du roi » ou du « gros de Jacques Cœur » de valeur de 30 deniers tournois. En même temps, Jacques Cœur obtient du roi la réduction du nombre des ateliers de frappe et une réglementation plus stricte des changes.

En avril 1438, Jacques Cœur abandonnera à Regnault de Thumézy la direction de l'hôtel des monnaies de Paris.

En 1436, par faveur royale, Jacques Cœur est chargé de la perception d'impôts indirects dans le Berry. Puis il est chargé de mission dans le Languedoc. Il effectue alors une tournée dans cette province avec Pierre de Brézé, Jean et Gaspar Bureau, membres du conseil royal. Des liens d'amitié s'établissent entre les quatre hommes.

En 1437, Jacques Cœur devient « commis au fait de l'Argenterie ». En 1438, il est nommé « argentier de l'hôtel du roi » aux appointements annuels de 1 200 livres.

II

L'ARGENTIER DU ROI

L'homme

Nous disposons de beaucoup de portraits de Jacques Cœur, mais la plupart d'entre eux ont été effectués par des peintres qui n'ont point connu le personnage! Certains prétendent que ce dernier est représenté, dans son comptoir, sur une miniature d'un maître anonyme de l'école de Fouquet et sur une illustration de la *Chronique de Monstrelet* (où il fait amende honorable au roi). Ce serait également lui que l'on voit en prière sur une miniature du *Livre d'heures de Munich* de Jean Colombe. Mais seule la gravure exécutée par Jacques Grinon au XVIIe siècle, d'après un portrait disparu de 1450, peut nous rendre l'aspect du personnage : une figure aux traits vigoureux, un menton énergique, une bouche sinueuse, un regard intelligent, un nez long et droit, une expression malicieuse et narquoise. Par ailleurs, nous savons que l'homme est grand, bien charpenté, sans embonpoint.

Ses contemporains le décrivent comme un homme s'exprimant brièvement mais clairement. D'une grande intelligence et d'une curiosité d'esprit multiforme, il pratique volontiers l'humour et est sujet parfois à des colères terribles. Il est ambitieux, fastueux, généreux ; il déteste le gaspillage. Il aime les honneurs mais ne recherche pas les charges officielles qui l'éloignent de la conduite de ses affaires personnelles. C'est un excellent diplomate et il sait se créer des relations et des amitiés. Il aime la vie mais a horreur de la débauche et de la vulgarité. Tel est l'homme que Charles VII choisit comme argentier en 1438.

L'argentier

L'argenterie, qui n'a rien à voir avec le ministère des Finances des gouvernements actuels, est un service de la maison du roi. Claude Poulain définit ainsi le rôle de l'argentier : « Répondre à tous les besoins du souverain, de ses serviteurs et de la cour en quelque lieu qu'ils se trouvassent, concernant la vie journalière et les missions extraordinaires, de l'habillement à l'ameublement, en passant par les armes, les armures, les fourrures, les tissus, les pièces d'orfèvrerie, les bijoux, les chevaux, les voitures, les harnais. Chaque année un budget était alloué à l'argentier pour l'approvisionnement de ses magasins[1]. »

Nombre d'historiens ont souligné l'ambiguïté de la situation de Jacques Cœur qui est à la fois marchand et titulaire d'une charge publique. Mais ce qui est impossible de nos jours était normal au XVe siècle.

Très vite, Jacques Cœur va devenir le banquier du roi, de sa famille et de la cour. En 1451, le procureur Dauvert dressera l'inventaire des créances de l'argentier : à eux seuls, le roi et les grands dignitaires représentent 60 % des prêts. Cette situation conduit Jacques Cœur à s'intéresser aux problèmes politiques d'autant que l'argentier fait partie du conseil royal.

La participation aux réformes

De 1438 à 1451, sont décrétées les réformes de l'armée, de la marine, des impôts et de la justice. Jacques Cœur y participe sans que l'on puisse toutefois circonscrire très exactement son rôle.

---

1. *Jacques Cœur*, Fayard.

L'argentier du roi

Les ordonnances royales de novembre 1439, de septembre 1440, de mars 1445 et d'avril 1448 dissolvent les troupes relevant de chefs non autorisés par le roi, créent les compagnies d'ordonnance (gendarmerie royale) et les francs archers. En 1449, l'armée de Charles VII, dotée d'une artillerie remarquable, est une des meilleures d'Europe.

Le 22 janvier 1443, Charles VII autorise l'enrôlement forcé des personnes « oyseuses, vagabondes et autres caïmans » à condition qu'elles soient bien rémunérées. Cette décision discutable fournit des rameurs à la marine qui en manquait cruellement.

L'ordonnance de 1444 affirme le principe fondamental que seul le roi dispose du droit de lever des impôts. Elle sépare les finances du royaume de celles de la personne royale. Elle crée un embryon de services financiers.

En 1446, les formes procédurières des hommes de loi sont réglementées. Les avocats et les notaires doivent rechercher la concision.

Les fonctions administratives

Outre la participation au conseil du roi, Jacques Cœur se voit chargé de fonctions administratives importantes :
- en 1440 : commissaire royal auprès des états du Languedoc ;
- en 1442 : commissaire royal auprès des états d'Auvergne ;
- en 1443 : membre de la commission royale de la draperie ;
- en 1444 : commissaire du roi chargé de l'installation du parlement de Toulouse ;
- en 1447 : visiteur général des gabelles.

Outre les revenus qu'elles procurent, ces différentes fonctions permettent à Jacques Cœur de faire connaissance avec nombre de personnes et de nouer de bonnes relations et des amitiés solides. Car l'homme n'est pas seulement un bon administrateur, c'est aussi un diplomate avisé.

Gilles de Rais et Jacques Cœur

Les actions diplomatiques

En 1442, des incidents opposent des marins vénitiens aux fonctionnaires du sultan d'Égypte. Celui-ci interdit l'entrée de ses ports aux Vénitiens. Jacques Cœur se rend à Venise puis donne des instructions à ses représentants en Égypte. Ces derniers obtiennent du sultan l'annulation de cette interdiction. Jacques Cœur s'attire les bonnes grâces des Vénitiens, ses plus redoutables concurrents.

En 1445, un conflit éclate entre les chevaliers hospitaliers (appelés aussi « chevaliers de Rhodes ») et le sultan d'Égypte. Ce dernier tente de s'emparer de Rhodes. Jacques Cœur intervient, avec l'accord du pape, et réussit à apaiser la querelle. Jean de Lastic, grand maître de l'ordre des chevaliers de Rhodes, devient l'ami de l'argentier.

En 1446, notre homme est membre de la commission chargée d'arbitrer le conflit entre Gaston IV, comte de Foix, et les états du Comminges. Un règlement est élaboré : il permettra ultérieurement la réunion du Comminges à la France.

En 1446, la république de Gênes est en pleine crise. Un parti se forme et demande la réunion au royaume de France mais se heurte à une vive opposition. Charles VII envoie une délégation dont Jacques Cœur fait partie. Un traité est signé : il prévoit la réunion de Gênes à la France. Mais le projet échoue à cause des hésitations de Charles VII. Cependant Jacques Cœur noue des relations commerciales avec les Génois.

En 1447, Jacques Cœur dépêche, auprès du sultan, avec l'accord de Charles VII, une délégation conduite par Jean de Village, un de ses plus fidèles collaborateurs. Celle-ci offre des présents et le sultan, enchanté, accorde sa protection à tous les négociants français et envoie, à son tour, des cadeaux à Charles VII. Une ébauche d'alliance entre la France et l'Égypte contre la menace turque est conclue. Mais Charles VII ne comprend pas son importance. On notera, au passage, que Jacques Cœur reprend ici l'un des plus grands projets de l'ancien Ordre du Temple.

De 1378 à 1417, la chrétienté occidentale connaît le grand schisme : deux papes, l'un à Avignon, l'autre à Rome, prétendent la diriger. Le concile de Constance règle le conflit en élisant Martin V. Ce dernier convoque un concile à Bâle, mais

L'argentier du roi

meurt (1431). Son successeur, Eugène IV, décide de transférer le concile de Bâle à Florence. Une partie des évêques refusent de quitter Bâle et élisent un second pape, Félix V, qui n'est autre que le vieux duc Amédée de Savoie (1439). Un nouveau schisme déchire l'Église d'Occident. Charles VII envoie une délégation dont fait partie Jacques Cœur pour résoudre le problème. Félix V accepte de se retirer, puis revient sur sa décision lorsque Eugène IV, mort, est remplacé par Nicolas V. Jacques Cœur retourne à Rome en compagnie de Jean Jouvenel des Ursins, évêque de Reims, de Helie de Pompadour, archidiacre de Carcassonne, du maréchal Tanguy du Chastel. Cette mission aboutit à un accord : Félix V se retire mais est élevé à la dignité de cardinal et de légat du pape. Tout en restant en bonnes relations avec l'ex-duc de Savoie, Jacques Cœur devient l'ami du pape Nicolas V.

Privilèges obtenus par Jacques Cœur

Les services rendus à Charles VII et les actions de médiateurs entraînent pour Jacques Cœur (et sa famille) de nombreux privilèges :

• en avril 1441, Charles VII l'anoblit. Cette entrée dans la noblesse lui procure une meilleure position sociale et des avantages fiscaux ;

• en 1442, Nicolas Cœur, son frère, devient évêque de Luçon ;

• en 1446, Jean Cœur, son fils, est nommé, à vingt-deux ans, archevêque de Bourges (il sera intronisé en 1450) ;

• en 1446, le pape Eugène IV accorde une dispense personnelle à Jacques Cœur lui permettant de commercer avec les infidèles ;

• en 1448 et 1449, les bulles du pape Nicolas V confirment cette dispense et l'étendent au transport des pèlerins en Terre sainte.

Mais les relations de Jacques Cœur sont également bonnes avec Agnès Sorel, la favorite de Charles VII, et avec le dauphin, le futur Louis XI.

Gilles de Rais et Jacques Cœur

Agnès Sorel, Dame de Beauté

Agnès Sorel est née en 1420 à Fromenteau en Touraine; Son père, Jean Sorel, écuyer du seigneur de Coudun, est conseiller auprès du comte de Clermont dans le Beauvaisis. Vers 1440, Agnès fait partie de la suite d'Isabelle de Lorraine, épouse du roi René d'Anjou.

C'est en 1443 que Charles VII rencontre pour la première fois, à Toulouse, Agnès Sorel. Il est ébloui par celle-ci. Rappelons que l'épouse de Charles, âgée de 40 ans, n'est ni belle ni intelligente (de plus, elle est enceinte pour la treizième fois!). Quant à Agnès Sorel, Claude Poulain nous la décrit ainsi: « Elle était mince mais avec des rondeurs agressivement charmantes, ses seins et ses hanches étaient accusés par une taille fine et des jambes longues. Et ce corps voluptueusement provocant était surmonté par un visage angélique à la peau translucide, avec un regard bleu, une chevelure blonde et des dents si blanches que le sourire éclatait et désarmait. » Enfin, ce qui ne gâte rien, Agnès est prompte à la repartie, vive d'esprit et de conversation agréable.

Le roi la revoit à Saumur, Angers, Tours... et en 1944, Agnès Sorel devient, aux yeux de la cour, la favorite royale. Charles VII la comble de cadeaux et lui offre le domaine de Beauté-sur-Marne, d'où le surnom de « Dame de Beauté ».

Incontestablement, Agnès Sorel possède un fort ascendant sur Charles VII mais son action se révèle bénéfique. Curieusement, elle s'inscrit dans la perspective de celle exercée jadis par Yolande d'Aragon.

Dans l'entourage du roi, Agnès Sorel trouve trois amis: Étienne Chevalier, Pierre de Brézé et Jacques Cœur. Par contre, le dauphin Louis ne l'aime guère. Il est pourtant en bonnes relations avec l'argentier.

Jacques Cœur et le dauphin Louis

Celui qui devait devenir Louis XI est né le 3 juillet 1423 dans le palais épiscopal de Bourges. Son enfance se déroule, loin de ses parents, dans la sombre forteresse de Loches. C'est

L'argentier du roi

là qu'il rencontre Jeanne d'Arc un jour de l'an 1429. Il va prier avec elle devant la statue de Notre-Dame de Cléry. Ce n'est qu'en 1433 qu'il rejoint la cour à Amboise. Le 25 juin 1436, il fait son entrée dans l'histoire en se mariant avec Marguerite d'Écosse. Ce jour-là, il mesure aussi tout ce qui le sépare de son père. Paul Murray-Kendall écrit : « Charles n'avait même pas condescendu à quitter son château d'Amboise pour accueillir la fiancée et le jour des noces, il arrive à Tours quelques minutes seulement avant midi... Il ne semble pas qu'il ait rendu visite au dauphin. Lorsqu'il entra dans la chapelle pour le service nuptial, il était toujours vêtu de l'habit gris qu'il portait pour monter à cheval [1]. » Charles VII passe de l'indifférence à la jalousie et à la haine. Louis prend conscience du gouvernement pitoyable de son père. Dès lors, une lutte sourde oppose le roi au dauphin. Le 1er janvier 1447, ce dernier quitte la cour et prend la route du Dauphiné pour un exil qui durera quatorze ans. Il part brouillé avec tous les fidèles du roi sauf un : Jacques Cœur. Car entre les deux hommes est née une sympathie fondée sur l'estime réciproque. Malgré l'exil, les relations de l'argentier avec le dauphin ne connaissent aucune éclipse. Non seulement Jacques Cœur prête de l'argent à Louis mais il met à sa disposition ses relations et son organisation. Tout cela secrètement bien entendu... Louis XI saura s'en souvenir ; il veillera à l'avancement des fils de Jacques Cœur, prendra à son service beaucoup de ses collaborateurs et proclamera publiquement sa gratitude pour « les bons et honorables services à nous faits par ledit feu Jacques Cœur ».

Vers la fin de la guerre de Cent Ans

La trêve de Tours, prolongée à diverses reprises, s'achève en 1449. L'Angleterre, en proie à de multiples difficultés, ne souhaite pas la reprise des hostilités contre la France qui s'est minutieusement préparée à cette éventualité. Mais Somerset, qui se pare du titre de régent des provinces françaises occu-

---

1. *Louis XI*, Fayard et Livre de poche.

pées, tente un « coup de bluff » et s'empare de Fougères (24 mai). Le 17 juillet, Charles VII, après bien des hésitations, décide de reprendre la guerre. Jacques Cœur lui avance 100 000 écus. Ce qui fait dire au chroniqueur Thomas Bazin : « Cet homme opulent et d'ailleurs plein de zèle pour tout ce qui touchait à l'honneur du roi et au bien du royaume ne manqua pas à son devoir dans une nécessité si pressante pour l'État. Tandis que certains grands seigneurs, comblés de biens par la largesse royale, affectaient la gêne, sous des prétextes faux et frivoles, il offrit spontanément de prêter au roi une masse d'or et lui fournit une somme, dit-on, montant à 100 000 écus d'or environ. »

Le 6 août, les armées françaises se mettent en marche. Elles occupent Pont-Audemer (12 août), Pont-l'Évêque (15 août), Lisieux (16 août), Bernay (17 août), Mantes (26 août), Vernon (28 août), Louviers (30 août). Avant de s'installer à Gournay, Sées, Alençon, Dieppe, Coutances, Granville, Saint-Lô et Fougères. Le 10 novembre, Charles VII fait son entrée à Rouen. Dans le cortège royal, Jacques Cœur vient après Brézé et Dunois. Citons Matthieu de Coussy : « Après vinrent le comte de Dunois, le seigneur de La Varenne, sénéchal de Poitou, et Jacques Cœur, argentier du roi, tous trois habillés de semblables parures, savoir de jaquette de velours violet, fourrée de martre, et les houssures de leurs chevaux, toutes pareilles, bordées d'or fin et de soie, excepté la houssure de l'argentier qui était de satin cramoisi et la croix blanche dessus. »

L'année 1450 voit la prise de Harfleur (1er janvier) et d'Honfleur (18 février). Le 15 avril, une armée anglaise de renfort est défaite à Formigny. Caen, Falaise et Domfront tombent. Jacques Cœur, moyennant la somme de 40 000 écus, obtient le retour de Cherbourg au royaume. Des nombreuses provinces possédées jadis par les Anglais, il ne reste plus que la Guyenne. On décide, en 1451, de se mettre en campagne pour la reprendre. Mais pour Jacques Cœur, qui a encore avancé 70 000 livres tournois en la circonstance, la situation se gâte : Agnès Sorel est morte et des accusations sont formulées contre lui.

L'argentier du roi

La mort d'Agnès Sorel

Alors que Charles VII passe l'hiver de 1449 en Normandie, Agnès Sorel, enceinte pour la quatrième fois, s'ennuie à Loches. Aussi décide-t-elle d'aller rejoindre son amant. Bravant le froid et la bise, empruntant des chemins défoncés, elle arrive le 5 janvier 1550 à Jumièges. On la loge au château du Mesnil. Le 9 février, elle accouche d'une fille (qui ne survivra que quelques jours) mais une fièvre puerpérale l'emporte le 11 février vers six heures du soir. Jean Chartier, historiographe du roi, écrit : « Elle eut, durant cette maladie, belle et grande contrition et repentir de ses péchés. En vraie catholique, après la réception des derniers sacrements, elle demanda son livre d'heures pour dire les vers de saint Bernard qu'elle avait tracés de sa propre main. » Après avoir distribué, par testament, 60 000 écus à ses serviteurs, elle choisit Robert Poitevin, médecin du roi, Étienne Chevalier et Jacques Cœur comme exécuteurs testamentaires... Charles VII est très affecté par la mort d'Agnès.

En mai 1450, Pierre de Brézé est nommé sénéchal de Rouen et de Normandie. Il ne sera plus en mesure d'assister au conseil royal où l'intrigant Guillaume Gouffier accroît son influence.

En juin 1450 s'ouvre le procès de Jean Barillet de Sancoins, membre du conseil royal, accusé de malversations et de crime de lèse-majesté. Soumis à la torture, il est déclaré coupable, emprisonné à vie. Il doit payer 60 000 écus d'amende et ses biens sont confisqués. Jacques Cœur ne comprend pas qu'il assiste à la préfiguration de son propre procès. Louis XI réhabilitera Sancoins et en fera son maître des comptes.

Les accusations

Depuis 1445, Jacques Cœur est l'objet d'un certain nombre d'attaques.

C'est d'abord Jean Jouvenel des Ursins, archevêque de Reims, qui dénonce des excès dans les affaires du royaume, sans citer nommément Jacques Cœur : « Celui qui le fait était jadis un pauvre compagnon... Il a pris toutes les marchandises de ce royaume et a partout ses facteurs. »

En 1447, Jacques Cœur décide de transférer la plus grande partie de ses activités commerciales de Montpellier à Marseille. Les notables et marchands du Languedoc sont inquiets et protestent. Ils accusent Jacques Cœur de collusion avec le roi René d'Anjou, suzerain de Marseille. Le 30 septembre 1450, Charles VII accorde une audience à deux employés du Languedoc : Pierre Teinturier et Otton Castellani. Une information secrète est ouverte.

Au début de 1451, Charles VII prend comme maîtresse une cousine d'Agnès Sorel : Antoinette de Maignelay. Devenue favorite en titre, elle n'hésite pas à faire entrer dans la couche du roi de jolies filles pour le dominer par la volupté. Il n'est pas sans intérêt de noter que Guillaume Goufier, ennemi de Jacques Cœur, est au mieux avec elle.

En juillet 1451, Jeanne de Vendôme, dame de Mortagne, accuse Jacques Cœur d'avoir empoisonné Agnès Sorel.

L'arrestation

Jacques Cœur, qui n'est pas au courant de toutes les accusations portées à son encontre, ne se sent pas menacé dans l'immédiat. Certes, il est conscient que Charles VII se laisse influencer par des individus sans scrupules, mais il pense que sa position auprès du souverain est encore solide... D'ailleurs, dans la seconde moitié de ce mois de juillet 1451, Charles VII lui verse quelques sommes d'argent : 600 livres pour sa charge de visiteur général des gabelles, 1 200 livres pour frais de garde, 500 livres pour frais divers, 760 livres en remboursement d'emprunts. Aussi, le 30 juillet, Jacques Cœur écrit-il à Macée : « Je suis aussi bien envers le roi que je n'ai jamais été. » Une affirmation démentie le lendemain.

Le 31 juillet, au château de Taillebourg, le roi convoque son conseil sans en aviser l'argentier. Il apprend à ses conseillers que Jacques Cœur est l'objet d'une information pour avoir empoisonné Agnès Sorel et commis diverses malversations.

Prévenu on ne sait pas par qui, Jacques Cœur fait irruption

L'argentier du roi

dans la salle du conseil et réclame que le roi lui tienne « termes et raisons de justice ».

Charles VII lui répond que sa demande est raisonnable et qu'il y souscrit. Confiant autant que bouleversé, Jacques Cœur regagne son appartement. Les gardes qui l'escortent et bloquent sa porte lui apprennent alors qu'il est en état d'arrestation !

L'attente commence.

Commissaires, notaires et tabellions s'apprêtent à instrumenter. Mais avant de suivre les méandres d'une instruction faisant peu de cas des « termes et raisons de justice » invoquées par Jacques Cœur, il n'est pas sans intérêt de brosser un tableau réaliste de l'empire commercial constitué par l'accusé. La procédure y gagnera en clarté.

III

L'EMPIRE COMMERCIAL DE JACQUES CŒUR

Les principes

Jusqu'au XIIIe siècle, le grand commerce, interrégional ou intercontinental, est de nature itinérante : le marchand accompagne ses marchandises, les écoule au terme de son voyage et revient avec une cargaison de produits différents. Ne sachant ni lire ni écrire, il ne tient aucune comptabilité. A la fin du XIIIe siècle, la diffusion de l'instruction permet la tenue d'une comptabilité. L'instauration de l'assurance et de la lettre de change simplifie les opérations financières. Aussi le grand marchand préfère-t-il rester chez lui et diriger de loin ses affaires par l'intermédiaire de facteurs. Jacques Cœur appartient à cette nouvelle génération de marchands.

Jacques Cœur débute sa carrière dans les affaires de son père. Mais ce commerce limité au cadre de la ville de Bourges ne répond pas à ses aspirations. Certaines conversations et son voyage en Orient lui montrent qu'il faut, comme les Vénitiens, les Génois et les Florentins, se tourner vers les richesses des pays musulmans bordant la Méditerranée orientale.

Pour pratiquer le commerce international, il est nécessaire d'avoir des appuis politiques. C'est pourquoi Jacques Cœur mise dès le départ sur Charles VII. Pour commercer avec les pays musulmans, il faut faire lever progressivement l'interdiction pontificale concernant les échanges avec les pays musulmans, d'où l'établissement de bonnes relations avec le Saint-

L'empire commercial de Jacques Cœur

Siège. Il importe aussi de garder une attitude déférente devant les manifestations religieuses et sociales de l'Islam.

Le commerce avec l'Orient exige des ports et des navires. Jusqu'alors la navigation en Méditerranée est le monopole des Italiens. C'est pourquoi Jacques Cœur ranime l'activité des ports du Languedoc et de Provence et fait construire une flotte personnelle.

En organisant ses structures commerciales, Jacques Cœur s'efforce toujours de posséder ou de contrôler l'ensemble du circuit : la production, l'achat, la vente, la distribution, le transport. Il réalise ce que de nos jours on appelle « une concentration verticale ».

Mais Jacques Cœur ne se contente pas d'accumuler les profits. Il veut en faire un bon usage. Aussi se construit-il un patrimoine de terres, de châteaux, de maisons à l'abri des fluctuations monétaires. Il croit en la solidité de ce genre de placements.

L'évolution des concepts d'association

Les idées de Jacques Cœur concernant les associations passent par trois phases successives.

Dans la première (1433-1435), Jacques Cœur, ne disposant pas de capitaux suffisants, recherche des associés avec lesquels il partage les bénéfices de ses opérations commerciales.

Dans la deuxième (vers 1439), il fait cavalier seul. Ses possibilités lui permettent de se passer d'associés. Il préfère utiliser des facteurs, c'est-à-dire des employés rémunérés.

Dans la troisième (vers 1442), devant l'extension du secteur de ses activités, Jacques Cœur utilise deux procédés : il fonde des sociétés à durée déterminée et il prend des participations dans des associations multiples. Il augmente et diversifie ainsi ses sources de gains.

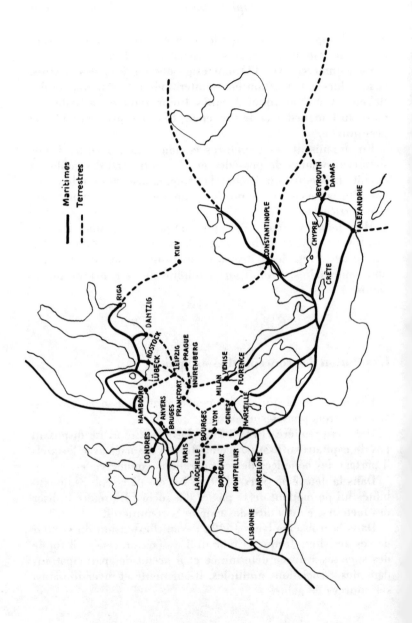

LES ROUTES COMMERCIALES. XVe siècle

L'empire commercial de Jacques Cœur

Les voies de communications

Les voies de communications sont les artères vitales de l'empire Cœur. Sans elles, rien n'eût été possible...

Le royaume dispose certes d'un réseau routier. Mais du fait des guerres et des faibles moyens financiers des rois, il se trouve en mauvais état. Seuls les grands chemins royaux peuvent être utilisés par les bêtes de somme munies de bâts, les charrettes et les lourds chariots à quatre roues. L'insécurité est grande et il est nécessaire de s'acquitter de nombreux droits de péage. Les frais de transports s'élèvent pour les produits chers (draps, épices) à 25 % du coût initial et atteignent 150 % pour les marchandises pauvres et volumineuses (grains, vins).

Aussi les marchands médiévaux préfèrent-ils les voies fluviales. En France, la voie rhodanienne prolongée vers la Moselle et la Meuse est le grand axe de commerce Nord-Sud. Certes, les péages sont nombreux (74 sur la Loire, 60 sur le Rhône, 58 sur la Seine, 70 sur la Garonne). Mais une série d'ordonnances inspirées par Jacques Cœur en supprime la plupart.

Le transport par mer est le moyen par définition du commerce maritime. Malgré les risques de naufrage et de piraterie, le coût du transport par mer est peu élevé : 2 % de la valeur pour la laine et la soie, 15 % pour les grains.

Bien entendu, il est nécessaire de disposer de ports de bateaux. Après Lattès, Jacques Cœur aménage Miréval, Aigues-Mortes, Frontignan, Agde et s'intéresse à Marseille. Pour les bateaux, il achète d'abord des galées construites à Gênes puis se lance dans la construction navale (après avoir obtenu du duc de Savoie l'autorisation de prendre du bois d'œuvre dans ses forêts de Seyssel). Vers 1450, la flotte de Jacques Cœur comporte, outre les petits caboteurs et les bateaux fluviaux, sept navires de haute mer. On connaît les noms de six d'entre eux : *Notre-Dame Saint-Denis, Notre-Dame Saint-Jacques, Notre-Dame Sainte-Marie-Madeleine, Notre-Dame Saint-Michel, le Navire de France* et *la Rose*. Des appellations pour le moins évocatrices !

Gilles de Rais et Jacques Cœur

Les comptoirs

Claude Poulain, traitant de l'empire commercial de Jacques Cœur, écrit : « L'organisation que Jacques Cœur était parvenu à mettre sur pied devait tenir compte de deux grands courants de marchandises. D'une part, il lui fallait faire expédier et répartir à travers la France les cargaisons débarquées des navires revenant du Levant. D'autre part, il devait acheminer, en partie vers les ports où on les concentrait avant de les exporter, en partie vers les comptoirs pour les vendre sur place, les produits, fabriqués en France ou dans les pays limitrophes, dont il assurait la diffusion[1]. » D'où l'existence de cinq catégories d'établissements commerciaux :

● Les ports de la Méditerranée : Lattès, Miréval, Aigues-Mortes, Frontignan, Agde, Collioure.

● Les villes concentrant ou diffusant les marchandises des ports : Montpellier, Béziers, Beaucaire.

● Les centres de distribution : Bourges, Buzançais, Bruges, Cherbourg, Exmes, Le Puy, Loches, Lyon, La Rochelle, Rouen, Tours.

● Les centres où les correspondants exclusifs vendaient les marchandises et achetaient les productions locales : Angers, Avignon, Bordeaux, Carcassonne, Fanfeaux, Issoudun, Limoges, Le Mans, Reims, Orléans, Saumur, Tonnay, Troyes, Saint-Malo, Paris.

● Les comptoirs d'achat extérieurs au royaume, situés soit en Orient (Damas, Beyrouth, Alexandrie, Le Caire, Alep, Famagouste), soit en Occident (Barcelone, Gênes, Venise, Florence, Gand, Londres, Amsterdam, Lisbonne, Douvres...).

En France, Bourges sert de plaque tournante. C'est là que se croisent deux voies majeures : la Nord-Sud (Bruges, Montpellier) et l'Est-Ouest (Lyon, Tours, La Rochelle).

---

1. *Op. cit.*

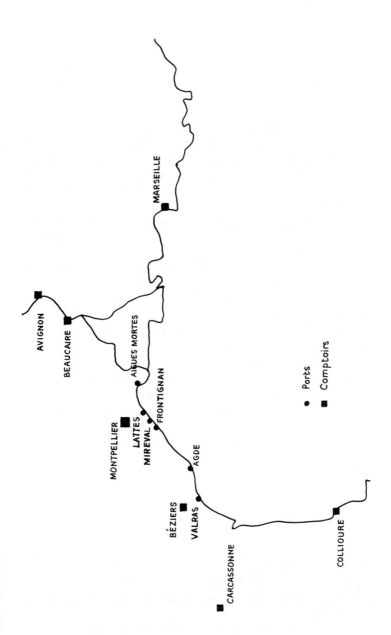

LE LITTORAL MÉDITERRANÉEN

Gilles de Rais et Jacques Cœur

Les facteurs

Pareille organisation requiert l'existence de collaborateurs dévoués, habiles, honnêtes. Ces hommes doivent être capables d'initiatives et être des gestionnaires scrupuleux. Des deux cents facteurs ou directeurs de comptoirs, l'histoire a retenu les noms d'Antoine Noir (Montpellier), d'Hervé Paris (Bruges), d'Hugues Aubert (Rouen), des frères Villars (Lyon), d'André Vidal (Toulouse), de Guillaume Tripault (Bourges), de Pierre Jobert, de Simon de Varye, de Martin Anjorrant, d'Étienne de Manne, de Barthélemy de Carmonne, de Jean Bourdin, de Guillaume Gimart...

Mais les deux collaborateurs les plus importants de Jacques Cœur sont : Jean de Village (son second dans l'action) et Guillaume de Varye (son chef comptable).

N'oublions pas non plus les secrétaires, les commis, les muletiers, les palefreniers, les manutentionnaires, les marins. Plusieurs milliers de personnes travaillent pour le prince des marchands.

Celui-ci réussit, soulignons-le, à créer un esprit d'entreprise chez ses subordonnés. Il fait confiance à ses facteurs, les autorisant même à commercer pour leur propre compte, sous réserve d'être mis au courant de leurs transactions. De plus, il leur favorise l'accès à des emplois royaux.

L'histoire n'a pas retenu de conflits graves entre Jacques Cœur et ses collaborateurs. Au contraire, la fidélité de ces derniers ne fera jamais défaut à l'argentier, même après son arrestation.

Un trust à concentration verticale

Nous avons vu qu'un des principes guidant l'action de Jacques Cœur est de posséder (ou de contrôler) le système économique allant de la production à la consommation en passant par le commerce. Ce qui va le conduire à s'intéresser aux mines et à l'artisanat.

Le 24 juillet 1444, Charles VII accorde à Jacques Cœur, par lettres patentes, la concession des mines situées dans le Lyon-

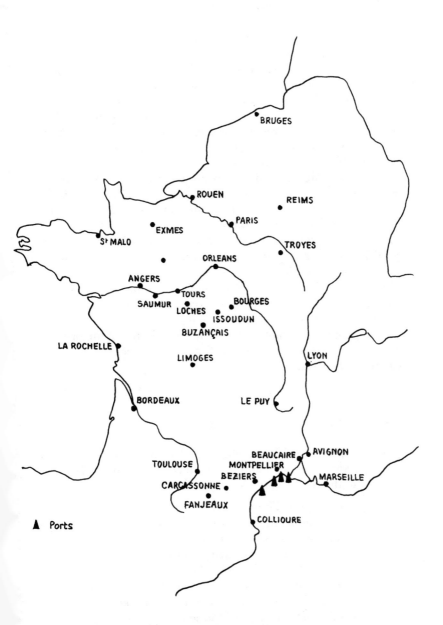

LES COMPTOIRS DE JACQUES CŒUR

nais et le Beaujolais et ce, pour une durée de 12 ans, contre l'imposition de deux cents livres par an.

Ces mines, dont l'exploitation était abandonnée, sont situées à Pampailly (argent et plomb), à Saint-Pierre-la-Palud et Chissieu (cuivre), à Joux-sur-Tarare (argent et cuivre).

Pour remettre ces mines en activité, Jacques Cœur s'associe à des hommes d'affaires du Lyonnais. Il fait aussi venir d'Allemagne du personnel spécialisé... Les mineurs perçoivent des salaires décents et bénéficient d'avantages en nature : logement, vêtements, nourriture, soins médicaux. Cependant les comptes d'exploitation ne laissent pas apparaître de grands bénéfices. On peut alors se demander pourquoi Jacques Cœur y attache une telle importance.

Notre argentier s'intéresse aussi à l'artisanat. Par le biais des participations, il fabrique de la soie à Florence, des draps de laine à Bourges, des draps de lin à Bruges, des teintures à Montpellier, du papier à Rochetaille (Lyonnais). Des armes sont produites en collaboration avec des armuriers italiens à Bourges et avec un Allemand à Tours.

Nous sommes incontestablement en présence d'un précurseur du capitalisme moderne réalisant une concentration verticale d'entreprises...

L'inventaire des biens immobiliers

Les énormes bénéfices réalisés par Jacques Cœur sont placés dans l'acquisition de biens immobiliers. Leur inventaire est impressionnant :

- palais Jacques Cœur, Bourges ;
- grande maison de Sainte-Ausrille, Bourges ;
- maison de Saint-Hippolyte, Bourges ;
- maison de la porte Gordaine, Bourges ;
- maison de la rue d'Auron, Bourges ;
- maison de la rue des Arènes, Bourges ;
- huit toises des anciennes murailles, Bourges ;
- des terres et un verger, Bourges ;
- des vignes près de Bourges ;
- château de Menetou-Salon, Cher ;

L'empire commercial de Jacques Cœur

- seigneurie d'Ainay-le-Vieil, Cher ;
- seigneurie de Barlieu, Cher ;
- maison et terres de Marmagne, Cher ;
- maison et terres de Maubranches, Cher ;
- maison et terres à Liry, Cher ;
- grange d'Asnières, Cher ;
- terres à Chabris, Indre ;
- seigneurie de Roanne, Loire ;
- seigneurie de Saint-Raon, Loire ;
- seigneurie de La Motte-Saint-Roman, Loire ;
- château de Boissy, Loire ;
- terres à La Forest, Loire ;
- seigneurie de Saint-Fargeau, Yonne ;
- terre de Toucy, Yonne ;
- terre de Malicorne, Yonne ;
- terre de Melleroy, Loiret ;
- terre de Champignelles, Yonne ;
- terre de Villeneuve, Yonne ;
- maison et terres à Saint-Pourçain ;
- terres à Saint-Gérard-de-Vaulx, Allier ;
- terres à Saint-Loup, Allier ;
- seigneurie de La Bruyère, Allier ;
- hôtel de l'Argenterie, Tours ;
- maison à Tours ;
- maison de la rue Mercière, Lyon ;
- maison de Saint-Niziers, Lyon ;
- jardin à Lyon ;
- mines à Joux ;
- mines de Chessy ;
- mines de Pampailly ;
- maison et moulin à papier à Rochetaille, Rhône ;
- grande maison, rue Embouque-d'Or, Montpellier ;
- maisons à Montpellier ;
- maison à Beaucaire ;
- maison et terres à Béziers ;
- terres à Bessan, Hérault ;
- mas d'Encivade, Hérault ;
- maison de Marseille ;
- maison de Perpignan ;
- maison, rue des Archives, Paris.

Gilles de Rais et Jacques Cœur

Guy Antonetti, dans son livre *L'Économie médiévale* (Que sais-je n° 1606), évalue la fortune de Jacques Cœur à 60 000 livres tournois, soit à peu près ce que rapporte alors la taille royale (deux milliards de nos francs actuels!). Et André Couvin d'écrire : « L'homme qui était capable de prêter au roi environ le quart de budget du royaume... devait exciter l'envie, les rancœurs et être l'objet d'accusations diverses [1]. » Pour nombre de ses contemporains, derrière la disgrâce de Jacques Cœur se profile l'ombre de sa trop grande fortune. Reconnaissons que même une étude superficielle du procès intenté à l'ami d'Agnès Sorel et du dauphin Louis ne permet point d'infirmer pareille analyse.

---

1. *En Berry. Sur la route de Jacques Cœur*, Guide Marabout.

IV

LE PROCÈS ET LA MORT

Des commissaires zélés

Tandis que Jacques Cœur fait connaissance avec un cachot de la forteresse de Taillebourg, le roi et son conseil désignent les commissaires chargés de l'instruction.

Un premier groupe reçoit la mission de recueillir dans tout le royaume les témoignages défavorables à l'accusé. Dès le départ, l'enquête est orientée ; la procédure utilisée prouve aussi la faiblesse de l'accusation. Les commissaires sont :
— Guillaume de Gouffier, membre du conseil royal et ennemi de Jacques Cœur ;
— Otton Castellani, négociant languedocien, concurrent de Jacques Cœur ;
— Pierre Grenier, notaire royal à Montpellier ;
— Jean de Vaulx, juge à Montpellier ;
— Jean d'Étampes, général des finances du Languedoc ;
— Bertrand Nantaire, maître des monnaies ;
— Jean Gomyon, maître des monnaies ;
— Jean Rogier, notaire à Tours ;
— Olivier Frétard, enquêteur dans le Berry ;
— Jacques de La Fontaine, enquêteur dans le Berry ;
— Marsolli ;
— Barthélemy.

Neuf commissaires constituent le groupe chargé d'interroger l'accusé et d'auditionner les membres de la cour :

Gilles de Rais et Jacques Cœur

— Denis Daussure, membre du conseil royal ;
— Pierre Gaboureau, conseiller au parlement de Paris ;
— Léon Guerinet, conseiller au parlement de Paris ;
— Guillaume Thoreau, notaire royal ;
— Jean Bardin, avocat du roi ;
— Pierre de Roigne, avocat du roi ;
— Jean Tudert, maître des requêtes du roi ;
— Hugues de Conzay, lieutenant-général en Poitou ;
— Élie de Tourette, lieutenant-général en Saintonge.

Malgré leur désir de satisfaire et leur animosité personnelle et les ordres du roi, les commissaires éprouvent bien des difficultés pour constituer un dossier cohérent : vingt mois seront nécessaires !

La première commission ne recueille que 22 charges. Pourtant Castellani en a collecté 12 à lui seul ! Il est vrai qu'il est l'agent des Médicis de Florence, très intéressés par la disparition d'un concurrent...

Les chefs d'accusation

A son grand regret, la commission d'enquête ne peut retenir l'accusation portée par Jeanne de Vendôme (selon laquelle Agnès Sorel a été empoisonnée par l'argentier). Robert Poitevin, médecin du roi et d'Agnès Sorel, démontre que la Dame de Beauté est morte d'un accès de fièvre puerpérale. Malgré les pressions, il maintient son diagnostic. Aussi doit-on se contenter de quatorze chefs d'accusation. Mais seul le nombre fait impression.

1. Avoir fait frapper des monnaies sous-titrées en 1429 (Jacques Cœur et ses associés avaient obtenu des lettres de rémission. On revient donc sur une chose jugée et amnistiée par le roi).

2. Avoir fourni des armes aux Sarrasins (Jacques Cœur avait offert au sultan des armes de parade : douze haches, douze guisarmes, quelques arbalètes. Les Sarrasins n'attendaient point après cet apport pour renforcer leur potentiel militaire !).

3. Avoir exporté à Alexandrie du cuivre et de l'argent (le roi était au courant et en tirait des avantages).

Le procès et la mort

4. Avoir vendu de l'argent monnayé à l'effigie de la fleur de lys (le roi était le premier bénéficiaire de cette transaction).

5. Avoir exporté des monnaies vers d'autres pays et en particulier en Avignon (il s'agit de paiements de rançons ou de versements des fidèles au pape).

6. Avoir renvoyé un jeune esclave maure en Égypte (Jacques Cœur avait agi à la demande des marchands languedociens et du grand maître de Rhodes, soucieux de ne pas mécontenter le sultan. De plus, il s'était conformé à une coutume de l'époque).

7. Avoir embarqué de force à bord de ses galées des hommes qui n'étaient pas des condamnés (Charles VII avait autorisé l'enrôlement des vagabonds).

8. Avoir géré à son seul profit les fermes des foires de Pézenas et de Montagnac (Jacques Cœur n'avait touché que des commissions normales).

9. Avoir commis des illégalités dans ses fonctions de commissaire aux états du Languedoc (accusation gratuite : aucun fait à l'appui).

10. Avoir bénéficié de sa double position de banquier du roi et de banquier du Trésor (le cumul des fonctions était dû à la volonté du roi).

11. Avoir spéculé sur la valeur des monnaies (Charles VII en était le principal bénéficiaire).

12. Avoir commis des malversations dans la répartition des dommages dus à des sinistres pour les marques de Gênes, de Genève, de Provence, de Catalogne (accusation sans preuves).

13. Avoir abusivement détenu un petit sceau analogue au sceau secret du roi (le sceau avait été confié par Charles VII à Jacques Cœur pour faciliter son action diplomatique).

14. Avoir porté atteinte à l'honneur du roi en déclarant aux ambassadeurs du duc de Bourbon, venus demander pour le fils du duc la main de Jeanne, fille de Charles VII, qu'ils n'obtiendraient rien, sans argent, du roi (il s'agit d'une plaisanterie dont Charles VII avait bien ri).

Mettre vingt mois pour établir des chefs d'accusation aussi inconsistants que ridicules dénote certes l'acharnement mis par les commissaires pour établir la culpabilité de Jacques Cœur. Mais c'est aussi la confirmation qu'il existe d'autres motivations

ne pouvant être exposées au grand jour. D'ores et déjà, nous pouvons en déceler quelques-unes :
 1. Charles VII n'aime pas l'assurance prise par Jacques Cœur dans les affaires diplomatiques et financières. Il craint que cela lui porte ombrage.
 2. Charles VII connaît les bonnes relations existant entre son argentier et le dauphin, le futur Louis XI.
 3. Charles VII pense, en éliminant Jacques Cœur, mettre la main sur sa fortune et sur ses biens.
 4. Charles VII soupçonne Jacques Cœur d'avoir passé des accords secrets avec le pape et des souverains étrangers (roi d'Aragon, roi René d'Anjou).
 5. Les notables du Languedoc sont inquiets du transfert des activités commerciales de Montpellier à Marseille.
 6. Certains hommes d'affaires français et étrangers seraient heureux de voir disparaître un concurrent.
 Un siècle plus tard, Haillan, historien d'Henri III, n'hésitera pas à écrire : « Mais comme en France un homme ne peut devenir riche par sa grande industrie, qu'incontinent il ne soit envié, soupçonné et accusé de moyens illicites, il fut accusé d'avoir intelligence secrète avec les Turcs, au préjudice et détriment des chrétiens. Voilà ce dont quoi on l'accusait, mais la source de son arrestation procédait de la jalousie que l'on portait à ses grandes richesses et à son industrie. »

La défense de Jacques Cœur

 Emprisonné d'abord au château de Taillebourg, Jacques Cœur est transféré au château de Lusignan en décembre 1451. Là il est placé sous la garde d'Antoine de Chabannes qui n'est pas précisément l'un de ses amis. Quelques mois après, nouveau transfert : Jacques Cœur se retrouve au château de Maillé. Charles VII, craignant qu'on veuille le délivrer, garde son prisonnier à proximité des lieux où il séjourne !
 C'est au fond de ses prisons que Jacques Cœur apprend la mort de son frère, Nicolas, évêque de Luçon (septembre 1451), et celle de sa femme (décembre 1452). Il n'ignore pas non plus

Le procès et la mort

qu'une partie de ses biens a déjà été saisie, que le roi lui a prélevé 100 000 écus pour les frais de guerre de Guyenne.

On lui refuse le droit de prendre un conseil car : « On n'est pas habitué en ce royaume, quand un officier est accusé de choses qui touchent son office, de donner conseil. Il doit se défendre par sa seule bouche. » On lui refuse aussi le droit de voir ses plus proches collaborateurs (ceux-ci, menacés d'arrestation, ont fui le royaume). Au cours de la procédure, on le laisse dans l'ignorance des déclarations faites par les témoins.

Pourtant Jacques Cœur se défend bien. Ses réponses font voler en éclats les chefs d'accusation. Mais les juges s'en moquent comme de leur premier serment ! Ayant été enfant de chœur à la Sainte Chapelle de Bourges, Jacques a reçu la première tonsure : aussi invoque-t-il le privilège de la cléricature, c'est-à-dire d'être traduit devant un tribunal ecclésiastique. D'ailleurs certains évêques, parmi lesquels Jean Bernard de Tours, réclament le prisonnier. Invités à se prononcer sur ce point de droit, les commissaires refusent le privilège de la cléricature mais se gardent bien de notifier officiellement leur décision !

Le pape Nicolas V prend la défense de l'accusé. En décembre 1451, son légat en France, le cardinal d'Estouteville[1], demande audience au roi pour l'entretenir du cas Jacques Cœur. Charles VII refuse, prétextant que le château de Chissay ne possède pas d'appartements susceptibles de loger le représentant pontifical ! En mai 1452, Nicolas V promulgue une bulle confirmant et renouvelant les privilèges accordés à Jacques Cœur pour le commerce avec les infidèles. Charles VII y voit une preuve de collusion de son ex-argentier avec le Saint-Siège !

Excédés par la défense de l'accusé, les commissaires décident en mars 1453 d'utiliser la torture pour obtenir des aveux. C'est pourquoi on peut lire, en marge des pièces de l'interrogatoire, les présentes mentions : « Lui a été dit l'appointement que s'il ne dit vérité, on la lui fera dire par torture et par question... lui étant sur la sellette a été interrogé... s'est assis sur le billot... lui a été ôté son pourpoint et lui liant les bras... lui étant lié par les bras et par les pieds. » Dès lors, après avoir pro-

---
1. Grand nom normand déjà rencontré dans le dossier Gilles de Rais.

testé, il déclare qu'il confessera « ce qu'on voudra[1] ». Finalement, la peur, la souffrance, l'épuisement ont raison de sa résistance. Il finit par reconnaître sa culpabilité et par demander grâce au roi.

Le 26 mai 1453, Jacques Jouvenel des Ursins, évêque de Poitiers, tente une ultime démarche : il délègue ses vicaires généraux au roi pour que l'accusé, devenu, par son veuvage, clerc solu, soit déféré à l'officialité de son diocèse. Le roi promet de faire examiner la question.

Le 28 mai, Jean Cœur, archevêque de Bourges, fait appel, devant notaire, des griefs retenus contre son père.

Le 29 mai, Guillaume de Jouvenel des Ursins, chancelier de France, donne lecture au château de Lusignan de la sentence clôturant le procès Jacques Cœur.

L'exécution de la sentence

La sentence déclare Jacques Cœur coupable du crime de lèse-majesté. Mais en raison des services qu'il a rendus, la peine de mort ne sera pas exécutée. Manifestement, Charles VII est obligé de tenir compte des interventions du pape et des évêques en faveur de l'accusé. Néanmoins Jacques Cœur doit faire amende honorable ; il est déclaré indigne d'exercer des fonctions publiques ou royales et ses biens sont confisqués. De plus, il est banni du royaume mais ne pourra quitter celui-ci qu'après le paiement de deux amendes de 100 000 et de 300 000 écus (600 000 livres au total).

Le 1er juin 1453, Charles VII désigne Jean Dauvet, procureur général au parlement de Paris, pour faire appliquer la sentence. C'est un homme intègre. Mais on lui donne comme assistants Otton Castellani et Jean Briçonnet !

Le 5 juin, Jacques Cœur, en chemise, à genoux et tenant un cierge de dix livres, fait amende honorable devant le procureur du roi.

Le 6 juin, le procureur général se présente au château de Poitiers dans lequel est détenu Jacques Cœur. Il demande à ce

---

1. Attitude identique à celle qu'avait adoptée, treize ans plus tôt, Gilles de Rais.

dernier de payer sur-le-champ les deux amendes. Le prisonnier répond « qu'il lui est impossible de payer de si grosses sommes ». Le magistrat lui signifie alors qu'il va procéder à la vente de ses biens.

Tandis que Castellani est investi des fonctions d'argentier, le procureur général Dauvet parcourt le royaume pour faire l'inventaire des biens de Jacques Cœur. Cette opération (qui va durer trois ans) rencontre des difficultés sans nombre.

D'aucuns se sont déjà servis. C'est le cas de Gouffier, de Chabannes et de Castellani. Charles VII a donné à sa maîtresse Antoinette de Maignelay des terres que Jacques Cœur possédait à Menetou-Salon dans le Berry.

Les débiteurs se dérobent, contestent leurs dettes, d'où de nombreux procès. La ville de Marseille s'empare de locaux prétextant que Jacques Cœur lui doit de l'argent.

Et puis les amis de Jacques Cœur ont mis en sûreté certains biens. A l'instar de Jean de Village, réfugié auprès du roi René d'Anjou. Par ailleurs, lorsque les agents royaux envahissent la maison et le palais de Bourges, ceux-ci sont vides. Un vieux serviteur feint l'étonnement : « Il y avait si peu de vaisselle qu'on devait en louer... Feue Macée, l'épouse de Jacques Cœur, a tout dépensé, tout vendu. » Il est vrai que la famille avait été avertie de ce qui se tramait dans l'ombre.

Jacques Cœur a tout perdu. Mais la destruction de son entreprise a appauvri le royaume (nonobstant l'enrichissement de quelques parvenus). Claude Poulain écrit : « D'autant que dans leur sottise, ses ennemis n'avaient pas prévu qu'une entreprise en pleine activité vaut plus qu'une affaire brisée, que le trust Cœur, privé de sa tête et de son influx nerveux, perdait beaucoup de sa valeur et qu'en s'effritant il finissait par ne plus rien signifier. »

Une singulière évasion

Dans les derniers jours du mois d'octobre, une nouvelle stupéfiante parvient à la cour : Jacques Cœur s'est évadé.

Pourtant toutes les précautions ont été prises au château de Poitiers : garde renforcée se tenant dans une pièce adjacente à la cellule dont la fenêtre a été murée et la porte renforcée de plaques de fer. Aucune trace de bris n'ayant été relevée, il faut en conclure que le prisonnier est sorti normalement par la porte ! Cela suppose des complicités que l'enquête ne pourra établir.

Inquiet, le roi craint que Jacques Cœur ne rejoigne le dauphin, le futur Louis XI. Il ordonne que tout soit mis en œuvre pour retrouver le fugitif. Ce dernier, agissant selon un plan bien préparé, utilise les possibilités du droit d'asile dont bénéficient les couvents et les monastères. Les Bénédictins, les Cisterciens, les Chartreux et les Cordeliers prennent des risques pour faciliter la fuite de Jacques Cœur à l'étranger.

La première étape conduit le fugitif au prieuré Saint-Martin près de Montmorillon (commune de Dunet). Il s'y repose quelques jours avant de gagner le couvent des Jacobins de Limoges. Deux mois après, il arrive au couvent des Cordeliers de Beaucaire.

Mais sa trace est retrouvée par les agents du roi. Sommé par les envoyés de Charles VII de livrer son protégé, le prieur refuse. Les troupes royales encerclent le couvent. Les moines ne se laissant pas impressionner, Otton Castellani décide de faire assassiner Jacques Cœur en introduisant un agent dans le monastère. Une nuit, Jacques Cœur est assailli par un homme armé d'un poignard : il le met en fuite avec un maillet de plomb. Il écrit alors à Jean de Village qui se trouve à Marseille : « Ne tardez plus à venir me tirer de cette franchise... Et pour Dieu, cher fils, hâtez-vous de me venir en aide ou vous ne me trouverez plus vivant. »

Jean de Village réunit une vingtaine d'hommes décidés, remonte le Rhône à bord d'un navire d'armes, pénètre dans Beaucaire et force par surprise le cercle des assiégeants. A l'issue d'un bref combat, Jean de Village se retire emmenant Jacques Cœur avec lui. Quelques heures plus tard, nos fuyards pénètrent en Provence.

Jacques Cœur à Rome

Le roi René est l'ami de Jacques Cœur. Mais ce dernier ne désire pas rester en Provence. Il veut aller à Rome. Par Taras-

Le procès et la mort

con, Port-de-Bouc, Marseille, il gagne Nice. Là il s'embarque sur une galère qui le conduit à Pise. Puis, après une étape à Florence, il arrive à Rome.

Précisons que le roi Charles VII, furieux et inquiet, demande en vain son extradition à la Provence, à Pise et à Florence.

Donc, aux premiers jours du mois de mars 1454, Jacques Cœur est à Rome. Il y retrouve son fils cadet, Ravant, et bénéficie de la protection du pape Nicolas V. Ce dernier, bien que gravement malade, réunit un consistoire au cours duquel il proclame l'innocence de son protégé, accusé (entre autres) d'avoir reçu 100 000 ducats de la papauté pour infléchir la politique française. Puis il rend hommage à son zèle infatigable pour le bien, l'unité et la grandeur du Saint-Siège. Il met aussi l'accent sur le fait « qu'il n'a jamais reculé devant la fatigue et les dépenses ». Et le pape termine son discours en demandant à ses cardinaux « de pourvoir convenablement à ses nécessités ».

Neuf jours plus tard, Nicolas V meurt, mais son successeur, Calixte III, fera toujours preuve de la plus grande bienveillance envers Jacques Cœur.

Dernière mission

En 1453, le sultan turc Mahomet II s'empare de Constantinople et menace l'Europe centrale et la Méditerranée orientale.

Le pape Calixte III, de la famille des Borgia, âgé de 78 ans, lance l'idée d'une croisade ayant pour objectif la reconquête de la capitale de l'empire romain d'Orient. Son initiative n'enthousiasme guère les princes d'Occident. Seul le duc Philippe de Bourgogne s'intéresse quelque temps à ce projet. Calixte III, n'étant pas de ceux qui se découragent facilement, consacre 200 000 de ses écus à l'armement d'une flotte de 16 unités.

Insuffisante pour remplir sa mission initiale, l'armada pontificale voit ses ambitions se restreindre à la protection des îles chrétiennes de la Méditerranée orientale : Rhodes, Chypre, Lesbos, Chio, Lemnos, Samothrace... Théoriquement, le patriarche d'Apulée en assume le commandement, mais c'est Jacques Cœur qui dirige l'expédition. Nommé capitaine général

Gilles de Rais et Jacques Cœur

des galères papales, il est assisté de son fidèle Guillaume de Gimart.

Mort de Jacques Cœur

Vers la fin de l'été 1456, la flotte, renforcée par quelques navires catalans, quitte Ostie et fait route vers la mer Méditerranée et la mer Égée. Elle remporte des succès qui, sans être spectaculaires, éloignent la menace turque. Mais lors d'un engagement, Gimart trouve la mort et Jacques Cœur est blessé.

Les bateaux gagnent alors l'île de Chio pour y passer l'hiver. Jacques Cœur est conduit à terre. C'est là qu'il meurt le 25 novembre 1456. Mais on ignore si sa mort fut la conséquence de ses blessures ou d'une maladie...

Si l'on en croit le chroniqueur Bazin, il eut le temps d'écrire une dernière lettre à Charles VII pour lui recommander ses enfants : « En égard aux grands biens et honneurs qu'il avait eus en son temps autour lui... afin qu'ils puissent, même ceux qui étaient séculiers, vivre honnêtement et sans nécessité. »

Le corps de Jacques Cœur fut inhumé dans le chœur de l'église du couvent des Cordeliers. C'est là que le moine Thévet (1502-1590) affirme avoir lu, sur son tombeau, l'épitaphe suivante : « *Hic Jacet Cordatus Jacobus Civis Bituricensis* » (ci-gît Jacques Cœur, citoyen de Bourges). Hélas, on ne peut plus aujourd'hui contrôler les dires du moine Thévet : les Turcs ont rasé et l'église et le tombeau.

Un personnage légendaire

De son vivant, Jacques Cœur apparaît déjà comme un être énigmatique ; sa singulière évasion et les incertitudes entourant les circonstances de sa mort en font rapidement un personnage de légende. François Villon (1431-1463) s'en fait l'écho dans son « testament » (1461-1462) :

Le procès et la mort

De povreté me garmentant
Souventes fois me dit le cuer
Homme, ne te doulouse tant
Et ne demaine tel douleur,
Si tu n'as tant qu'eust Jacques Cuer :
Mieux vault vivre soubz gros bureau (bure)
Povre, qu'avoir été seigneur
Et pourrir, soubz riche tombeau.

Qu'avoir esté Seigneur !... Que dis-je ?
Seigneur, las ! Et ne l'est-il mais ? (Ne l'est-il plus ?)
Selon les davitiques dis (les paroles de David)
Son lieu ne congnistras jamais.

D'aucuns se refusent à admettre son trépas. Ils racontent que l'ex-argentier vit à Chypre, qu'il a reconstitué sa fortune, qu'il se livre anonymement à des œuvres charitables.

Dans l'imagination populaire, Jacques Cœur est allé rejoindre Nicolas Flamel et les grands adeptes du passé.

V

L'INITIÉ

Jacques Cœur, disciple de Raymond Lulle

Si l'abbé Lenglet Dufresnoy n'est pas tendre en son *Histoire de la philosophie hermétique* (1742) avec Jacques Cœur — qu'il accuse d'abus de pouvoir et de malversations —, Pierre Borel (1620-1689), en son *Trésor des recherches et antiquités gauloises,* fait de notre homme un alchimiste. Il écrit : « Plusieurs ont estimé qu'il avait la pierre philosophale et que tous ces commerces qu'il avait sur la mer, ces galères et les monnaies qu'il gouvernait, n'étaient que des prétextes pour se cacher, afin de n'être pas soupçonné, et ce bruit a été fort répandu, comme l'a remarqué Lacroix du Maine en sa bibliothèque. » A l'appui de son affirmation, Borel avance les arguments suivants :

- la fortune de l'argentier était supérieure à toutes celles de son temps ;
- Jacques Cœur fit battre des monnaies en argent de trois sols appelées Jacques Cœur « comme Lulle autrefois des Nobles à la Rose » ;
- les « figures hiéroglyphes » existent tant sur le palais de Bourges que sur la Loge de Montpellier (deux édifices construits par l'argentier) ;
- des écrits alchimiques ont été rédigés par Jacques Cœur : « Il y a un livre entier manuscrit à Montpellier, entre les mains de M. de Rudavel, conseiller. » Précisons que ces ouvrages n'ont jamais été retrouvés.

L'initié

Borel rapporte aussi une tradition qu'il a recueillie : « J'ai ouï raconté à un vieillard de Montpellier l'histoire de Jacques Cœur d'une autre sorte ; à savoir : qu'il était natif de Poussan, près de Montpellier ; qu'il avait été très pauvre, et qu'ayant fait son apprentissage d'orfèvre il n'avait eu de quoi louer boutique ; mais qu'ayant rencontré Raymond Lulle, majoricain, qui passa à Montpellier, et ayant fait connaissance et amitié avec lui, Lulle l'ayant trouvé digne de son affection, lui avait communiqué son secret de faire de l'or. »

Raymond Lulle, dit le *Docteur illuminé*, est né en 1233 à Palma de Majorque. De famille noble et riche, sa vie est d'abord celle d'un aristocrate raffiné, désœuvré et dissolu. A trente ans, il tombe amoureux d'une jeune veuve, Ambrosia, qu'il poursuit de ses assiduités. Un jour, il croit être parvenu à ses fins car Ambrosia le laisse entrer chez elle. C'est alors que dégrafant son corsage, l'hôtesse lui montre ses seins rongés par le cancer. Impressionné, Lulle prend la résolution de mener une vie plus pure et de consacrer ses forces à la conversion des infidèles. Après un pèlerinage à Saint-Jacques-de-Compostelle, il revient vivre en ermite sur une montagne de Majorque. Menant une vie contemplative jusqu'à l'illumination, il met au point son *Ars magna sciendi* (le grand art du savoir) dont l'objet est de confondre les infidèles et de les amener au christianisme. Il apprend l'arabe et entreprend de parcourir l'Europe. En 1289, à Montpellier, il est l'élève d'Arnaud de Villeneuve et s'initie à l'alchimie. Il va à Tunis pour commencer sa campagne de conversion mais se fait expulser. On le retrouve à Naples en compagnie d'Arnaud de Villeneuve. C'est là qu'il réalise de grands progrès en alchimie. Reprenant ses pérégrinations, il se rend en Espagne, à Vienne, en Terre sainte et en Angleterre. En 1312, il réalise, à la Tour de Londres, devant Édouard II, une transmutation métallique. L'or obtenu est transformé en pièces dites « les Nobles à la Rose ». Il retourne en Afrique du Nord mais est lapidé à Bougie en 1315. Il meurt avant que son navire rentre à Majorque.

Raymond Lulle passe pour avoir écrit un grand nombre d'ouvrages alchimiques mais, en réalité, la paternité n'est sensible que pour quelques-uns : le *Vade-mecum*, le *Testamentum*, le *Codicille*. Pourtant l'œuvre alchimique de Raymond Lulle a été systématiquement mise en doute. Ganzenmüller nous en

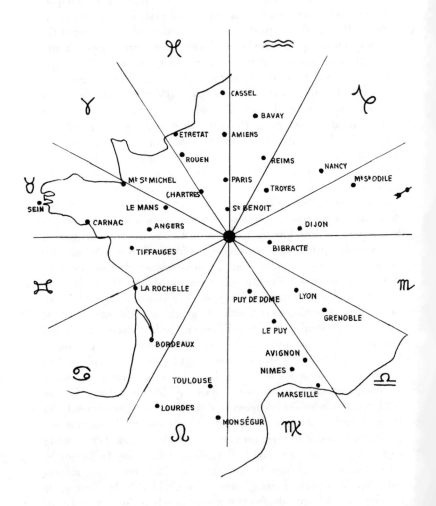

LE ZODIAQUE DE BOURGES

L'initié

donne la raison : « C'est dans le milieu ecclésiastique que s'affirma ce doute : il était difficile, en effet, de concilier l'activité d'alchimiste de Lulle avec l'admiration qu'on devait avoir pour un martyr de la Foi [1]. »

Quant à la tradition rapportée par Borel, elle est invraisemblable. Ce que nous savons de Jacques Cœur infirme une origine languedocienne. De plus Raymond Lulle, mort en 1315, n'a pu rencontrer l'argentier né en 1400. Cette tradition est toutefois intéressante dans la mesure où elle rattache Jacques Cœur à un grand initié. Mais il est aussi d'autres liens : ceux qui le relient au prestigieux passé de Bourges...

Bourges, centre du monde

La ville de Bourges occupe l'emplacement d'un oppidum gaulois appelé *Avaricum*, c'est-à-dire sommet. Avant la conquête romaine, elle était la capitale d'un peuple établi entre la Loire et la Vienne : les Bituriges, étymologiquement les « Rois du Monde » (Byod = monde et rix = roi).

En effet, sur le plan traditionnel, Bourges est un centre du monde, c'est-à-dire la projection terrestre du Centre céleste matérialisé par l'étoile polaire. Les travaux de René Guénon, de Françoise Le Roux et de Jean Markale ont mis en relief l'importance, chez les Celtes, de la notion d'*Omphalos*, de nombril ou de centre. Le terme *Omphalos* est d'origine grecque ; il désignait la pierre sacrée érigée dans le temple de Delphes, centre du monde hellénique. Puis, par extension, le terme s'appliqua non seulement au centre géographique mais aussi au centre spirituel qui lui est superposé. C'est de ce point sacré qu'émanent les énergies subtiles ; c'est là que réside le pouvoir suprême car *l'axis mundi*, l'axe du monde, qui y passe, permet les communications entre le divin et l'humain. De plus, Bourges est le centre d'un zodiaque terrestre dont les douze secteurs angulaires correspondent chacun à une des douze constellations zodiacales.

Certes, Avaricum n'est pas le seul centre du monde de la

---

1. *L'Alchimie au Moyen Age*, Aubier, 1939.

Gaule. Chaque peuple avait le sien. Leur somme constituait un quadrillage assurant la maîtrise de l'espace terrestre. Mais Bourges demeurait le centre des centres du fait de sa position au milieu de l'hexagone. Force est de constater que, depuis des millénaires, Bourges est la capitale hermétique de la France : tout l'atteste, y compris l'histoire de saint Ursin.

Saint Ursin

Le Berry passe pour avoir été évangélisé vers la fin du Ier siècle de notre ère par saint Ursin. Ce personnage a sans doute existé mais, au fil des siècles, il s'est entouré de légendes. L'une d'elles affirme qu'il faut voir en lui Nathanaël, l'un des premiers disciples du Christ, l'Israélite qui, au début de l'Évangile selon saint Jean, se tient sous un figuier (ce dernier figurant l'axe du monde). Une autre légende précise qu'il a emporté avec lui le sang de saint Étienne, le premier martyr du christianisme...

Saint Ursin convertit beaucoup de Gallo-Romains, surtout dans les classes sociales les plus modestes. Cela mécontente le clergé païen et saint Ursin doit se réfugier en un lieu appelé, depuis, La Chapelle-Saint-Ursin. Mais le gouverneur Léocadius se fait chrétien et autorise Ursin à bâtir une première cathédrale dédiée à saint Étienne. Contre la somme symbolique de trois pièces d'or. Ursin meurt un 29 décembre. Puis on perd la trace de son tombeau.

Le 8 novembre 558, le saint apparaît en songe à saint Germain de Paris (qui séjournait à Bourges) et au moine Auguste. Il leur indique que son corps se trouve sous une vigne. Encore une figuration de l'axe du monde et de la tradition ! Le lendemain, le sarcophage contenant le corps intact du défunt est découvert et transporté dans l'église Saint-Symphorien. Curieusement le moine Auguste prend le nom d'Ursin.

Le nom d'Ursin est transparent : c'est celui de l'ours. Sur la porte Saint-Ursin, seul vestige de l'ancienne collégiale du même nom, détruite en 1799, on peut voir des ours aux sommets des pieds droits et un autre tenant un globe en haut du tympan. Nous allons retrouver cet animal symbolique avec

L'initié

Jean de Berry. Auparavant nous ferons remarquer que les fêtes de Saint-Ursin ont une signification solaire puisqu'elles se situent les 19 juin et 29 décembre, c'est-à-dire à proximité des solstices d'été et d'hiver...

Jean de Berry

Beaucoup d'historiens ont donné de Jean, duc de Berry, l'image peu reluisante d'un personnage dur, insatiable, avide, égoïste et insignifiant. Pourtant le duc ne mérite pas cet excès d'indignité. S'il est piètre homme de guerre, c'est, nous l'avons vu, un bâtisseur et un mécène convaincu.
Autour de lui nous trouvons Guy et Dreux de Dammartin, ses maîtres d'œuvre en architecture, Jean de Cambrai et Beauneveu, sculpteurs, Jacquemart de Hesdin et les frères Limbourg, enlumineurs. Citons aussi le moine Luther Hautschild, astrologue, et Jean Flamel, frère cadet de l'alchimiste Nicolas Flamel, qui, tout en étant secrétaire du duc, pratique l'art d'Hermès.
Dans l'inventaire de la librairie de Mehun, résidence ducale, on trouve parmi les nombreux ouvrages religieux, historiques et littéraires, des livres de magie et d'astrologie. Par ailleurs, le duc dispose d'un cabinet de sciences naturelles doté de collections diverses (pierres, animaux empaillés...) et d'appareils de chimie et de physique. L'initiation lui est familière : Jean a été reçu, en 1356, dans l'*Ordre de l'Étoile.*
C'est le 6 janvier 1352, jour de l'Épiphanie, que Geoffroi de Charni fonde l'Ordre militaire et religieux de l'Étoile qui prendra par la suite le nom de *Notre-Dame de la Noble Maison.* Geoffroi de Charni est-il le petit neveu de Geoffroi de Charnay, maître de l'Ordre du Temple en Normandie, brûlé, en compagnie de Jacques de Molay, le 18 mars 1314 ? On ne peut l'établir avec certitude mais il n'en est pas moins vrai qu'il est le gardien du saint suaire, l'une des reliques les plus précieuses des Templiers. Avec l'appui du roi Jean le Bon, Charni fonde donc un ordre de chevalerie s'inspirant de l'idéal templier. La devise en est : « *Monstrant regibus astra viam* » (les astres montrent le chemin aux rois), allusion à l'étoile qui guida jadis les

rois mages. Les chevaliers du Nouvel Ordre portent des chausses noires, une cotte blanche et un chaperon et un manteau rouges. Les trois couleurs de l'œuvre alchimique ! L'ordre n'a qu'une durée éphémère. Assez cependant pour témoigner des préoccupations ésotériques de ses membres.

On remarque que Jean de Berry semble éprouver une véritable passion pour l'ours. Dans sa ménagerie, les ours d'Auvergne et des Pyrénées figurent en bonne place. Il ne se déplace pas sans emmener deux ours dans une charrette particulière placée sous la surveillance d'un maître des ours. Un ours doré couronne le pignon du château de Mehun et, dans la décoration de son livre d'heures et de ses palais, le plantigrade occupe, avec le cygne, la première place...

Gérard de Sède [1] s'est penché sur la miniature ouvrant le calendrier des *Très Riches Heures* [2]. Elle représente le duc, assis à sa table, en son palais de Bourges. Malgré la richesse des mets, le duc garde un maintien austère : ses lèvres sont scellées comme si elles voulaient garder un secret. Debout, à gauche du duc, deux conseillers. L'un, portant un bonnet à deux ailes, figure Hermès, le maître initiateur en alchimie des collèges sacerdotaux égyptiens. Juste derrière le duc, une colonne partage un cercle en deux : c'est l'axe du monde qui pointe vers un chapiteau orné des emblèmes ducaux (des ours et des cygnes).

A droite du duc, un conseiller, en toge rouge, tient à la main une baguette semblable au *lituus* des augures étrusques. Elle désigne la tête d'un cygne. De part et d'autre est inscrit le mot « approche ». Partant des mots « ours » et « cygne » et « approche », la cabale phonétique permet de reconstituer la devise de Jean de Berry, « Oursine le temps venra ».

Ceux qui mettraient en doute l'interprétation de Gérard de Sède pourront lire dans la très sérieuse revue *Archéologia* (n° 134, septembre 1979) un passage consacré au sol de la grande salle du palais ducal de Bourges : « Plusieurs reconstitutions de ce carrelage ont été proposées, qui comportent toutes les mêmes motifs : fleurs de lys, ours, cygnes et mono-

---

1. *Le Trésor cathare*, Julliard, 1966.
2. Voir notre livre *Châteaux forts magiques de France*, Robert Laffont, même collection.

L'initié

gramme V.A., motifs rappelant les armes du duc et sa devise : « Oursine le temps venra (viendra). »

L'ours et le cygne sont les noms de trois constellations de l'hémisphère nord : la Grande Ourse, la Petite Ourse et le Cygne. Or vers la fin du IIe siècle avant notre ère, Hipparque découvre le phénomène de précession des équinoxes. En comparant ses observations avec celles effectuées un siècle auparavant, il constate que les nœuds de l'écliptique (points d'intersection de celle-ci avec l'équateur céleste) ont rétrogradé de près de deux degrés. De multiples observations ont confirmé depuis ce phénomène dû à l'attraction de la Lune et du Soleil sur le renflement équatorial de la Terre. Le déplacement des nœuds est de l'ordre de 50 secondes par an de telle sorte que l'écliptique est parcourue en 25 800 ans. L'une des conséquences de la précession des équinoxes est le déplacement de l'axe des pôles. Celui-ci décrit un cône de révolution en 25 800 ans également. Il en résulte deux phénomènes :

• Le point vernal — qui marque l'équinoxe de printemps — passe d'un signe à l'autre du zodiaque en une période moyenne de 2 160 ans. Il y a 6 000 ans, il était dans le Taureau ; il y a 4 000 ans dans le Bélier ; il y a 2 000 ans dans les Poissons... Il va bientôt entrer dans le Verseau.

• Au cours de son déplacement, l'axe des pôles ne vise pas toujours la même étoile. Si l'étoile polaire est présentement delta de la Petit Ourse, elle était alpha du Dragon au temps de l'ancien empire d'Égypte et elle sera dans 8 000 ans l'étoile double d'Albireo, la tête du Cygne. Or chez les pythagoriciens, c'est la tête du Cygne qui marque, dans la grande année cosmique, la séparation entre la Grande Nuit et le Grand Jour qui durent chacun 12 900 ans. Précisons que le Cygne, oiseau consacré à Hermès, est le symbole de la pureté et de la lumière. Ainsi donc la devise du duc témoigne-t-elle de la connaissance approfondie des cycles temporels que possède Jean de Berry !

Le symbolisme de l'ours

Dans l'église basse, improprement appelée crypte, de la cathédrale de Bourges, se trouve, depuis 1757, le gisant du duc, jadis placé dans la sainte chapelle du palais ducal. Gravement endommagé, le monument a perdu ses 40 pleurants (le nombre de l'attente) mais on peut encore voir aux pieds du gisant un ours muselé.

Dans la mythologie celtique, l'ours est le symbole de la classe guerrière et de l'immortalité. En alchimie, c'est la matière première du Grand Œuvre. Il faut aussi rapprocher l'ours de Artos et de Arthur, Philippe Audouin fait remarquer : « Il est intéressant de noter que le roi Arthur ou mieux Artus, l'argonaute breton qui doit revenir un jour de l'île d'Avalon où il hiberne (c'est, on s'en souvient, l'île des pommiers ou de Belenos) est, de par son nom, un roi ours : son contemporain mythique, le premier comte de Toulouse, avait pour nom Ursio et il aurait, comme Raymondin de Lusignan, épousé une fée. On voit que de la Suisse à la Bretagne et de la Bretagne au Midi, l'obsession d'un père et d'une mère ours se perpétuait aux premiers âges de notre Ère[1]. » Il est vrai que bien des croyances primitives font de l'ours l'ancêtre de l'espèce humaine...

Il apparaît aussi que l'ours représente la tradition polaire. Puisque les constellations de la Grande Ourse et de la Petite Ourse servent à déterminer l'étoile polaire et, conséquemment, l'axe et le centre du monde. Jean-Pierre Bayard écrit : « Le nom d'Arthur proviendrait d'Arthos, soit ours dans le symbolisme astrologique de la constellation polaire. Le palais astrologique devient le centre du monde et Guénon songe aux douze signes zodiacaux gravitant autour du Soleil, comme les douze chevaliers autour d'Arthur[2]. »

Jetons, pour terminer ce paragraphe, un coup d'œil sur les armes de Bourges. Elles sont d'azur à trois moutons passant d'argent deux et un. Et elles portent la devise : « *Summa imperri peires Bituriges* » (Le pouvoir suprême appartient aux Bituriges). La présence de trois moutons dans les armes a suscité bon nombre de commentaires : on a voulu y voir le symbole de l'élevage, source de la richesse de Bourges. Mais Jean Chaumeau, auteur d'une *Histoire du Berry* (1566), rappelle que selon la légende les premiers habitants étaient les Bituriges

---

1. *Bourges, cité première,* Julliard.
2. *Histoire des légendes,* Que sais-je ?, P.U.F.

L'initié

Iolsci du nom de *Iolcus*. Or ce dernier avait pour père *Amicus*, né de Poséidon et de la nymphe *Melies*. Iolcus apparaît comme un héros civilisateur enseignant l'élevage et établissant comme symbole de son action le mouton. Jean Chaumeau précise : « Il adorait le mouton à cause de sa fertilité et en mémoire de la Toison, pour la conquête de laquelle il s'associa avec Hercule et les autres princes argonautes. » Les armes de Bourges font donc allusion au héros primordial apportant la civilisation (le Toth égyptien) et à la conquête de la Toison d'Or (qui n'est qu'une forme de la quête du Graal).

Nous pensons avoir quelque peu renseigné nos lecteurs sur les traditions berruyères. Il est permis à ce stade de notre démarche de se demander si Jacques Cœur a eu soin d'engranger celles-ci.

Jacques Cœur et les traditions berruyères

Contrairement aux affirmations de Thomas Bazin qui nous présente, en son *Histoire de Charles VII*, Jacques Cœur comme un « Sine litteris », un sans culture, on peut penser que l'argentier possède une formation intellectuelle de qualité. Certes, nous n'avons aucune indication concernant le niveau des connaissances qu'il acquiert en fréquentant l'école de la Sainte Chapelle, mais lorsqu'on s'aperçoit que son jeune frère Nicolas est devenu, en suivant les mêmes études, chanoine de la cathédrale de Bourges, on peut en conclure que l'école fréquentée par Jacques Cœur était d'un excellent niveau. Et Claude Poulain d'opiner : « Lorsqu'on connaît la vie de Jacques Cœur, les travaux qu'il accomplit dans de nombreux domaines, au cours de son extravagante carrière, que ce soit dans l'organisation commerciale ou la gestion minière, dans les domaines financiers et monétaires, dans le droit ou dans l'administration, on ne peut qu'être absolument convaincu d'un solide niveau culturel aux multiples ouvertures [1]. » De plus, nous avons affaire à un homme d'une grande curiosité d'esprit qui com-

---

1. *Op. cit.*

plète, en autodidacte, la formation reçue dans sa jeunesse. Certes, la culture ne procure pas la qualité d'initié, mais on ne peut pas pour autant soutenir qu'elle la défavorise... Pensons aux soi-disant « Grands Maîtres » de certaines organisations pseudo-initiatiques contemporaines. S'ils avaient un minimum de culture cela leur éviterait d'écrire ou de dire certaines inepties !

Élevé à quelques mètres du Palais ducal et de la Sainte Chapelle, Jacques Cœur connaît la décoration de ces édifices. Comme beaucoup de ses concitoyens, il admire les figures symboliques de la cathédrale Saint-Étienne, de la collégiale Saint-Ursin et de l'église Saint-Pierre-le-Guillard. Il parcourt cette ruelle du quartier Saint-Ursin appelée rue de l'Arquemye, puis d'Arqueny, d'Esquemie et enfin d'Alkémie. Bref, Jacques Cœur n'ignore rien de l'histoire et du rôle de Bourges. Rappelons que :

● sur les premières pièces de monnaie frappées par Jacques Cœur, on peut lire « *Kar.Francorum.Rex. Bitur* », c'est-à-dire Charles, roi de France, Biturige. L'indication du lieu de frappe est des plus curieuses ;

● au palais Jacques Cœur, « la chambre des mois de l'année » était garnie de douze vitraux figurant les travaux de chaque mois accompagnés des amoiries des familles du Berry ;

● toujours au palais Jacques Cœur, existe une curieuse plaque de cheminée, la seule qui remonte à l'époque de l'argentier. On peut y voir neuf symboles disposés en cercle : une salamandre couronnée, deux pentagrammes, deux coquilles saint-jacques, deux lions et deux dauphins. Au centre du cercle, un écu portant un arbre (l'axe du monde) encadré d'un ours et d'un cerf.

Nous allons maintenant réexaminer certains événements marquants de la vie de Jacques Cœur pour tenter de montrer combien ceux-ci témoignent en faveur des préoccupations initiatiques de l'intéressé.

L'initié

Le maître des monnaies

Nous avons vu qu'en 1427, Jacques Cœur s'associe avec Ravand le Danois et Pierre Godard pour pratiquer le monnayage.

L'étude des monnaies intéresse Jacques Cœur au premier chef. N'oublions pas que son grand-père maternel, Jean Roussard, a été maître des monnaies à Bourges.

Le monnayage est un art du feu. Les maîtres des monnaies s'apparentent donc aux alchimistes et aux souffleurs. A l'époque de Jacques Cœur, les techniques utilisées pour vérifier l'aloi et le titre de l'or et de l'argent sont au point depuis longtemps.

La coupellation consiste à prélever, par grattage ou par coupe, une infime partie du corps considéré et à analyser cette prise d'essai en éliminant les métaux communs de l'alliage dans un four à coupellation pouvant atteindre de hautes températures. Elle est connue des Égyptiens et des Babyloniens, bien avant l'ère chrétienne.

Le touchau est utilisé pour les menus objets. Cette méthode est basée sur la propriété de la pierre (dite « lydienne ») sur laquelle le frottement de l'or ou de l'argent[1] laisse une trace. En comparant celle-ci avec celle laissée par un alliage dont le titre est connu, on peut déterminer le titre à quelques millièmes près.

Le départ consiste à dissoudre totalement l'argent mêlé à l'or avec l'acide nitrique ; ce qui est possible si la proportion d'argent est de 75 %.

Vers le XVe siècle, un orfèvre ou un maître de monnaie est capable d'apprécier l'aloi d'un alliage avec une marge infime d'erreur.

On peut ainsi détecter les supercheries des charlatans : le mercure chargé d'un peu de zinc et passé sur le cuivre rouge lui donne une belle couleur d'or ; le cuivre traité avec des préparations arsenicales prend la couleur de l'argent.

Mais on peut aussi reconnaître l'or et l'argent alchimiquement. Citons Eyrénée Philalèthe : « Voyageant dans un pays étranger, je me présentai, déguisé en marchand, pour vendre

---

1. Humecté à l'acide nitrique.

un lingot d'argent très pur, car je n'avais pas osé y mettre d'alliage, chaque nation ayant son titre particulier... Ceux à qui je voulus le vendre me dirent que c'était de l'argent fait par artifice, et quand je leur demandai à quoi ils le reconnaissaient, ils me dirent qu'ils n'étaient point apprentis dans la profession, qu'ils distinguaient fort bien à l'épreuve l'argent qui venait d'Espagne, d'Angleterre, ou d'ailleurs, et que celui-là n'était au titre d'aucun État connu [1]. » Précisons que l'argent alchimique, outre son degré de pureté, résiste à l'acide nitrique et est plus dense que le métal naturel.

L'exercice du métier de maître des monnaies est donc, pour Jacques Cœur, une bonne introduction à l'étude des techniques archimiques ou alchimiques. Le voyage en Orient va lui apporter d'autres enseignements...

Un voyage initiatique

Les trois étapes majeures (Alexandrie-Damas-Chypre) du voyage accompli par Jacques Cœur, au cours de l'année 1432, en Orient, sont aussi des séjours dans des centres initiatiques.

Alexandrie, fondée en 332 av. J.-C., a connu, dès sa création, un essor qui a fait d'elle l'une des cités les plus importantes du monde antique. Ville immense et cosmopolite, à la charnière du monde méditérranéen, de l'Afrique et de l'Asie, elle fut, sous le règne des Ptolémée, l'un des berceaux du gnostisme et la métropole alchimique du monde hellénique. Outre sa bibliothèque, riche en œuvres hermétiques, son musée et son université, elle fut la patrie de très nombreux alchimistes : Bolos Democritos, Zozime le Panapolitain, Marie la Juive, Synésius, Énée de Gaza, Stephanos... Vers la fin du VIIe siècle, son éclat ternit ; alors apparaît l'alchimie musulmane. Les terres islamiques voient naître de nombreux alchimistes : Kkalid Ibn Yazid (VIIe siècle), Jabir Ibn Hayyau dit Geber (VIIIe siècle), Razi dit Rhazes (IXe siècle), Avicenne (XIe siècle), Artephius et Ibn Thofail (XIIe siècle). Et la mystique musulmane donne naissance au soufisme. L'alchimie arabe — par l'intermédiaire des centres

---

1. *L'Entrée ouverte au palais fermé du roi*, 1667.

espagnols (Cordoue, Grenade, Murcie, Séville, Tolède) et de l'Ordre du Temple (1118-1307) — est à l'origine du réveil de l'art d'Hermès en Occident.

Damas, la cité des roses, n'est pas seulement le lieu qui a vu la conversion de saint Paul. C'est aussi l'un des centres les plus importants du soufisme. Et le siège d'une très ancienne école d'alchimie. Dans un article de l'*Encyclopedia universalis* consacré à l'alchimie, René Alleau rapporte que Zozime le Panapolitain affirmait que l'alchimie a été fondée par un savant juif du nom de Chemes. Or en hébreu *Chemes* signifie soleil. Et le nom turc de Damas est *Chams*, très proche du nom hébraïque. Damas est donc la cité du soleil, la cité de l'or et de l'alchimie...

Chypre est un haut lieu templier. Après l'arrestation de Jacques de Molay (1307), les Templiers de l'île, soutenus par Amaury de Lusignan, prince de Tyr, se retranchent dans leur commanderie de Limassol. Ils sont commandés par Aimé des Oiseliers, maréchal de l'Ordre. Une commission d'enquête présidée par Pierre d'Erlan, évêque de Limassol, les blanchit de toute accusation. Mais Amaury est assassiné et les partisans de son frère emprisonnent les templiers à Famagouste. Cinq ans plus tard, le maréchal est tué dans sa cellule et ses compagnons sont soit précipités dans la mer soit bannis. Des cercles de préservation se constituent néanmoins à Chypre et à Rhodes. On y pratique l'art d'Hermès. Bernard le Trevisan (1406-1490) et Georges Ripley (1415-1490) y séjournent au XVe siècle et œuvrent au fourneau. D'ailleurs, en 1445, Jacques Cœur intervient auprès du sultan au profit des Chevaliers de Rhodes, dont le Grand Maître, Jean de Lastie, pratique notoirement l'art des transmutations.

Le voyage de Jacques en Orient n'est pas sans analogie avec ceux de Thierry d'Alsace et de Christian Rosenkreuz.

Thierry d'Alsace, comte de Flandre, est le gendre de Foulques d'Anjou, roi de Jérusalem. Il séjourne en Terre sainte en 1138 où il prend possession de la ville de Césarée. A la demande de saint Bernard, il retourne à Jérusalem en 1147. C'est alors qu'il délivre la ville musulmane de Damas, assiégée par le sultan Zengui. Il est fait prince de Damas, c'est-à-dire prince d'alchimie. Les chroniqueurs de l'époque rapportent que les autres croisés contestent ce titre, pensant qu'il s'accompagne d'un pouvoir politique... Plus tard, Thierry d'Alsace deviendra (succédant ainsi à saint Bernard) le second Maître secret de l'Ordre du Temple.

Christian Rosenkreuz est le fondateur légendaire de la Fraternité rosicrucienne qui se manifeste au début du XVIIe siècle. La *Fama Fraternitatis*, qui paraît en 1614 à Kassel (Hesse), relate son existence symbolique.

Né en 1378, au sein d'une famille noble mais pauvre de l'Allemagne rhénane, Christian Rose-Croix est placé, à l'âge de six ans, dans un monastère. Il y apprend le latin, le grec, l'hébreu et la magie. A seize ans, il part en pèlerinage pour la Terre sainte. Arrivé à Chypre, il perd son maître mais se rend néanmoins à Damas. Il y reçoit l'enseignement de maîtres qui l'incitent à se rendre en Arabie à Damcar. Dans cette cité philosophique, il passe trois ans à étudier le Livre M (le Livre du monde). Ensuite il parcourt le Liban, la Syrie, l'Égypte, l'Afrique du Nord. Lors de son séjour à Fez, il accède à l'adeptat. Il rentre alors en Europe. Désormais il est le père chargé de communiquer la Sagesse à la chrétienté.

Étant le point de l'horizon où le soleil se lève, l'Orient est symboliquement le royaume de la lumière, de la connaissance, de la vie et de l'amour. L'Occident, par contre, est le pays des ténèbres, de l'erreur, de la mort et de la haine. Dans certains rites initiatiques soufis, on débute par une marche vers l'Occident (retour à la *materia prima*) pour finir par une progression vers l'est où a lieu la réintégration au sein du divin. Les voyages en Orient, tels ceux de Rosenkreuz et de Jacques Cœur, sont des quêtes de lumière.

Jacques Cœur a-t-il mené cette quête à son terme ? L'héraldique — ou art du blason — n'ayant d'autre source (et ne parlant d'autre langage) que celui de la science hermétique, intéressons-nous au blason de l'argentier. Une réponse nous sera peut-être donnée...

Des armes à enquerre

C'est en avril 1441 que Charles VII anoblit Jacques Cœur. Ce dernier se choisit alors des armes, non sans avoir demandé

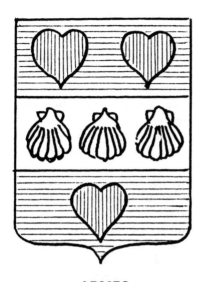

ARMES DE JACQUES CŒUR

UN SYMBOLE DE L'ESCALIER DE LA CHAPELLE

DÉTAIL D'UN VITRAIL

conseil à des héraldistes de la cour. Car dès le XIIe siècle, des hérauts d'armes sont chargés de faire respecter les usages et les honneurs des armoiries. Nommés par le roi assisté de son conseil ils sont intronisés solennellement dans leurs fonctions. C'est dire l'importance de celles-ci.

Jacques Cœur adopte donc les armoiries suivantes : d'azur à la face d'argent chargée de trois coquilles de sable et accompagnée de trois cœurs de gueules.

Manifestement, ce sont des armes parlantes, ou chantantes, car elles expriment par la coquille et par le cœur le prénom et le nom de leur possesseur : Jacques Cœur.

Mais nous constatons aussi que les cœurs de gueules sont disposés sur champ d'azur. Si l'on excepte les fourrures ou pannes, les teintes employées en héraldique sont au nombre de sept ; deux sont des métaux : l'or (jaune) et l'argent (le blanc). Cinq sont des couleurs ou émaux : le sable (le noir), l'azur (le bleu), le gueules (le rouge), le sinople (le vert), le pourpre (le violet) ou l'eisen (l'orange). Or il existe une règle fondamentale : ni émail sur émail, ni métal sur métal. Autrement dit les armes de Jacques Cœur sont en infraction avec cette loi. Comme il ne peut s'agir d'une erreur ou d'un oubli, nous sommes obligés d'admettre que l'infraction est intentionnelle. Elle invite alors le connaisseur à se renseigner, à s'en enquerrir. C'est pourquoi de telles armes sont dites *à enquerre*. Les armes de Jérusalem sont de ce type...

Puisque nous y sommes invités, recherchons donc le secret de Jacques Cœur. Les meubles (les trois coquilles et les trois cœurs) occupent six des neuf points fondamentaux de l'écu. Or six est le symbole de la transformation, de la transmutation, alors que 9 est celui de la perfection des perfections et de la naissance spirituelle. Cela semble indiquer que Jacques Cœur œuvre en vue d'une réalisation qui le réintégrera dans le divin. N'est-ce point là une définition qui convient à l'alchimie ?

La coquille est bien celle de saint Jacques : elle est présentée sur sa face convexe et avec ses oreilles. Elle évoque certes saint Jacques, patron des alchimistes, et le pèlerinage dont il est l'objet à Compostelle, mais c'est surtout la représentation de l'eau benoiste, de l'eau pontique, de l'eau des sages, c'est-à-dire du mercure...

Le cœur symbolisant le soufre, le germe qui se développe au

L'initié

sein de la matière mercurielle, nous sommes en présence des deux grands principes alchimiques. La coquille, de nature aqueuse, et le cœur, de nature ignée, nous indiquent aussi les deux grandes forces qui modifient, à chaque changement de cycle, le visage de notre planète. Mais passons à l'étude des métaux et des émaux.

Le sable est la mort physique, le Tohu wa Bohu et la matière première du Grand Œuvre. C'est également la mort initiatique (celle qui fait périr le vieil homme).

L'argent est l'éveil de la conscience, la renaissance, l'initiation. C'est aussi la simplicité, la pureté nécessaires à ceux qui sont sur la voie initiatique.

L'azur est ce qui sépare le monde terrestre du monde céleste, la voie de la grâce et de la rédemption.

Le gueules est le feu céleste créateur, la pierre philosophale et la sublimation.

Force est de constater que nous sommes en présence de trois couleurs fondamentales du Grand Œuvre : le noir, le blanc et le rouge...

La face correspond à l'écharpe ou à la ceinture portée par les initiés — dont elle assure la protection tout en les reliant à la source de toute initiation : Dieu. Nous souscrivons donc pleinement à cette constatation de Philippe Auduin : « Dès ce temps (sa mort) et sans doute de son vivant, on a supposé que Jacques Cœur possédait le secret de la pierre philosophale. Convenons que les armes parlantes qu'il s'est choisies sont bien pour accréditer cette opinion [1]. »

Mais le fait que Jacques Cœur pratique l'art d'Hermès peut-il nous mettre sur la voie de ce qu'il est permis d'appeler le « mystère des mines » ?

Mines et particuliers

Nous avons vu qu'en juillet 1444, Jacques Cœur obtient la concession de mines d'argent, de plomb et de cuivre dans le Lyonnais et le Beaujolais. Nous avons alors relevé un para-

---

1. *Bourges, cité première*, Julliard, 1972.

doxe : la faible rentabilité de l'exploitation et l'attachement de Jacques Cœur à ces gisements.

Projetons-nous maintenant quelques siècles en avant. Intéressons-nous à saint Vincent de Paul.

Au cours d'un voyage par mer entre Marseille et Narbonne, ce saint homme est capturé par des pirates barbaresques qui l'emmènent en captivité à Tunis. Dans une lettre du 24 juin 1607, adressée à M. de Comet, avocat à la cour présidiale de Dax, Vincent de Paul relate ce qui suit : « Je fus vendu à un pêcheur, qui fut contraint de se défaire de moi, pour n'avoir rien de si contraire que la mer et, depuis, par le pêcheur à un vieillard, médecin spagyrique, souverain tirant de quintessences, homme fort humain et traitable, lequel, à ce qu'il me disait, avait travaillé cinquante ans à la recherche de la pierre philosophale, et en vain quant à la pierre, mais fort sûrement à autres sortes de transmutation des métaux. En foi de quoi, je lui ai vu souvent fondre autant d'or que d'argent ensemble, les mettre en petites lamines, et puis mettre un lit de quelque poudre, puis un autre de lamines et puis un autre de poudre dans un creuset ou vase à fondre des orfèvres, le tenir au feu vingt-quatre heures, congeler ou fixer l'argent vif en argent fin, qu'il vendait pour donner aux pauvres. Mon occupation était de tenir le feu à dix ou douze fourneaux en quoi Dieu merci, je n'avais plus de peine que de plaisir. Il m'avait fort, et se plaisait fort de me discourir de l'alchimie... »

D'aucuns n'ont pas manqué de critiquer le témoignage de saint Vincent de Paul. Mais aucun doute n'est possible : le spagyriste fond bien ensemble autant d'or que d'argent. Cet alliage est laminé et les lamines sont disposées par couches, séparées par de la poudre. On chauffe durant vingt-quatre heures et on obtient de l'or. D'ailleurs, saint Vincent de Paul enseigne la méthode au vice-légat du pape et la pratique lui-même pour subvenir à ses œuvres de charité.

Et Fulcanelli de nous faire remarquer dans *Les Demeures philosophales* que saint Vincent de Paul, s'il a bien donné les grandes lignes du procédé, s'est bien gardé de décrire l'ordre et la manière d'opérer. Par ailleurs : « L'or, pour acquérir la faculté de transmuer l'argent qui lui est allié, a besoin d'abord d'être préparé le cément n'agissant que sur l'argent seul... Les spagyristes nomment ce travail préliminaire exaltation ou trans-

L'initié

fusion et c'est également à l'aide d'un cément appliqué par stratification qu'on l'exécute... Le secret de l'exaltation... consiste à augmenter... la couleur normale de l'or pur par le soufre d'un métal imparfait, le cuivre ordinairement... sous l'action de la chaleur ; elle réclame de vingt-quatre à quarante heures... sans jamais atteindre le degré de fusion de l'alliage... enfin une troisième manipulation comprend le brossage des lamines extraites, leur fusion et leur coupellation. »

Le procédé décrit par saint Vincent de Paul s'appelle un *particulier* et il est du domaine de l'archimie. Celle-ci, qu'on ne doit pas confondre avec l'alchimie, a pour objet de réaliser des transmutations par des moyens uniquement chimiques. Fulcanelli précise ainsi les buts des archimistes : « Transmuer les métaux les uns dans les autres ; produire l'or et l'argent en partant de minerais vulgaires ou de composés métalliques salins ; obliger l'or contenu potentiellement dans l'argent et l'argent dans l'étain à devenir actuels et extractibles, voilà ce que l'archimiste avait en vue. C'était en définitive un spagyriste cantonné dans le règne minéral et qui délaissait volontairement les quintessences animales et les alcaloïdes végétaux [1]. »

Les archimistes produisent des transmutations par des moyens dits « particuliers » (dénommés ainsi par opposition aux processus alchimiques dits « universels ») soit parce que les teintures élaborées n'agissent que sur certains métaux, soit parce que ces processus visent uniquement à enrichir en argent ou en or certains minerais...

Néanmoins, les particuliers furent utilisés par beaucoup d'alchimistes parallèlement aux processus universels. Citons Pantheus, Naxagoras, Basile Valentin, Paracelse, Blaise de Vigenere, Canseliet.

Nos lecteurs n'auront point été sans remarquer que le particulier, visant à la transmutation de l'argent en or, nécessite bien entendu le premier métal cité ainsi que du cuivre. Deux corps que l'on trouve dans les mines de Jacques Cœur. Ils ne seront pas étonnés d'apprendre qu'il existe un particulier décrit par Blaise de Vigenere [2] et réalisé en 1921 par Eugène Canseliet permettant la transformation du mercure en or en projetant,

---

1. *Les Demeures philosophales*, Pauvert.
2. *Traité du feu et du sel*, 1618, L'Angelier.

Gilles de Rais et Jacques Cœur

sur le premier, le grain fixe du plomb obtenu par surfusion de ce corps, le troisième produit des mines de l'argentier. Celui-ci n'avait donc pas besoin de transférer tout l'argent qu'il possédait en Orient pour obtenir de l'or !

L'esprit d'une fraternité

Nous avons établi, à la suite de nombreux historiens, l'innocence de Jacques Cœur. Ce dernier a d'ailleurs été lavé, en 1457 — donc du vivant de Charles VII —, de toutes les accusations formulées contre lui (on a toutefois gardé ses biens...). Il a été réhabilité par Louis XI. Nous avons vu qu'un esprit d'équipe régnait au sein de son organisation commerciale et mis l'accent sur les avantages sociaux consentis aux mineurs. Jacques Cœur a toujours respecté, plus que quiconque à son époque, les travailleurs de toute profession qu'il engageait. Il s'est montré honnête et généreux avec les pauvres. Aussi Eugène Canseliet n'hésite-t-il pas à écrire : « Cette pureté, cette noblesse de cœur et d'esprit ne devraient-elles pas surprendre, s'il ne s'était agi que d'une vaste entreprise commerciale, de laquelle historiens et biographes veulent unanimement que Jacques Cœur ait été le fondateur et l'âme ? C'était là, en vérité, une très singulière société de marchands qui offrait bien plutôt tous les caractères de solidarité absolue, régnant au sein des fraternités initiatiques tant en honneur au Moyen Age[1]. »

Jacques Cœur apparaît — tant par sa connaissance des disciplines traditionnelles que par son comportement — comme un authentique initié. Un sordide négociant ou un parvenu aurait, du reste, été incapable de faire exécuter les sculptures hermétiques qui ornent son hôtel, sa chapelle (dans la cathédrale de Bourges) et la Loge des marchands de Montpellier aujourd'hui disparue.

---

1. *La Tour Saint-Jacques*, n° 8, 1957.

VI

LE MESSAGE DES PIERRES

La Loge des marchands

En 1446, Jacques Cœur propose à la municipalité de Montpellier la construction d'un nouveau bâtiment susceptible d'abriter les services du port et la bourse des marchandises. Il offre le terrain et avance 1 870 livres. La municipalité participe à la construction pour une somme de 6 800 livres. Jacques promet aussi d'user de son influence pour obtenir un abattement de 33 % sur les tailles dues par la ville.

Les travaux durent trois ans. La municipalité laisse à l'argentier le choix de la décoration.

La Loge des marchands a, aujourd'hui, disparu. Mais Pierre Borel nous décrit ainsi ses *figures hiéroglyphes* : « On y voit trois portails faits en forme de fourreaux comme ceux de Flamel : à l'un il y a d'un côté un soleil tout plein de fleurs de lys et de l'autre une lune pleine aussi de fleurs de lys et environnée d'une haie ou couronne comme d'épines, qui semblent dénoter les pierres solaires et lunaires venues en leur perfection. A l'autre portail, on voit d'un côté un arbre fruitier ayant au pied des branches de roses, et sur l'arbre on voit les armes de Jacques Cœur, et de l'autre il y a l'écusson, et au-dedans comme caractère chimique du soleil. Et au troisième portail, il y a d'un côté un cerf portant bannière et un collier de fleur de lissée, environnée d'une branche d'arbre qui représente le mercure des philosophes qui, au commencement, est volatil et

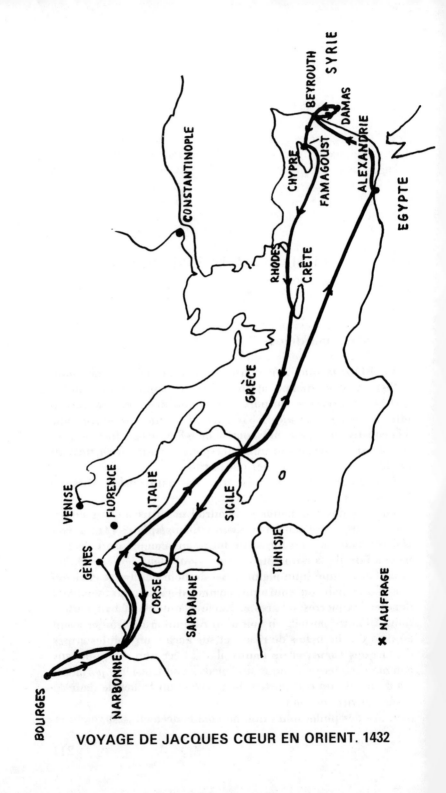

VOYAGE DE JACQUES CŒUR EN ORIENT. 1432

Le message des pierres

léger comme un cerf, et de l'autre il y a un écu de France soutenu par deux griffons[1]. » On connaît l'importance de la fleur de lys. Des spécialistes lui ont donné des origines diverses : le lys des marais ou lys candide, l'iris, le crapaud ou la grenouille arboré par les Francs, le fer de lance aux branches recourbées, l'antique symbole de la royauté chaldéenne, le trident de Neptune... Constatons, sans entrer dans le débat, que sa structure est régie par le nombre six qui est celui de la transformation. C'est aussi un chrimse évoquant la Rédemption et la Régénération.

La fleur de lys est l'emblème de la royauté. Elle apparaît sur les couronnes royales des capétiens (Xe siècle) et sur les blasons de Philippe Auguste (XIIe siècle). A partir de Charles V (édit de 1376), le blason de France, qui était d'azur semé de fleurs de lys sans nombre, devient d'azur semé de trois fleurs de lys d'or.

Symbole trinitaire, la fleur de lys exprime la réalisation, l'équilibre des dualités dans un troisième élément.

Le premier portail décrit par Pierre Borel symbolise la réalisation des poudres de projection lunaire et solaire. En effet, la pierre philosophale, contrairement à une opinion bien répandue, ne transmute pas les métaux. Sous sa forme première (coloris rouge, aspect d'un cristal translucide, forte densité, friable, fusible à basse température), elle constitue l'or potable ou la médecine universelle. Pour qu'elle puisse transmuter les métaux en or ou en argent, il est nécessaire de la faire fermenter avec l'un ou l'autre de ces corps. Pour ce faire, on mélange dans un creuset la pierre et le métal précieux choisi dans la proportion de 1 pour 3. On obtient ainsi soit la pierre lunaire, suceptible de transmuter les métaux en argent, soit la pierre solaire propre à l'obtention de l'or.

Le second portail nous offre le symbole de la rose. Celle-ci présente, en héraldique, cinq pétales extérieurs en étoile, cinq pétales intérieurs et un centre appelé « bouton ». On y retrouve donc la triple enceinte, l'homme réalisé (5) et la totalité cosmique (10). Par ailleurs, c'est le symbole de la pierre philosophale qui permet d'acquérir des possibilités inconnues des profanes : les fruits de l'arbre.

Le troisième portail comporte, outre l'écu de France dont

---

[1]. *Trésor des recherches et antiquités gauloises*, 1668.

nous avons parlé, le griffon et le cerf. Ce dernier est bien le symbole du mercure philosophique, mais on le retrouve aussi comme emblème de Charles VII et dans le palais ducal du duc de Berry (la galerie du cerf). Il figure alors la protection accordée à la France par l'archange saint Michel. Un rôle attesté par Jeanne d'Arc.

Le griffon fait partie de la cohorte des animaux fabuleux. Il combine des éléments du lion (membres postérieurs et queue) et de l'aigle. Cela implique deux natures (terrestre et céleste), l'union du fixe et du volatil. Gardien des trésors, des petits et des grands mystères, c'est l'équivalent du cheval Pégase et d'Hermès trismégiste. Incontestablement, ce troisième portail souligne l'importance du mercure dans le grand œuvre alchimique.

L'interprétation des « figures hiéroglyphes » de la Loge des marchands de Montpellier nous confirme que Jacques Cœur est bien l'adepte que nous avions pressenti dans le chapitre précédent. L'étude de la chapelle Jacques Cœur de la cathédrale de Bourges va nous apporter d'autres éléments significatifs.

Jacques Cœur et la cathédrale de Bourges

La cathédrale de Bourges, dont le gros œuvre est achevé vers 1250, est dédiée à saint Étienne, en grec *Stephanos*, le couronné.

Jean-Yves Ribault en souligne ainsi les caractéristiques apparentes : « C'est précisément la hauteur inusitée des grandes arcades de la nef centrale qui montre l'intention originale de l'architecte, que Branner a définie ainsi : une spéculation sur les volumes intérieurs à une échelle colossale. A l'espace structuré, hiérarchisé de Chartres, il substitue un espace libéré : plus de transept, plus de séparation entre le chœur, le vaisseau central, les déambulatoires et les collatéraux dont les volumes s'intègrent les uns les autres dans une composition pyramide [1]. »

---

1. *La Cathédrale de Bourges*, Art et tourisme.

Le message des pierres

La coupe transversale de la cathédrale fait apparaître un triangle équilatéral de 133 pieds de côté (pied = 0,340 m). L'espace des cinq nefs, entre le narthex et le cercle de l'abside, est un carré long (double carré) se divisant lui-même en 18 carrés de 44 pieds 4 pouces de côté ou en 72 carrés de 11 pieds 1 pouce de côté, valeur de la canne de Bourges. Des harmonies numérales révélatrices...

En 1447, Jacques Cœur obtient des chanoines l'autorisation de se faire construire une chapelle. Comme celle-ci est à l'emplacement des vestiaires, il leur offre aussi une nouvelle sacristie.

La chapelle Jacques Cœur ou Saint-Ursin se trouve sur le côté nord : celui des initiés. La voûte possède huit nervures qui se réunissent au centre pour former une clé pendante. Des médaillons portent les symboles évangéliques et des anges musiciens (l'alchimie est art de musique). Le vitrail de l'Annonciation, commandé par Jacques Cœur à un artiste inconnu, représente l'archange Gabriel agenouillé devant la Vierge Marie. De part et d'autre, nous avons saint Jacques, vêtu en pèlerin, portant un livre ouvert, et sainte Catherine portant la palme des martyrs et accompagnée d'une roue et d'une épée. Le tout surmonté d'une voûte d'azur parsemée de fleurs de lys.

Nous retrouverons la scène de l'Annonciation sur le tympan extérieur de la porte de la chapelle du palais Jacques-Cœur.

Pour le moment, précisons que :
- l'archange Gabriel est le soufre ;
- la Vierge Marie est le mercure ;
- saint Jacques est le patron des alchimistes ;
- le livre ouvert est le symbole de la matière première préparée ;
- sainte Catherine est la patronne des philosophes ;
- la roue symbolise le cercle du feu et l'épée le soufre.

Certains spécialistes se sont interrogés sur la signification des lettres R.G. figurant sur le vitrail. Il ne s'agit pas de la signature de l'artiste. Elles existent dans la décoration du palais Jacques-Cœur, à la fin de la célèbre devise de l'argentier : « A cœurs vaillants, rien d'impossible. » Pour Eugène Canseliet, qui fait autorité en la matière, elles se traduisent par Recipe G (prends G). Un conseil relatif au choix de la matière première

Gilles de Rais et Jacques Cœur

du Grand Œuvre. Faisons aussi remarquer la présence de G au centre du triangle maçonnique...

Avant de quitter la cathédrale Saint-Étienne pour nous rendre au palais Jacques-Cœur, arrêtons-nous un instant au porche sud, en face de l'hôtel de ville. Nous constatons que les vantaux de la grande porte portent les armes de Jacques Cœur : ils ont été offerts par René Boisseau, secrétaire de l'archevêque Jean Cœur.

Le palais Jacques-Cœur

C'est en 1443 que Jacques Cœur achète un terrain assis sur l'ancienne enceinte gallo-romaine pour y construire un édifice faisant fonction de résidence et de maison de commerce. La construction dure dix ans et coûte 100 000 écus.

Jacques Cœur veille lui-même à la réalisation du programme architectural. Il confie la direction administrative du chantier à deux de ses facteurs : Pierre Jobert et Jacquelin Culon. Il a recours aux maîtres d'œuvre de la cathédrale Saint-Étienne parmi lesquels il faut citer Jean de Blois, charpentier, et Colin Picart, maçon.

Jacques Cœur ne profite guère de sa demeure puisqu'il est arrêté peu après son achèvement. Le palais est alors confisqué jusqu'en 1457. En 1679, Colbert en devient propriétaire. Puis la mairie de Bourges s'y installe, suivie des tribunaux (1820). D'où de regrettables transformations. En 1858, Bailly effectue une restauration partielle. Devenu propriété de l'État, le palais est remis une nouvelle fois en état avant 1939.

Le plan affecte la forme d'un quadrilatère irrégulier. Autour d'une cour rectangulaire sont disposés un pavillon d'entrée, un corps de logis et des ailes servant de magasins et de bureaux. Si la façade occidentale donnant sur la rue des Arènes, implantée sur l'enceinte gallo-romaine, paraît austère, il n'en est pas de même de celle bordant la rue Jacques-Cœur. C'est par elle que nous allons commencer notre visite.

Le message des pierres

Une façade révélatrice

Composée d'un pavillon d'entrée flanqué de deux ailes à un étage, elle eut ses fenêtres agrandies en 1858. La corniche est faite de feuilles de choux frisés et la balustrade qui court à la base des combles est décorée de cœurs et de coquilles saint-jacques.
Deux portes s'ouvrent à la base du pavillon central : un portail et une poterne. Au-dessus de celle-ci, le tympan représente un ange entre un figuier (la matière première de l'œuvre) et un dattier (le Phénix, la pierre philosophale). Dans sa main gauche, un pot (le creuset) et à ses pieds, l'écu de Jacques Cœur, penché de telle sorte que les lignes formées par les cœurs (le soufre) et les mérelles (le mercure) indiquent le pot. C'est en effet de l'union du soufre et du mercure que naît Hermaphrodite, appelé aussi *Rebis* ou *Rémore*, indispensable pour mener à bien la dernière phase du Grand Œuvre.
Le balcon, au-dessus du portail, abritait jadis une statue équestre du roi Charles VII (détruite en 1792). De chaque côté du balcon, un seigneur (le soufre) et une dame (le mercure) apparaissent dans l'entrebâillement de fenêtres simulées. Certains y ont vu Jacques Cœur et son épouse. Possible. Signalons cependant que cette disposition de deux personnages est fréquente dans la décoration des édifices de Bourges (cheminée du palais ducal, ancien hôtel des échevins).
La tourelle d'escalier, à gauche du pavillon d'entrée, est de forme octogonale. Cette figure, fréquente dans l'ésotérisme templier, est le symbole du soleil, de l'or, des béatitudes et du Christ. A la base de la tourelle, une balustrade portant la devise « A VAILLANS (deux cœurs entrelacés) RIENS IMPOSSIBLE », suivie des lettres R.G. Les deux cœurs entrelacés indiquent que les 25 lettres peuvent se recombiner autrement.
Aussi pouvons-nous nous écrire comme Josane Charpentier : « Aucun doute n'est possible : nous entrons dans la demeure d'un alchimiste [1]. »

---

1. *La France des lieux et des demeures alchimiques*, Retz, 1980.

Gilles de Rais et Jacques Cœur

L'extérieur du corps de logis

Trois tours d'escaliers le divisent dans son étendue.

La première, très simple, est couronnée d'une balustrade ornée de coquilles et de cœurs.

La tour du milieu est de forme hexagonale — six étant le nombre de la transformation. La décoration permet de voir, de bas en haut, sur les allèges des fenêtres :

• trois arbres exotiques : palmier, figuier, dattier ; Fulcanelli écrit à leur sujet : « Le palmier et le dattier, arbres de la même famille, étaient désignés jadis chez les anciens par un mot grec qui signifie Phénix en latin, ils figurent dans les deux magistères et leur résultat... le figuier indique la substance minérale d'où les philosophes tirent les éléments de la renaissance miraculeuse du Phénix. »

• quatre fileuses (les Parques) ;

• des personnages brandissant des massues (les travaux d'Hercule, images du travail alchimique) ;

• une femme portant un pot sur la tête (l'alchimie) ;

• un mendiant (l'alchimiste qui interroge la nature) ;

• une femme richement vêtue et un homme, au camail orné de coquilles, tenant un marteau (il s'agit vraisemblablement de Jacques Cœur et de sa femme, le marteau est l'union nécessaire du ciel et de la terre).

On remarque aussi, dans le cadre rectangulaire des trois arbres exotiques, une nouvelle devise à double sens : « D.I.R.E.F.A.I.R.E.T.A.I.R.E.D.E.M.A. (deux cœurs) J.O.I.E. » Suivie de R.G.

La troisième tour (à droite) donne accès aux cuisines. Sur le tympan : une cheminée dans laquelle chauffe un récipient (l'athanor), un homme broyant une préparation dans un mortier (pulvérisation ou réincrudation de la matière première), une femme tenant un plat (recueil de la rosée). Le tout surmonté d'un joueur de cornemuse (l'alchimie est art de musique).

Le message des pierres

Les trois tympans de l'escalier de la chapelle

Dans la cour d'honneur, à gauche, en entrant, trois portes, côte à côte, s'ouvrent sur l'escalier qui mène à la chapelle. Ces trois portes sont surmontées chacune d'un tympan dont l'iconographie semble d'inspiration religieuse.

A gauche, un moine tenant un livre fermé (la substance minérale brute sortant de la mine) trempe un goupillon dans un bénitier (l'eau céleste, la rosée). Derrière lui, un enfant de chœur sonne l'office (la cloche annonce les Pâques, fin de la semaine des alchimistes), alors que s'avance un mendiant qui vient chercher le remède à tous ses maux : la médecine universelle.

Au centre, on peut voir les préparatifs de la sainte messe : un personnage découvre l'autel, mais ce dernier est de forme cubique et porte le dessin d'un matras contenant un cœur et une mérelle. Un homme ajuste sur sa tête un chaperon, un autre tient un chapelet (importance de la prière chez les alchimistes).

Enfin, sur le troisième tympan, trois dames s'avancent, guidées par un enfant. On dit souvent que le Grand Œuvre est travail de femmes et jeu d'enfants. Allusion à la simplicité du processus alchimique (pour ceux qui savent, bien entendu).

La chapelle

Le tympan de la porte qui donne accès à la chapelle est consacré à l'Annonciation. Sujet cher à Jacques Cœur, puisqu'on le retrouve dans la chapelle de la cathédrale Saint-Étienne et dans un tableau qui se trouve à Munich (la seule œuvre d'art de l'argentier qui soit parvenue jusqu'à nous). On remarque que le lis, placé entre la Vierge et l'Archange, montre trois fleurs épanouies : « symboles de la pureté, ces fleurs rappellent les trois réitérations qui purifient le mercure par le feu et le sel [1] ». Une colombe, emblème de l'esprit, unit, dans son vol, le globe et le livre ouvert pour indiquer, selon Fulca-

---

1. Canseliet, *L'Alchimie expliquée sur des textes classiques*, Pauvert.

nelli, que la matière est devenue la terre feuillée. Les lames cristallines composant la substance étant superposées comme les feuillets d'un livre.

La voûte divisée en douze compartiments (les douze signes du zodiaque) est peinte en bleu et semée d'étoiles d'or. Des anges y sont représentés avec des phylactères sur lesquels sont inscrits des versets du Gloria et du Cantique des Cantiques. Le diadème des anges est constitué par un globe surmonté d'une croix (le symbole de la Terre et de la matière première de l'œuvre).

Mais le décor de la chapelle a été amputé : les vitraux ont disparu, les six niches sont vides de leurs statues, le retable et les tableaux ne sont plus là.

On remarque de part et d'autre de l'autel deux réduits ménagés dans les murs. On a pensé qu'il s'agissait des oratoires de Jacques Cœur et de son épouse. Mais la présence d'une cheminée et la faible luminosité qui y règne ont conduit Eugène Canseliet à émettre l'hypothèse qu'on se trouverait en présence de « postes » de travail d'alchimie...

La salle des festins ou grande salle

Une vaste pièce de 14 m 60 sur 9 m 90 dont le plafond est soutenu par trois énormes poutres : telle est la salle des festins.

Les vitraux qui ornaient jadis les fenêtres représentaient les douze pairs de France, les neuf preux et leurs neufs dames. Des thèmes que l'on retrouve dans la décoration des châteaux de Louis d'Orléans (Pierrefonds, Coucy, La Ferté-Milon [1]).

La cheminée monumentale, figurant un château fort, est une reconstitution. Elle était jadis surmontée des statues d'Adam et d'Ève (le soufre et le mercure).

Quatre portes relient la salle à manger aux pièces et aux galeries voisines. Le tympan de celle qui se trouve à droite de la cheminée est décoré d'une biche (la matière purifiée) et d'un cerf (le mercure) ailés.

---

1. Voir à ce propos, *Châteaux forts magiques de France*, mêmes auteurs, même collection.

Le message des pierres

On remarque aussi un cul-de-lampe : un fou sculpté montrant de son index sa bouche fermée par un cadenas. Ce personnage est l'alchimiste qui, selon l'expression de Canseliet, s'est fait fou pour devenir sage. C'est aussi une illustration d'une troisième devise de l'argentier : « En close bouche, n'entre mouche », rappelant la nécessité du silence au sujet des travaux philosophiques.

La chambre des galées

Au premier étage, au-dessus de la salle des festins, on trouve une salle d'apparat privée de son décor. Viennent ensuite les chambres des galées, des évêques et des nourrices.

Le décor de la chambre des galées semble évoquer les activités maritimes de Jacques Cœur. Sur le seul vitrail subsistant sur six, l'image d'une nef portant les armes de Jacques Cœur. Sur un haut-relief, au-dessus d'une porte, une galère à deux mâts rappelle que l'alchimie est aussi l'art de la navigation. L'alchimiste étant le pilote de l'onde vive. Il y a aussi évocation de Jason et des argonautes allant, à bord de la nef Argo, à la recherche de la Toison d'Or.

La chambre de l'argentier

En face de la chambre des galées s'ouvre la porte d'une petite pièce qui passe pour avoir été le bureau de Jacques Cœur. Le tympan de la cheminée arbore un ange à phylactère sur lequel est inscrite la devise « A vaillans (un cœur) rien impossible. » Mais pour Philippe Audouin il s'agit en réalité d'une femme qu'il appelle « la fiancée » ou « Notre Dame d'Alchimie. » Il écrit : « C'est une vierge verte, une vierge noire, une parturiente souterraine qui connaît l'Éros dans sa fureur et aux yeux de qui les labours, dès qu'on y a jeté la semence, cessent d'être innocents [1]. » Elle semble jaillir d'un

---

1. *Bourges, cité première*, Julliard.

jardinet fermé par une palissade de vannerie (l'osier tressé est le symbole de la matière première).

La chambre du trésor

Pour Fulcanelli [1], c'est la pièce la plus curieuse et la plus originale du palais. Son plan est octogonal et elle a gardé sa porte en fer munie d'une serrure compliquée, d'un fort verrou et d'un judas.

Les huit nervures de la voûte retombent sur des culs-de-lampe. Le plus curieux représente un épisode du roman de Tristan, celui où le héros a rendez-vous avec Iseut dans un jardin près d'une pièce d'eau; le roi Marc, caché dans un arbre, les surveille mais Tristan, ayant vu son reflet dans l'eau, n'adresse à Iseut que des banalités.

L'arbre qui porte le roi Marc sort d'une pièce cubique (l'œuvre réalisée). La présence d'une chouette (l'oiseau de Minerve) nous indique que la scène se déroule nuitamment.

Fulcanelli, commentant ce motif, écrit : « Le mythe de Tristan de Léonnois est une réplique de celui de Thésée. Tristan combat et tue le Morhout, Thésée le Minotaure. Nous retrouvons ici l'hiéroglyphe de la fabrication du lion vert — d'où le nom de Léonnois ou Léonnais porté par Tristan — laquelle est enseignée par Basile Valentin sous la lutte des deux champions, l'aigle et le dragon. Ce combat singulier des corps chimiques dont la combinaison procure le dissolvant secret (et le vase du composé) a fourni le sujet de quantités de fables profanes et d'allégories sacrées [1]. »

Ce dissolvant permet à l'or (le roi Marc) de retrouver sa première jeunesse (Tristan).

Certains adeptes y ont vu aussi la triade alchimique : soufre (Tristan), mercure (Iseut), sel (Marc). A défaut de l'allégorie chère à Nicolas Flamel : le chêne au pied duquel sort une eau très blanche (la matière première donnant le mercure).

On note, dans la même salle, des thèmes bien connus :

---

1. *Le Mystère des cathédrales*, Pauvert.

Le message des pierres

l'alchimie, art de musique (joueur de mandorle), l'ermite (un homme portant une lanterne)...

Dans les combles du palais, on peut voir, outre une magnifique charpente en bois, un pigeonnier dont les trous évoquent par leur disposition la gamme musicale émise lors de la coction par voie sèche.

Au terme de notre visite des édifices précités, dont la décoration a été voulue par Jacques Cœur, difficile de ne point avoir la conviction que l'argentier a œuvré en alchimie et qu'il est certainement l'un des plus grands adeptes du XVe siècle. Sachons aussi que l'alchimie est une discipline traditionnelle qui requiert la présence d'un maître pour conseiller le disciple. Être un alchimiste véritable implique l'appartenance à une chaîne d'initiés, le rattachement à une tradition. A qui se rattache Jacques Cœur ? Un symbole va nous l'apprendre...

L'ombre de l'Ordre du Temple

Observons attentivement le symbole qui se trouve sur l'autel figurant au tympan de la porte centrale s'ouvrant sur l'escalier de la chapelle. Nous sommes en présence d'un matras luté (fermé), sans col, contenant un cœur chargé d'une coquille et surmonté d'une croix pattée. La croix templière[1] !

Mais peut-être avons-nous mal vu ? Alors retournons devant la cheminée de la chambre de l'argentier. Celle où figure un ange ou une femme ailée. Comme Philippe Audouin, nous constatons : « De chaque côté de cette figure centrale, on distingue les fantômes de motifs qui ont été systématiquement martelés, on ne sait quand, ni pourquoi, mais dont la silhouette rugueuse est encore très lisible. Il s'agit de rameaux fleuris, analogues à ceux qui garnissent le jardinet, et de deux cœurs sommés d'une croix pattée. » L'acte de vandalisme signalé dans cette citation n'est pas gratuit : c'est l'œuvre de ceux qui, depuis des siècles, s'opposent à l'éveil spirituel de l'humanité

---

1. Le prince des marchands eût voulu nous indiquer que sa quête de l'hermétisme lui avait fait emprunter la « voie humide » (coquille) avant d'être reçu dans la société fermée (matras luté) du Temple (croix pattée) qu'il ne s'y serait point pris autrement...

Gilles de Rais et Jacques Cœur

et prétendent nourrir les âmes d'illusions, de sexe, d'argent, d'honneurs.

La présence de la croix pattée à Bourges et à Tiffauges [1] indique que Jacques Cœur et Gilles de Rais n'ont pas hésité à se réclamer de la tradition templière plus d'un siècle après la disparition de l'Ordre des pauvres chevaliers du Christ ! N'est-ce pas pour le moins surprenant ?

---

1. Observée lors des opérations de dégagement de la crypte et de la chapelle romane dans les années 1961-1966.

LIVRE III

« La connaissance est le début de l'action ; l'action l'accomplissement de la connaissance. »

Wang Yang-ming

I

DIASPORA

L'île aux Juifs

Effectuons un ultime retour en arrière. Revenons à Paris le lundi 18 mars 1314. Deux ans presque jour pour jour après la dissolution de l'Ordre du Temple par la bulle papale *Vox clamantis*. Jacques de Molay, XXIIe maître de l'Ordre, Hugues de Peyraud, Geoffroy de Gonneville et Geoffroy Charnay, grands précepteurs, sont amenés sous bonne escorte sur le parvis de Notre-Dame pour ouïr la sentence les condamnant à la prison perpétuelle. Ils se trouvent face à un jury, aux mitres nombreuses, que préside Arnaud d'Auch, cardinal d'Albano, légat du pape Clément V. La foule imposante est maintenue par des cordons d'hommes d'armes.

Le cardinal d'Albano lit la sentence rappelant que les accusés, arrêtés le vendredi 13 octobre 1307 sur ordre de Philippe le Bel, sont convaincus des crimes d'hérésie, de sacrilège et de sodomie... Les accusations classiques utilisées alors par l'Église et le pouvoir royal pour discréditer leurs adversaires (des accusations qui portent : elles seront renouvelées, un siècle plus tard, contre Gilles de Rais).

Le cardinal achève sa lecture lorsqu'un événement imprévu se produit. La voix de Jacques de Molay s'élève. Elle s'adresse au peuple : « Il est temps que je fasse éclater la vérité : je jure donc en face du Ciel et de la Terre que tout ce qu'on vient de lire des crimes et de l'immortalité des Templiers n'est qu'une horrible calomnie. La règle de l'Ordre est pure, équitable, chrétienne. » Un sergent bondit pour tenter de le bâillonner. Mais, à son tour, Geoffroy de Charnay réfute les accusations portées contre l'Ordre, dénonce les ruses et les tortures dont les chevaliers ont été victimes.

Dans la foule, on commence à murmurer. Aussi emmène-t-on précipitamment les prisonniers. Mis au courant, le roi Philippe le Bel décide de faire exécuter les deux coupables comme hérétiques et relaps.

Le soir même, à l'heure des vêpres, les deux condamnés sont conduits dans l'île aux Juifs (où un bûcher a été dressé dès le début de l'après-midi). Mais laissons la parole à Geoffroy de Paris, témoin oculaire : « Le grand Maître, qui vit le feu préparé, *se dépouilla sans hésitation*. Je le rapporte comme je l'ai vu : il se mit debout tout nu (en chemise) lentement et de bonne mine, sans trembler aucunement, quoiqu'on le tirât et le bousculât fort. On le prit pour l'attacher au poteau et on lui lia les mains avec une corde, mais il dit à ses bourreaux : " Au moins laissez-moi joindre un peu les mains et faire à Dieu ma prière : c'en est bien le moment. Je vais maintenant mourir et Dieu sait que c'est à tort. Il arrivera bientôt malheur à ceux qui me condamnent sans justice. Pour vous, seigneurs, tournez-moi, je vous prie, le visage vers la Vierge Marie, mère de Jésus, Notre-Dame. " On lui accorda sa requête et la mort le prit si doucement, dans cette attitude, que chacun en fut émerveillé. »

Philippe le Bel et son complice, le pape Clément V, n'ont guère le temps de savourer leur réussite. Le 13 avril 1314, Clément V meurt à Rochemaure d'un cancer de l'estomac. Le 29 novembre de la même année, le roi meurt des suites d'une hémiplégie.

D'ailleurs peut-on parler de « réussite » ? Si l'ordre du Temple a cessé d'exister en tant qu'organisation structurée, son idéal subsiste. Rien ne s'oppose à voir s'opérer une résurgence, c'est-à-dire une réincarnation de l'esprit templier dans un groupe digne de le recevoir. Messire Jacques de Molay est le premier à forger cette espérance : en évitant que son manteau soit brûlé, il l'offre symboliquement à ceux qui continueront l'œuvre interrompue...

Diaspora

La diaspora templière

Le 13 octobre 1307, en dépit de l'ampleur des moyens mis en œuvre, les fonctionnaires royaux n'ont interpellé qu'une faible partie des membres de l'ordre du Temple. Dressons la liste des frères appréhendés et comparons-la à celle des commanderies : on est surpris de constater que seuls quatre à cinq frères ont été arrêtés, en moyenne, par commanderie. Au sein d'une maison aussi importante que celle d'Arville, aucune arrestation n'a été opérée ! Par ailleurs, lorsque la bulle *Regnans in excelsis* du 12 août 1308 convoque les Templiers encore en liberté, aux fins de défendre l'Ordre, il s'en présente 550 ! Bien qu'il soit difficile d'évaluer le pourcentage de frères arrêtés par rapport aux effectifs globaux, on peut affirmer sans crainte d'égarer le lecteur que ce pourcentage n'est pas supérieur à 25 %... Autrement dit, 75 % des membres de l'Ordre restent en liberté. Mais étant donné que les principaux dignitaires (sénéchal excepté) sont emprisonnés, que les troupes royales occupent les commanderies, l'ordre du Temple ne possède plus, dès le 13 octobre 1307, de structures lui permettant de poursuivre ses activités. On assiste alors à une véritable diaspora des membres restés libres :

- Certains frères entrent dans d'autres ordres militaires (Chevaliers teutoniques, Porte-Glaive, Hospitaliers).
- D'autres trouvent refuge dans les ordres religieux (bénédictins, cisterciens, chartreux, saint-sépulcre).
- D'autres rejoignent des ordres de création récente (Ordre du Christ, Ordre de Montessa).
- D'autres entrent dans les confréries de métiers.
- D'autres partent en Orient (Rhodes, Byzance).
- D'autres enfin se réfugient dans les grottes (grotte de Jonas dans le Massif central) ou des forêts et y vivent en petits groupes ou en ermites.

Ces Blancs-Manteaux qui s'éparpillent, sous le choc des événements, sont de valeur très inégale : à côté de frères très frustes existent d'incontestables initiés [1]. Ces derniers vont tenter

---

1. *Les Mystères templiers* de Louis Charpentier, même éditeur, même collection.

de se regrouper pour diffuser les enseignements traditionnels dont ils sont dépositaires (sans toutefois chercher à reconstituer l'Ordre du Temple dont le dernier maître secret, Dante, mourra, en 1321, sans successeur).

L'Occident ébranlé

Les historiens conformistes rapportent, en quelques lignes, la disparition de l'Ordre du Temple sans souffler mot de ses conséquences. Et pourtant !

Au début du XIVe siècle, l'Ordre dispose de 700 commanderies en France (1500 en Occident) et possède le sixième de l'espace agricole.

Les revenus des terres financent les activités templières mais favorisent aussi la lutte contre la famine et la pauvreté. Assurant la surveillance des routes, possédant des ports et une marine, utilisant des techniques bancaires nouvelles (lettre de change...), les Templiers jouent un rôle de premier plan dans le commerce occidental. Sur le plan social, l'Ordre protège les gens de métiers contre les abus des seigneurs et du clergé ; il assure la libération des serfs. Sur le plan architectural et religieux, les Templiers (défenseurs de l'ésotérisme chrétien) participent, soit financièrement, soit en formant les maîtres d'œuvre, à la construction des cathédrales et transmettent les enseignements traditionnels puisés aux sources du christianisme celtique, des ordres orientaux et de la Kabbale. Leur rôle dans la diffusion de l'alchimie est considérable. Enfin, ils incarnent la chevalerie par excellence : ils sont le reflet terrestre des milices célestes dirigées par Saint-Michel Archange. On ne peut donc croire que l'Occident ait subi sans préjudice leur disparition. L'examen des événements historiques survenus à partir de 1310 montre une dégradation de la situation économique et sociale occidentale, et, plus particulièrement, française. A partir de 1340 — début de la guerre de Cent Ans — cette tendance s'aggrave dans des proportions considérables. On se souvient alors, avec nostalgie, de l'Ordre du Temple, on fait surgir des ordres chevaleresques s'efforçant d'incarner l'idéal templier...

Diaspora

Les ordres chevaleresques des XIVe et XVe siècles

Si l'on en croit les travaux d'Huizinga [1], les ordres de chevalerie qui fleurissent à la fin du Moyen Age se donnent un but élévé et une signification secrète.

Le 6 janvier 1352, jour de l'Épiphanie, Geoffroy de Charni fonde l'*Ordre religieux et militaire de l'Étoile* qui deviendra l'*Ordre de Notre-Dame de la Bonne Maison*.

Geoffroy de Charni, vraisemblablement petit-neveu de Geoffroy Charnay, précepteur du Temple en Normandie, est le gardien d'une relique précieuse de l'ancien Ordre du Temple : le saint suaire. En 1353, il fonde la collégiale de Lirey qui exposera le linge sacré à partir de 1357.

Homme de guerre, Geoffroy se tourne, après sa captivité en Angleterre (1350), vers la littérature. Dans ses œuvres une préoccupation : remettre en honneur l'idéal chevaleresque. Aussi l'Ordre de l'Étoile rappelle-t-il, sur bien des points, l'Ordre du Temple. Certes, sa durée est éphèmère : une dizaine d'années. Mais son importance est indubitable. Le roi Jean le Bon en fait partie. Ainsi que ses fils : le futur Charles V, Louis d'Anjou, Jean, duc de Berry, Philippe le Hardi, duc de Bourgogne. Les cours de France, d'Anjou, de Bourges et de Bourgogne deviennent des lieux où l'on cultive les disciplines traditionnelles : alchimie, astrologie, magie, symbolisme.

Dès lors, les ordres chevaleresques se multiplient.

En 1363, Louis II de Bourbon crée, à Moulins, l'*Ordre de l'Écu d'Or*, qui se confond ensuite avec l'*Ordre de Notre-Dame du Chardon et de la Ceinture*, fondé en 1364. En 1381, Jean IV de Bretagne institue l'*Ordre de l'Hermine*, rattaché, en 1448, à l'*Ordre de l'Épi* par le duc François.

En 1402, Louis d'Orléans crée l'*Ordre du Porc-épic* dont l'emblème deviendra celui de Louis XII...

Le 10 janvier 1430, Philippe le Bon, duc de Bourgogne, fonde, à Bruges, l'*Ordre de la Toison d'Or*.

Le roi René d'Anjou restaure, en 1448, l'*Ordre du Croissant* fondé par Charles d'Anjou, frère de Saint Louis. Cet ordre succède à celui du Navire. Et le 1er août 1469, apparaît par la volonté de Louis XI l'Ordre de Saint-Michel [2]...

---

1. *Le Déclin du Moyen Age*, Payot, 1948.
2. Voir *Châteaux forts magiques de France* ; mêmes auteurs, même collection.

Gilles de Rais et Jacques Cœur

Le protecteur du royaume de France

Rappelons qu'à l'époque carolingienne (IXe siècle), le culte de Saint-Michel est le plus important de l'Empire des Gaules. Non seulement Charlemagne en fixe la fête le 29 septembre, mais il proclame l'Archange « protecteur et prince de l'Empire des Gaules ». La régression du culte au XIe siècle est patente.

Aux XIVe et XVe siècles, tandis qu'apparaissent les ordres chevaleresques, Saint-Michel Archange « refait surface ». Chef de la milice céleste et gardien des secrets du royaume des cieux, l'archange s'affirme dans les fonctions de patron de la chevalerie et de maître initiateur. Le Mont-Saint-Michel au péril de la mer voit son pèlerinage concurrencer celui de Saint-Jacques-de-Compostelle et devient un centre de recherches ésotériques. L'astrologie y est pratiquée aussi bien par les moines que par les laïcs (*cf.* Tiphaine Raguenel, femme du connétable Duguesclin).

Pendant la guerre de Cent Ans, le mont reste français malgré les efforts des Anglais pour s'en emparer. Aussi n'est-il pas étonnant de voir le culte de Saint-Michel Archange devenir l'expression d'un certain sentiment national.

Charles VI se rend deux fois en pèlerinage au Mont-Saint-Michel (1393). En 1419, le dauphin Charles, le futur Charles VII, prend Saint-Michel pour patron. En 1427, cent dix-neuf chevaliers font peindre leurs armoiries sur le mur ouest du transept méridional de l'abbaye du Mont-Saint-Michel pour signifier leur volonté de défendre ce sanctuaire.

Quelques années plus tard, Jeanne d'Arc affirme tenir sa mission de saint Michel qu'elle qualifie de « roi du ciel ». Le siège d'Orléans se trouvant levé le 8 mai 1429, difficile de ne point y voir un signe mikaëlite : le 8 mai, on fête, en effet, l'apparition de l'archange au mont Gargan...

Le tiers-ordre franciscain

Le christianisme de saint François d'Assise est empreint de sagesse et de pureté. Il n'en demeure pas moins suspect aux yeux de Rome : n'entraîne-t-il point dans son sillage des

Diaspora

relents de catharisme et une évidente prédilection pour le johannisme ?

Au début du XIVe siècle, l'ordre franciscain est le plus puissant des ordres dits « mendiants » et son audience est internationale. Il se prolonge, parmi les laïcs, par un tiers-ordre. Lequel tiers-ordre, nonobstant la lutte qu'il mène contre l'absolutisme romain, véhicule des enseignements celtiques et templiers...

Yolande d'Anjou, Marie d'Anjou, Marguerite de Hainaut (veuve de Jean Sans Peur) et ses filles Marguerite (épouse du connétable de Richemont), Anne (épouse du duc de Bedford) et Agnès (liée au duc de Bourbon) en font partie. L'ensemble de l'organisation est patronnée par Colette de Corbie. Et Jacques de Guérillon d'écrire, en évoquant la formation de Jeanne d'Arc : « Cette même Colette de Corbie, voyageuse infatigable, ne manquait jamais, à chaque fois que ses pérégrinations la conduisaient dans les parages, d'effectuer une halte à Domrémy et logeait à l'hermitage du Bois-Chenu où elle convoquait ses adeptes régionales du tiers-ordre franciscain qu'elle introduisait dans la règle et l'esprit de l'ordre. Parmi ces adeptes, Jeanne (...) reçut, à 18 ans, le grade de « grande dame discrète [1] ».

Est-ce le tiers-ordre franciscain qui a inspiré cette prophétie circulant dans les années 1420 : « Il doit venir une pucelle d'un bois chenu, aux marches de Lorraine ; elle fera de grandes choses pour le salut des nations » ?

Par ailleurs, nous avons vu, lors du sacre de Charles VII à Reims, la bannière de l'Ordre du Temple (le Beauçant) réapparaître entre les mains de l'écuyer de Jeanne d'Arc. Pour indiquer que le tiers-ordre franciscain prenait le relais de l'Ordre du Temple ? Il est vrai que lors de son séjour à Chinon, Jeanne avait eu le loisir d'observer, en la tour de Coudray, les fameux « graffiti templiers [2] ».

---

[1]. *Mais qui es-tu Jeanne d'Arc ?* Paris, 1972. Soulignons à ce propos que l'article XXIX de l'acte d'accusation, lu le 13 octobre 1440 au procès de Rais, mentionne : « *Item*, qu'il y a moins d'un an, sur l'ordre dudit Gilles de Rais, accusé, qui séjournait audit lieu de Bourgneuf, dans la maison des *frères Mineurs*... »

[2]. Si l'on en croit l'écrivain catholique Julien Green, le poète Dante appartient au tiers-ordre franciscain. Tout en étant, selon les ésotéristes chrétiens, le dernier maître secret du Temple...

Gilles de Rais et Jacques Cœur

Coïncidences hagiographiques

Lors de son procès, Jeanne d'Arc affirme qu'adolescente, elle a dialogué avec saint Michel et sainte Catherine. Cette dernière lui est apparue *armée d'une épée*. Comme à Thibaud IV, comte de Brie et de Champagne (1205-1253), ami et protecteur des Templiers !

Or, dans la chapelle édifiée en la cathédrale Saint-Étienne de Bourges, Jacques Cœur a fait représenter sur le vitrail de l'Annonciation saint Jacques et sainte Catherine *accompagnée d'une épée...*

Rappelons également qu'avant de mourir sur le bûcher, Gilles de Rais a fait ses dernières oraisons et demandé à « Monseigneur saint Jacques pour qui il avait toujours eu une particulière dévotion » et, à saint Michel, soldat du Ciel et patron des soldats de la Terre, d'intervenir auprès de Dieu...

Jeanne d'Arc, Jacques Cœur et Gilles de Rais invoquent curieusement le patronage commun de trois saints dont les hagiographies sont des plus ésotériques ! Ils se partagent aussi la reprise des routes commerciales templières.

L'Orient et l'Occident

L'Ordre du Temple disposait d'une puissante marine dont la mission était de maintenir la cohésion entre les terres européennes et orientales de l'Ordre et de renforcer la richesse de ce dernier. Placée sous la responsabilité du grand trésorier, la marine templière possédait des ports d'attache en Méditerranée : Majorque, Collioure, Montpellier, Fos-sur-Mer, Marseille... (une liste qui montre que Jacques Cœur s'est empressé, en ce qui concerne le commerce oriental, de prendre la relève des Templiers).

L'Ordre du Temple possédait aussi des ports sur la mer du Nord, la Manche et la façade atlantique. En particulier La Rochelle, qui recevait les vaisseaux venant d'Angleterre et des Pays-Bas désireux de se diriger vers l'Orient en contournant la presqu'île ibérique. Pour La Varende : les Templiers (partis de

Diaspora

La Rochelle) exploitaient des mines d'argent en Amérique et tiraient de cette exploitation des ressources substantielles. On comprend, dès lors, pourquoi le roi d'Angleterre Henri III abolit les privilèges qu'il avait concédés à l'Ordre du Temple (lors d'un siège à La Rochelle) sous prétexte que les Templiers importaient des marchandises prohibées et, en particulier, de l'*argent*. On ne peut également qualifier de simples « coïncidences » l'intérêt que Jeanne d'Arc et Gilles de Rais portèrent à La Rochelle au cours de leur campagne poitevine de 1436-1437 et les singulières mentions de la chronique du connétable de Castille tenue par don Alvaro de Luna! De même, le 21 octobre 1440, Gilles de Rais révélait en confession, à Pierre de L'Hospital, un « secret capable de faire périr 10 000 hommes », ayant probablement trait à la route de l'Amérique[1]. Un demi-siècle plus tard, Christophe Colomb séjournait à La Rochelle avant de se lancer à la « découverte » de cette même Amérique!

Mais ce qui frappe l'observateur attentif, par-delà les coïncidences relevées, c'est le synchronisme des actions de Gilles de Rais et de Jacques Cœur. A l'heure où le premier cherche à récupérer La Rochelle, le second jette les bases de son empire commercial après un voyage en Orient! Comment ne pas songer, derrière ces deux hommes, à un groupe discret, occulte, à caractère néo-templier[2] solidement implanté chez les gouvernants, tentant d'exercer une action politique en mettant à la disposition de Charles VII des moyens financiers puissants? Cette tentative échoue en raison de l'instabilité caractérielle du roi. Aussi le groupe[3] reporte-t-il ses espoirs sur le dauphin, le futur Louis XI. Lequel rend visite à Gilles de Rais, à Tiffauges, en décembre 1439 — moins d'un an après Gilles de Rais sera éliminé avec la bénédiction de Charles VII! Treize ans plus tard, viendra le procès de Jacques Cœur, allié de Louis XI...

Mais il nous faut maintenant nous intéresser à l'alchimie du

---

1. A partir de cette même année 1440, on vit Jacques Cœur installer des bâtiments administratifs à La Rochelle...
2. L'Ordre du Temple ne comportait qu'une infime minorité d'*initiés* par rapport aux cohortes de banquiers, marins, soldats servant sous sa bannière...
3. Du moins une fraction de celui-ci dirigée par René d'Anjou, lequel commandita l'évasion spectaculaire de Jacques Cœur et fit de Jean de Village son « capitaine général de la mer ».

Gilles de Rais et Jacques Cœur

XVᵉ siècle. Sans doute y trouverons-nous d'autres éléments susceptibles d'étayer notre dossier.

L'alchimie au XVᵉ siècle

Le XVᵉ siècle est l'âge d'or de l'alchimie européenne. A côté des ouvrages écrits en latin, les traités, en langue vulgaire, se multiplient, assurant ainsi une plus grande diffusion des théories alchimiques sociales, des bourgeois aux souverains, en passant par les princes et les membres du clergé.

Les ordres chevaleresques (Étoile, Toison d'Or, Saint-Michel) nouvellement créés abritent des cénacles d'alchimistes. Lesquels entretiennent de bonnes relations avec les confréries de bâtisseurs et l'Ordre des Carmes : ce dernier sert souvent de refuge aux adeptes persécutés.

Il existe même des sociétés purement alchimiques comme la *Voarchadumia* de Venise.

Nicolas Flamel, Jean de La Fontaine, Georges Ripley, Nicolas Valois, Nicolas Grosparmy, Pierre Vicot, Jacques Cœur, les Lallemand, Basile Valentin, Bernard le Trévisan sont les principaux adeptes de cette époque.

L'existence de thèmes iconographiques communs (Annonciation, les neuf preux, leurs neuf dames) établit des liens entre Jacques Cœur et Louis d'Orléans, d'une part, et entre Jacques Cœur et Nicolas Rollin, d'autre part. On sait que ce dernier est le chancelier du duc de Bourgogne et le fondateur de l'hospice de Beaune. Maître du cénacle alchimique de la Toison d'Or, sa devise est « seule ☆ ». Ce qui nous renvoie à l'étoile des mages. Il n'est donc pas impossible que l'*Ordre de l'Étoile* ou *de Notre-Dame de la Bonne Maison* ait été la couverture d'un cercle alchimique d'inspiration templière. Lequel s'est ensuite implanté dans les cours de France, de Bourgogne, d'Anjou et de Berry. La filiation alchimique de Jacques Cœur paraissant bien établie, il nous reste maintenant à réexaminer le cas de Gilles de Rais.

Diaspora

Gilles de Rais et l'art d'Hermès

Contrairement à une opinion très répandue dans le petit monde aseptisé des historiens conformistes, Gilles de Rais n'est pas une brute épaisse. C'est un homme distingué, connaissant le latin et le grec. Il est passionné par l'art de l'enluminure, par l'histoire, par l'astrologie (sa grand-mère paternelle, Tiphaine de Husson, nièce de Du Guesclin, pratique cette discipline traditionnelle). C'est en 1433, que Gilles de Rais installe à Champtocé son premier athanor et, s'aidant de quelques manuscrits (et de quelques renseignements glanés à la cour d'Angers), tente ses premières expériences. L'intérêt que Gilles porte à l'alchimie est donc bien antérieur à sa rencontre avec le chevalier incarcéré au château d'Angers et n'a rien d'extraordinaire puisque l'art d'Hermès est pratiqué à la cour de la plupart des princes.

En 1435, Gilles s'installe à Tiffauges et établit un laboratoire d'alchimie dans deux salles basses communicantes du château. Dans ce lieu souterrain, taillé en partie dans le roc, éclairé par une petite meurtrière, il se livre à des recherches hermétiques. Comme celles-ci sont absorbantes, Gilles de Rais éprouve la nécessité d'avoir des aides qualifiés : c'est le défilé des François Lombard, Antoine de Palerme, Thomas Onafrasimus, Trompette, La Rivière, François Prelati... On ne peut guère prétendre que le maréchal ait trouvé en eux des collaborateurs intègres et dévoués !

Néanmoins les recherches avancent. Après avoir identifié la matière première de l'œuvre dont les gisements sont nombreux en Vendée, Gilles de Rais réussit à « congeler le mercure » selon l'expression des notaires et des tabellions. Il faut savoir que le mercure est extrêmement volatil et qu'il convient de le fixer. La préparation du mercure n'est toutefois qu'une étape du Grand Œuvre.

En décembre 1439, le dauphin, le futur Louis XI, passe par Tiffauges. Les historiens de Gilles de Rais relatent que le maréchal fait démolir le matériel de laboratoire alors qu'une expérience semble en bonne voie. Cette confession[1] nous paraît

---

1. Effectuée le samedi 15 octobre 1440 (pour « blanchir » le dauphin que d'aucuns souhaitaient voir impliqué dans l'affaire de Rais ?).

surprenante pour trois raisons : le laboratoire se trouvant en sous-sol n'est pas facilement accessible ; Louis XI s'intéresse lui-même à l'alchimie ; personne à l'époque ne s'étonne de l'existence d'un laboratoire dans la demeure d'un noble. Aussi sommes-nous enclins à penser que Gilles de Rais n'a pas démoli ses appareils mais que l'expérience a tout bonnement échoué à cause d'un manque de surveillance occasionné par la venue du dauphin dans les murs de Tiffauges... On imagine mal Gilles de Rais ne se présentant pas à la porte de son château pour recevoir le dauphin ! Remarquons, au passage, la volonté de certains historiens d'interpréter dans le sens le plus défavorable le moindre incident. Il en est de même du « massacre des innocents ».

Le massacre des innocents

On sait que Gilles de Rais se vit reprocher, dans l'acte d'accusation du 8 octobre 1440, d'avoir commis des meurtres d'enfants (l'acte du 19 septembre ne soufflait mot de ces crimes).

C'est là une accusation classique que l'on formulait alors contre les fils d'Hermès dont on voulait se débarrasser. Car les adeptes, utilisant le langage symbolique, parlaient souvent du *massacre des innocents...*

L'Évangile relate qu'Hérode avait demandé aux rois mages de lui indiquer, lors de leur retour, l'endroit où il pourrait adorer l'enfant dont la venue avait été annoncée par l'étoile. Mais « ayant été avertis en songe de ne point retourner vers Hérode, les mages regagnèrent leur pays par un autre chemin... Alors Hérode voyant que les mages s'étaient joués de lui, entra dans une grande colère et il envoya tuer tous les enfants qui étaient à Bethléem et dans son territoire, depuis l'âge de deux ans et au-dessous, d'après le temps qu'il connaissait exactement par les mages. » (Matthieu, II, 12-16).

C'est au cinquième feuillet de ses *Figures hiéroglyphiques* que Nicolas Flamel consigne l'allégorie alchimique devenue célèbre : « En l'autre page du cinquième feuillet — il y avait un roi avec un grand couteau qui faisait tuer en sa présence

Diaspora

par des soldats une grande multitude de petits enfants... et le sang était ramassé par d'autres soldats et mis dans un grand vaisseau dans lequel le soleil et la lune venaient se baigner. »

Dans *Le Mystère des cathédrales*, Fulcanelli décrit un petit bas-relief de la porte de la Vierge à Notre-Dame de Paris : « Il synthétise et exprime la condensation de l'esprit universel, lequel forme, aussitôt matérialisé, le fameux bain des astres où le soleil et la lune chimiques doivent se baigner, changer de nature et se rajeunir. On y voit un enfant tomber dans un creuset, grand comme une jarre, que maintient un ange, debout, nimbé, l'aile étendue et qui paraît frapper l'innocent... Nous reconnaissons en ce sujet très simplifié, cher à Nicolas Flamel, le massacre des innocents que nous verrons bientôt sur le vitrail de la Sainte Chapelle. »

Commentant la figure allégorique rapportée par Nicolas Flamel, Séverin Batfroi souligne : « Ce sang constitue, au vrai, le bain du soleil et de la lune, grâce aux vertus duquel les composés alchimiques changent de nature et s'apprêtent à s'unir pour que l'enfantement ait lieu [1]. »

Rien de plus facile, pour des esprits malveillants ou sectaires, que d'extraire du fonds commun de l'hermétisme une phraséologie pouvant faire croire aux crimes les plus odieux !

Le roué Malestroit et ses commanditaires ne s'en privèrent point. Avec le résultat que l'on sait. Notons à ce propos que Gilles de Rais [2] fut inhumé — conformément à ses dernières volontés — en l'église des Carmes de Nantes. L'ordre des Carmes n'était-il pas, alors, le refuge des alchimistes persécutés ?

Frère Élie

Faisons observer, avant de conclure, que selon la déposition de François Prelati en date du 16 octobre 1440 le baron de Rais séjourna à Bourges à la fin de l'été 1439. Il devait s'agir d'un voyage d'affaires puisque le Florentin affirme avoir pro-

---
1. *Alchimie et révélation chrétienne*, Guy Trédaniel, 1976.
2. Qui avait fondé une collégiale en faveur des Saints Innocents...

Gilles de Rais et Jacques Cœur

cédé, en l'absence de Gilles, à une évocation démoniaque au terme de laquelle il obtint un peu de poudre noire, mise aussitôt dans un vase d'argent et transportée à Bourges, par un certain Gaspard de Pouzauges, pour que Gilles de Rais vît « prospérer ses affaires ». Quel était le but exact de ce voyage à Bourges ? Les juges n'ont point estimé utile de le demander au témoin ! Ils se sont contentés d'interroger Prelati « pour savoir si Gilles portait cette poudre sur lui... »

Le baron de Rais, à l'époque, après l'échec de La Rochelle, préparait l'expédition maritime de Jeanne des Armoises. Se rendit-il à Bourges pour rencontrer les principaux collaborateurs de Jacques Cœur — ce dernier, un an plus tôt, avait été nommé par Charles VII argentier de l'hôtel du roi — alors en pourparlers avec leurs homologues génois pour faire construire, dans leurs arsenaux, la première galéasse du prince des marchands ? Gilles — qui avait déjà bradé moult possessions — souhaitait-il prendre une participation (officieuse) dans les affaires de l'armateur berruyer[1] désireux d'installer un gigantesque chantier naval à Aigues-Mortes et de recruter des maîtres de la hache capables de lui construire, en copiant les formes et dimensions des navires de Gênes, sept grandes caraques ? N'oublions pas que Jacques Cœur, pour réaliser ses navires, fit venir des bois de Seyssel avec l'autorisation du duc de Savoie et que Jeanne des Armoises, depuis son séjour à Montrottier, connaissait fort bien celui-ci !

Ou, au mieux, moyennant d'avantageuses commissions, Gilles souhaitait-il que l'armateur berruyer intervînt en sa faveur auprès des armateurs génois ou vénétiens avec lesquels il était en cheville pour obtenir des galéasses (galères antiques perfectionnées et mues par soixante rameurs) ou des caraques, de forme ronde et massive, dotées de deux mâts, de voiles triangulaires, baptisées *naos* en Espagne et au Portugal et qu'affectionnèrent, quelques décennies plus tard, Christophe Colomb et Vasco de Gama[2] ?

---

1. Ou'il connaissait, au moins, depuis le sacre de Reims et qui venait de prendre ses distances vis-à-vis de ses premiers associés.

2. Trois mois après son voyage d'affaires à Bourges, Gilles de Rais reçut la visite du dauphin Louis : ce dernier était-il venu lui offrir son appui pour faire aboutir les tractations engagées avec l'armateur Jacques Cœur (soutenu par René d'Anjou) à défaut de pouvoir obtenir du roi de Castille l'aide suspendue par la faute de Charles VII (et de Yolande d'Anjou) quelques années plus tôt ?

Diaspora

Bien qu'il soit — et pour cause ! — impossible d'apporter de réponses satisfaisantes à ces questions, celles-ci n'en méritaient pas moins d'être posées.

Tout comme il peut paraître opportun d'identifier le fondateur du tiers-ordre franciscain — un certain frère Élie, compagnon de la première heure de saint François d'Assise — dont l'écrivain catholique Julien Green nous brosse habilement le portrait, à l'un des maîtres à penser de Jacques Cœur et de Gilles de Rais : « Déjà conseiller d'Hugolin[1], il (frère Élie) devait devenir celui de Frédéric II et par deux fois maître absolu de l'ordre des frères mineurs. Architecte de talent et grand bâtisseur, sa vie s'écoulera dans de belles demeures comme celle qu'il se fit construire à Cortone dans le haut de la ville et qu'on a laissée de nos jours dans un état désolant d'abandon. Avec un chef renommé, une toque de premier ordre, frère Barthélemy de Padoue, il aura une table fameuse pour la délicatesse de sa chère. De trop élégants jeunes pages attachés à sa maison, des chevaux harnachés d'or... ce n'est pas pour lui qu'il tient à cet apparat, mais pour ce qu'il représente ; il est conscient de l'importance de son rôle et de son rang (...). Le scandale n'est pas loin. Il n'a plus le temps de gouverner ses frères, ses missions près du pape, puis de l'empereur dévorent toute son activité. Laïc, il donne aux laïcs le pas sur les clercs aux postes de commande dans les provinces, et les clercs lui en garderont du ressentiment. Cela ira jusqu'à noircir quelques faiblesses humaines, on lui lancera ses plats trop exquis à la mémoire, entre autres... Il s'occupe imprudemment de chimie, car il est curieux de toute science, ce qui, pour ses adversaires, se transmue en recherche de la pierre philosophale[2]. »

---

1. Cardinal-évêque d'Ostie, membre de la curie.
2. Julien Green, *Frère François*, Le Seuil, 1983.

CONCLUSION

Quand certains historiens rencontrent un petit mammifère familier à poil doux, aux yeux oblongs et brillants, à oreilles triangulaires, qui griffe — selon la définition même du *Micro-Robert* —, ils se gardent bien de l'appeler « chat »!
C'est leur affaire.

En ce qui nous concerne, parvenus au terme d'une enquête fertile en rebondissements qui nous a permis de croiser des avocats marrons, des juges timorés, des témoins manipulés, des prêtres indignes, des mages ivrognes, des courtisans infâmes, des politiciens véreux, nous n'hésitons pas à appeler un chat un chat, à qualifier les procès de Gilles de Rais et de Jacques Cœur de procès truqués en tous points dignes de *L'Aveu* d'Arthur London.

Car il n'existe pas, pour nous, de bonne ou de mauvaise histoire. Il existe des histoires étriquées, amputées, tronquées et l'histoire tout court. L'histoire qui prend en compte l'ensemble des activités humaines — y compris les activités initiatiques et occultes [1] —, l'histoire qui se moque des tabous, des interdits, qui refuse de chausser les patins du conformisme et de ne point voir plus loin que le bout de son nez.

Comme disaient les frères Goncourt, l'histoire est un roman qui a été. Un roman vrai.

---

1. Vouloir ignorer les préoccupations hermétiques et occultes de Jacques Cœur ou son influence sur l'échiquier politique du XVe siècle est aussi absurde que refuser de prendre en compte le rôle joué par la loge P2 de Licio Gelli dans la « stratégie de la tension » du XXe siècle.

CHRONOLOGIE

1380 : Mort de Charles V. Avènement de Charles VI.
1392 : Début de la folie de Charles VI.
1400 : Naissance de Jacques Cœur à Bourges.
1403 : Naissance de Charles de Valois, futur Charles VII.
1404 : Naissance de Gilles de Rais.
1407 : Naissance de Jeanne d'Arc.
       Assassinat de Louis d'Orléans.
1408 : Arrivée de Jeanne d'Arc à Domrémy.
       Pol Limbourg commence *Les Très Riches Heures du duc de Berry*.
1415 : Les Anglais victorieux à Azincourt.
       Mort de Guy de Laval, père de Gilles de Rais.
1416 : Mort du duc Jean de Berry.
1417 : Charles de Valois devient dauphin après la mort de ses deux frères aînés.
1418 : Le dauphin s'installe à Bourges.
       Les Bourguignons sont maîtres de Paris.
1419 : Assassinat de Jean sans Peur. Philippe le Bon devient duc de Bourgogne.
1420 : Jacques Cœur épouse Macée de Léodepart.
       Gilles de Rais épouse Catherine de Thouars.
       Par le traité de Troyes, la reine Isabeau et Philippe le Bon reconnaissent Henri V d'Angleterre comme successeur de Charles VI.
1421 : Le dauphin épouse Marie d'Anjou.
1422 : Mort d'Henri V.
       Mort de Charles VI.
       Charles VII est proclamé roi à Mehun-sur-Yèvre.
1423 : Naissance à Bourges du dauphin Louis (Louis XI).
1425 : La Bretagne se rallie à Charles VII.
       Richemont devient connétable.

Gilles de Rais et Jacques Cœur

1427 : Jacques Cœur, maître des monnaies à Bourges.
Gilles de Rais fait ses premières armes sous Ambroise de Loré.
1429 : Jeanne d'Arc arrive à Chinon, délivre Orléans, fait sacrer le roi à Reims.
Gilles de Rais devient maréchal de France.
Jacques Cœur obtient des lettres de rémission (falsification de monnaies).
1430 : Jeanne d'Arc, abandonnée par Charles VII, est faite prisonnière à Compiègne et transférée à Rouen.
Philippe le Bon fonde l'ordre de la Toison d'Or.
1430 : Gilles de Rais tente de délivrer Jeanne d'Arc.
1431 : Procès de Jeanne d'Arc à Rouen, puis transfert au château de Montrottier.
1432 : Voyage de Jacques Cœur en Orient.
Gilles de Rais participe aux combats de Lagny.
Mort de Jean de Craon.
Premiers travaux alchimiques de Gilles de Rais.
1434 : Gilles de Rais dans l'armée royale de Sillé le Guillaume.
Gilles de Rais se fait recevoir chanoine honoraire à Poitiers.
1435 : Traité d'Arras entre Charles VII et Philippe le Bon.
Gilles de Rais fait jouer à Orléans « les Mystères du Siège ».
Charles VII lance des lettres d'interdit contre Gilles de Rais.
1436 : Réapparition de Jeanne d'Arc qui a fait un pèlerinage à Liesse et qui épouse Robert des Armoises.
Prise de Paris par Charles VII.
Jacques Cœur, maître des monnaies à Paris.
1437 : Gilles de Rais, lieutenant général de Bretagne.
Gilles de Rais rencontre Jeanne d'Arc et participe à des expéditions dans le Sud-Ouest.
1438 : Gilles de Rais abandonne Champtocé au duc de Bretagne.
Grande famine.
Concile à Bâle.
1439 : Jacques Cœur, argentier du roi.
Jeanne d'Arc est blessée dans le Poitou.
Prelati arrive à Tiffauges.
Visite de Louis XI à Tiffauges.
1440 : Jacques Cœur, commissaire aux états du Languedoc.
Procès et exécution de Gilles de Rais.
Jeanne d'Arc se retire à Jaulny.
1441 : Jacques Cœur est anobli.
1442 : Mort de Yolande d'Aragon.
Intervention de Jacques Cœur auprès du sultan en faveur des Vénitiens.
1443 : Début de la construction du palais Jacques-Cœur à Bourges.
1444 : Jacques Cœur exploite les mines du Lyonnais.
Agnès Sorel devient la maîtresse de Charles VII.
1445 : Intervention de Jacques Cœur auprès du sultan en faveur des Chevaliers de Rhodes.
Traité entre Gênes et Jacques Cœur.

Chronologie

- 1446 : Construction de la Loge des marchands à Montpellier.
  Jean Cœur, archevêque de Bourges.
  Autorisation papale de commercer avec l'Orient.
- 1447 : Jean de Village en mission auprès du sultan.
  Le dauphin Louis se retire dans le Dauphiné.
- 1448 : Ambassade de Jacques Cœur à Rome.
- 1449 : Reprise de la guerre de Cent Ans.
  Entrée des Français à Rouen.
  Mort de Jeanne d'Arc.
- 1450 : Mort d'Agnès Sorel à Jumièges.
  Les Anglais battus à Formigny.
- 1451 : Campagne de Charles VII dans le Sud-Ouest.
  Arrestation de Jacques Cœur.
- 1452 : Instruction du procès de Jacques Cœur.
  Mort de Macée de Léodepart.
- 1453 : Condamnation de Jacques Cœur.
- 1455 : Évasion de Jacques Cœur.
  Mort du pape Nicolas V. Calixte III lui succède.
- 1456 : Réhabilitation de Jeanne d'Arc.
  Jacques Cœur, capitaine des galères papales, meurt à Chio.
- 1456 : Mort de Charles VII. Avènement de Louis XI.

BIBLIOGRAPHIE

ALLEAU R. : *Énigmes et symboles du Mont-Saint-Michel*, Julliard, 1970.
AMBELAIN R. : *Drames et secrets de l'histoire*, Robert Laffont, 1981.
ANTONETTI G. : *L'économie médiévale*, Que sais-je, 1975.
ARFEUILLES : *L'épopée chevaleresque*, Bordas, 1972.
AUBERT : *Le vieux Tiffauges*.
AUDOUIN Ph. : *Bourges, cité première*, Julliard, 1972.
AYWLES : *L'université de Paris au temps de Jeanne d'Arc*, Paris, 1902.
BAILLY A. : *La Guerre de Cent ans*, Fayard, 1941.
BANCAL J. : *Jeanne d'Arc, princesse royale*, Robert Laffont, 1971.
BARANTE : *Histoire des ducs de Bourgogne*, Paris.
BAZIN Th. : *Histoire de Charles VII*, Paris, 1933.
BATAILLE G. : *Le procès de Gilles de Rais*, Paris, 1965.
BATAILLE S. : *Gilles de Rais*, Planète, 1966.
BATFROI S. : *Alchimie et révélation chrétienne*, Trédaniel, 1976.
BELIARD O. : *Sorciers, rêveurs et démoniaques*, Stock, 1981.
BILLAUD : *Le château de Gilles de Retz et son histoire*, 1962.
BOINET : *La cathédrale de Bourges*, H. Laurens.
BORDONOVE : *Requiem pour Gilles*, Julliard, 1966.
BOREL P. : *Trésor des recherches et antiquités gauloises*, 1668.
BOSSARD : *Gilles de Rais, maréchal de France*, Paris, 1886.
BOSQUET A. : *La Normandie romanesque et merveilleuse*, Rouen, 1895.
BOURDEAUT : *Champtocé, Gilles de Rais et les ducs de Bretagne*, Société archéologique, Brest, 1924.
BOUVIER R. : *Jacques Cœur, un financier colonial au XVe siècle*, Paris, 1928.
BRANNER : *La cathédrale de Bourges*, Tardy, 1962.
BRESSLER J. : *Gilles de Rais*, Payot, 1981.
CALMETTE : *La France au Moyen Âge*, Que sais-je, P.U.F., 1969.
  Atlas historique, le Moyen Âge, P.U.F., 1941.
  Chute et relèvement de la France sous Charles VI et Charles VII, Paris, 1945.

Gilles de Rais et Jacques Cœur

CANSELIET E. : *Deux logis alchimiques*, Schmit, 1945.
  Alchimie, Pauvert, 1964.
  L'Alchimie expliquée sur des textes classiques, Pauvert, 1972.
CARON : *Jeanne d'Arc au Crotoy*, s.d.
CHAMPION : *Jeanne d'Arc*, Paris, 1933.
CHARPENTIER : *La cathédrale de Chartres*, Robert Laffont, 1966.
  Les mystères templiers, Robert Laffont, 1967.
CHARPENTIER Josiane : *La France des lieux et des demeures alchimiques* Retz, 1980.
CHENU : *Jacques Cœur*, Hachette, 1963.
CHEVALIER-GHEERBRANT : *Dictionnaire des symboles*, Seghers, 1974.
CLÉMENT P. : *Jacques Cœur et Charles VII*, Paris, 1865.
COARER-KOLONDAN E. : *La scandaleuse affaire Gilles de Rais*, Le Scorpion, 1961.
CONTAMINE : *La guerre de Cent Ans*, P.U.F., 1968.
COUVIN A. : *En Berry. Sur la route de Jacques Cœur*, Marabout, 1976.
DUBU M. : *Gilles de Rais, magicien et sodomite*, Presses de la cité, 1945.
DUNAND : *Histoire complète de Jeanne d'Arc*, Toulouse, 1899.
ERLANGER Ph. : *Charles VII et son mystère*, Livre de poche, 1969.
EYSSENBACH : *Histoire du blason*, Mame, 1848.
FABRE J. : *Procès et réhabilitation de Jeanne d'Arc*, Delagrave.
FAVIÈRE J. : *Le palais Jacques-Cœur*, Desquand, Bourges, 1980.
  Guide du tourisme à Bourges, Desquand, Bourges, 1948. '
FACON et PARENT : *La Flandre insolite*, Robert Laffont, 1981.
  Châteaux forts magiques de France, Robert Laffont, 1982.
  Vercingétorix et les mystères gaulois, Robert Laffont, 1983.
FAVIER J. : *La guerre de Cent Ans*, Paris, 1980.
FLAMEL N. : *Le livre des figures hiéroglyphiques*, Denoël, 1972.
FORCEVILLE : *Sainte Colette de Corbie*, Picard, 1958.
FRESNOY (Langlet du) : *Histoire de la philosophie hermétique*, 1742.
FROISSARD : *La guerre de Cent Ans*, U.G.E., 1964.
FULCANELLI : *Le mystère des cathédrales*, Pauvert, 1973.
  Les demeures philosophales, Pauvert, 1965.
GANZENMÜLLER : *L'alchimie du Moyen Age*, Aubier.
GAUCHERY : *Notre vieux Bourges*, Bourges, 1956.
GRIMOD : *Jeanne d'Arc a-t-elle été brûlée ?* Amiot-Dumont, 1952.
GUÉRILLON J. : *Mais qui es-tu Jeanne d'Arc ?* La pensée universelle, 1972.
GUILLOT : *Le procès Jacques Cœur*, Bourges, 1974.
HANOTAUX : *Jeanne d'Arc*, Hachette, 1911.
HUIZINGA : *Le déclin du Moyen Age*, Payot, 1948.
HUTIN S. : *L'alchimie*, Que sais-je, P.U.F.
  Histoire de l'alchimie, Marabout, 1971.
  La vie quotidienne de l'alchimiste au Moyen Age, Hachette, 1981.
HUYSMANS J. K. : *La magie en Poitou, Gilles de Rais*, Ligugé, 1899.
JACK et DELAPIERRE : *De sable et d'or*, Trois mondes, 1976.
JACOBY : *Scènes de la vie de Jeanne d'Arc*, Mercure de France, 1942.
JALANGUIER M. : *Jacques Cœur*, Dehan, Montpellier, 1965.
JOUVENEL des URSINS : *Chroniques*, Paris, 1836.

Bibliographie

KAPPLETZ C. : *Monstres, démons et merveilles à la fin du Moyen Age*, Payot, 1980.
KENDALL : *Louis XI*, Le Livre de poche.
LA RONCIÈRE (de) : *Histoire de la marine française*, Plon, 1900.
LA VARENDE J. : *Le Mont-Saint-Michel*, Paris, 1941.
LEFÈVRE-PONTALIS : *La fausse Jeanne d'Arc*, Paris, 1895.
LE GOFF J. : *Marchands et banquiers du Moyen Age*, Que sais-je, P.U.F., 1966.
LEHOUX F. : *Jean de France, duc de Berry*, Picard, 1966.
LEMERCIER-MORIÈRE : *La famille des Armoises*, Nancy, 1881.
LEMIRE : *Le Barbe-Bleue de la légende et de l'histoire*, Leroux, 1866.
LENNEP : *Art et alchimie*, Meldens, Bruxelles, 1966.
LESIGNE : *La fin d'une légende*, Bayle, Paris, 1889.
LEWIS P. : *La France à la fin du Moyen Age*, Paris, 1977.
LUCE : *Jeanne d'Arc à Domrémy*, Paris, 1887.
LULLE R. : *La clavicule*, Sebastini-Milan, 1974.
MAIER M. : *Atalante fugitive*, Médicis, Paris, 1969.
MAN (H. de) : *Jacques Cœur, argentier du roi*, Tardy, 1951.
MARKALE J. : *Les Celtes*, Payot, 1969.
MEUNIER R. A. : *Les rapports entre Charles VII et Jeanne d'Arc de 1429 à 1431*, Poitiers, 1946.
MOLLAT M. : *Les affaires de Jacques Cœur. Journal du procureur Dauvet*, Paris, 1953.
MONSTRELET E. : *Chroniques*, Paris, 1572.
MOTEY (vicomte du) : *Jeanne d'Arc à Chinon*, Champion, 1927.
Jeanne d'Arc à Vaucouleurs, Alençon, 1929.
PALOU Ch. : *Jacques Cœur, grand argentier de Charles VII, homme d'affaires et maître secret*, Sazeray, 1972.
PERNOUD R. : *Jeanne d'Arc*, Le Seuil.
La libération d'Orléans, Gallimard, 1969.
La vie et la mort de Jeanne d'Arc, Paris, 1953.
PESME : *Jeanne d'Arc n'a pas été brûlée*, Angoulême, 1968.
POULAIN C. : *Jacques Cœur*, Fayard, 1982.
QUICHERAT : *Le Procès de Jeanne d'Arc*.
RAYNAL : *Histoire du Berry depuis les temps les plus anciens jusqu'en 1789*, Bourges, 1862-1865.
REINACH S. : *Gilles de Rais. Cultes, mythes, religions*, 1912.
RIBAULT J. Y. : *Les biens immobiliers de Jacques Cœur à Bourges*.
Jacques Cœur natif de Bourges, 1980.
La cathédrale de Bourges, Art et tourisme.
ROILLE J. : *Gilles de Rais, l'homme de la demeure Pinson*, Les Sables-d'Olonne, 1978.
ROUSSEL R. : *Jacques Cœur*, Berger-Levrault, Paris, 1928.
ROUX F. : *Les druides*, P.U.F., 1961.
SAVE : *Jehanne des Armoises, Pucelle d'Orléans*, 1883.
SEDE (G. de) : *Le trésor cathare*, Julliard, 1966.
SERAND : *Le château de Montrottier*, Annecy, 1942.
SERMOISE (P. de) : *Les missions secrètes de Jeanne la Pucelle*, Robert Laffont, 1970.

Gilles de Rais et Jacques Cœur

SCHNEIDER E. : *Histoire de Jeanne d'Arc et des lys*, Grasset, 1952.
SORVAL G. : *Le langage secret du blason*, Albin-Michel, 1981.
THAUMASSIÈRE : *Histoire de Berry, XVIIIe siècle*.
TORTRAT : *Le Berry*, Bourges, 1927.
TREVISAN (Bernard le) : *Œuvre chymique*, La Maisnie, 1976.
VALENTIN (Basile) : *Les douze clefs de la philosophie*, Minuit, 1968.
VALOIS N. : *Le procès de Gilles de Rais*, Société d'histoire de France, 1912.
VERDIER : « Le duc de Berry et ses artistes », *L'œil*, n°164-165.
VIEL : *Les origines symboliques du blason*, Berg, 1975.
VILLENEUVE (Arnaud de) : *Le chemin des chemins*, Sebastiani, Milan, 1974.
VILLENEUVE R. : *Gilles de Rais, une grande figure diabolique*, Denoël, Paris, 1955.
VINCENT : *La maison des Armoises*, Menu, 1977.
WINBEE : *Histoire du Berry*, Paris, 1957.

REVUES

Archéologia, Historia, Histoire pour tous, L'Histoire, Atlantis, L'Autre Monde, Nostra, La Tombe des philosophes, L'Inconnu.

TABLE DES MATIÈRES

Avant-propos 9

LIVRE I

I — Le procès de Barbe-Bleue 13
II — Opération requiem 50
III — Autopsie d'un monstre 66
IV — La croisade du sire de Rais 78
V — Au cœur du mystère 103

LIVRE II

I — Panorama 141
II — L'argentier du roi 157
III — L'empire commercial de Jacques Cœur 168
IV — Le procès et la mort 179
V — L'initié 190
VI — Le message des pierres 211

LIVRE III

I — Diaspora 227

Conclusion 243
Chronologie 245
Bibliographie 249

L'impression de ce livre
a été réalisée sur les presses
des Imprimeries Aubin
à Poitiers/Ligugé

pour les Éditions Robert Laffont

Achevé d'imprimer le 28 février 1984
No d'édition, K 618 — No d'impression, L 16431
Dépôt légal, mars 1984

Imprimé en France